KB175232

동아시아
통합전략

III

협력의 심화·확대와
새로운 도전

동아시아 통합전략

III

협력의 심화·확대와 새로운 도전

INTEGRATION

STRATEGY FOR

EAST ASIA

한국개발연구원
전홍택 · 박명호 편

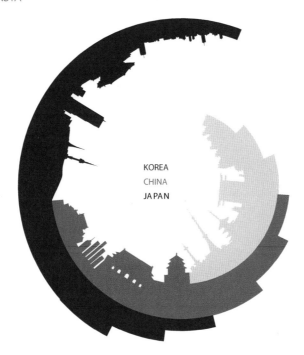

KOREA
CHINA
JAPAN

 Korea Development Institute

PREFACE

유럽연합의 성공적인 확대, 북미 자유무역협정의 체결과 이에 대응하는 아세안 자유무역지대의 출범 등 다양한 지역무역협정의 확산 속에서 한ㆍ중ㆍ일 3국을 중심으로 한 동아시아 경제통합체의 형성에 대한 기대감과 당위성이 커지고 있다. 이러한 국제통상환경의 변화 속에서 우리나라는 2010년 G20 정상회의를 성공적으로 개최하며 국제사회에서의 리더십을 격상시켜 왔는데, 지속적인 국제적 영향력 확대와 중재자 역할을 수행해 나가기 위해서는 세계경제의 역동성을 이끌어 갈 동아시아 지역에서의 통합을 위한 주도적인 리더십이 뒷받침되어야 한다.

본 연구는 이러한 세계경제의 지역주의화 추세 속에서 한국의 생존전략으로서 동아시아 지역통합전략을 수립하기 위해 수행되었다. 2010년부터 2012년까지 3개년에 걸쳐 진행된 동아시아 통합연구는 동아시아 통합 구상, 한ㆍ중ㆍ일 공동체 추진을 위한 분야별 협력방안, 동아시아 통합의 확대 및 심화 방안을 다루고 있다.

본 보고서는 동아시아 통합연구의 3차연도 보고서로서 동아시아 경제통합의 아세안으로의 확대 및 통합을 위한 협력의 제도화, 그리고 과거 동아시아 통합 논의에서 간과되었던 남북한 경제협력과 동아시아 지역주의의 파급효과와 대응전략 등을 다루고 있다. 먼저 제1부에서는 경제, 삶의 질, 환경, 정치행정, 문화 등 5가지 대분류 영역으로 구성된 지표체계와 생산네트워크를 활용하여 동아시아 통합여건을 분석하고, 역내 생산네트워크 강화에 따른 생산성 증가와 동아시아 FTA의 경제적 효과를 분석하였다. 제2부 '동아시아 경제통합의 확대와 심화'에서는 동아시아 경제통합에 대한 아세안의 시각과 동아시아 공동체 형성을 위한 현실적 실천전략으로서의 협력의 제도화 방향을 제시하였다. 제3부에서는 지역주의 파급에 따른 세계경제의 시나리오와 이에 대응하는 한국의 전략적 선택, 동아시아 경제통합 과정을 활용한 남북한 경제협력 추진방안을 제시하고, 2010년부터 2012년까지 3개년에 걸쳐 진행된 동아시아 통합연구의 결과를 요약함과 동시에 향후 정책적 시사점을 제시하였다.

전홍택 KDI 선임연구위원과 겸임연구위원인 박명호 한국외국어대학교 교수가 공동 책임을 맡아 진행한 2012년 연구의 참여 연구진은 다음과 같다. 먼저 제1부 제1장은 KDI 겸임연구위원인 박명호 한국외국어대학교 교수가 집필하였고, 동아시아 경제통합의 효과를 지역생산망 접근을 통해 분석한 제2장은 박순찬 공주대학교 교수가 작성하였다. 제2부 '동아시아 경제통합의 확대와 심화' 중 동아시아 경제통합에 대한 아세안의 입장과 역할을 다룬 제3장은 박인원 고려대학교 교수가 집필하였고, 제4장 통합을 위한 제도화 방안은 최원기 국립외교원 교수가 작성하였다. 제3부 제5장은 박성훈 고려대학교 교수가 동아시아 지역주의 확산에 따른 세계경제 시나리오와 한국의 전략적 대응방안에 대해 작성하였고, 제6장 동아시아 경제통합 과정을 활용한 남북한 경제협력은 전홍택 선임연구위원과 이영섭 서울대학교 교수가 공저하였다. 마지막으로 결론격인 제7장은 전홍택 선임연구위원과 겸임연구위원인 한국외국어대학교 박명호 교수가 공동으로 집필하였다. 저자들은 보고서의 완성도를 높이는 데 크게 도움을 준 익명의 심사자들에게 깊은 감사의 뜻을 전하고 있다.

본 연구는 동아시아 지역통합에 대한 아세안의 시각과 역할, 통합 촉진을 위한 제도화 방안과 남북한 경협 이슈, 세계경제 시나리오에 대한 한국의 대응 등을 분석함으로써 동아시아 협력의 확대와 심화를 위한 실천방안을 제시하였다는 점에서 의의를 찾을 수 있다. 본 보고서를 바탕으로 동 분야와 관련된 연구가 지속되기를 기대한다.

마지막으로 본 보고서에 제시된 의견은 저자의 개인적인 의견이며 본원의 공식견해가 아님을 밝혀 둔다.

2013년 12월
한국개발연구원 원장
김준경

CONTENTS ⠿⠿⠿⠿⠿⠿⠿⠿⠿⠿⠿⠿⠿

CONTENTS

CONTENTS

표목차

CONTENTS

CONTENTS

ㅅ목차

제 I 부

동아시아 통합과 세계경제

Asia
Svobodny
Khabarovsk
Vladivostok
Iturup
Kunashir
(Rus. occup.)
Hokkaido
Honshu
JAPAN
KOREA
Tokyo
Osaka
Bonin
Islands
Shanghai
Taipei
TAIWAN
PHILIPPINE
SEA
NORTHERN
MARIANA
Guam
Yap
Luzon
PHILIPPINES

1 지표 분석을 통해 본 동아시아 통합 분석

박명호(한국외국어대학교 · KDI 겸임 연구위원)

제1절 동아시아 통합연구의 진행과정

KDI는 2010년부터 2012년까지 3년에 걸쳐 동아시아 통합 연구를 수행하였다. 첫해인 2010년에는 한국 입장에서 가장 바람직한 동아시아 통합방안을 연구하였다. 동아시아의 통합 방안을 모색하기 위해 우선 동아시아 지역의 통합 여건 및 시장경제질서의 구축 정도를 분석하였다. 그 결과 동아시아 지역은 정치적인 갈등, 역사적인 반목, 상호 신뢰 부족 등의 장애가 아직 남았지만 지역통합의 여건은 충분히 갖추었음이 확인되었다. 그렇지만 경제적 실리를 추구하는 기능적 접근만으로는 성공적인 공동체를 이루기 어려운 것이 동아시아의 현실이다. 그러므로 경제성장 외에도 정치적 안정 및 사회적 연대감을 포괄적으로 발전시키는 성장–안정–연대 전략이 필요하다고 판단하였다.

동아시아 통합의 실현 가능성을 높이기 위해서는 동아시아 전 지역을 한 번에 통합시키려는 단일경로 전략보다는 한 · 중 · 일 3국이 먼저 소지역 경제협력을 추진한 후 이를 전 아시아 지역으로 확대해 가는 단계별 전략이 보다 현실적인 접근임을 강조하였다.

한편, 동아시아 경제통합과 관련된 다양한 시나리오를 실증적으로 분석한 결과, 한·일 FTA, 한·중 FTA, 그리고 한·아세안 FTA를 단계별로 추진하는 시나리오가 한국의 국익 증진에 가장 기여하는 것으로 나타났다. 이와 같이 실증 분석 결과 역시 동아시아 전 지역의 단일경로 전략보다 한·중·일 중심의 점진적·단계별 전략이 한국이 추구해야 할 방향임을 확인해 주었다.

동아시아 통합은 한국뿐만 아니라 동아시아 모든 국가에도 커다란 혜택을 가져올 것으로 기대된다. 그럼에도 불구하고 동아시아 지역에서는 리더십의 결여로 통합의 움직임이 더디게 진행되었다. 이러한 점에서 한국은 리더십 차원에서 중요한 역할을 수행할 수 있다. 한국의 리더십은 통합과정에서 하드 파워를 구사하는 리더십을 의미하지 않는다. 한국의 리더십은 지역 내 및 지역 외부에 동아시아 통합의 필요성을 강조하고 통합방안과 통합의 공공재적 성격 등을 제시하고 설명함으로써 역내 국가들의 통합 여론과 지지를 동원하는 방식의 리더십을 의미한다.

동아시아 통합연구 2차연도 보고서에서는 한·중·일 3국을 중심으로 동아시아 통합전략을 구체적으로 점검하였다. 한·중·일 3국 간 정치외교 분야, 통화금융 분야, 교육 분야, 문화 분야, 환경 분야 등 한·중·일 3국 간 협력 현황을 살펴본 후 향후 협력 확대방안을 제시하였다. 이와 같이 한·중·일 3국 간 협력 분야에 대한 구체적인 사례 연구와 더불어 2차연도 연구에서는 한·중·일 3국의 연구자가 참여하여 각국의 입장에서 한·중·일 통합을 어떻게 바라보는지 살펴보았다. 한·중·일 3국 간 공동연구를 통해 한·중·일 3국 간 협력을 보다 강화할 수 있는 단계별 방안을 모색하였다. 이런 과정에서 개방된 시장경제와 동아시아 지역의 평화와 공동번영이라는 가치관을 공유하는 국가 간 경제사회정책협의체를 공동으로 모색하는 노력의 중요성을 인식하였다. 그런데 이런 공동 노력의 강화는 '공통의 문제에 대한 최선의 정책을 모색하고 상호의 정책을 조정함으로써 공동의 안정과 번영을 도모'하는 OECD의 목표와 일치한다. 이런 이유에서 한·중·일 3국 협력의 1단계는 OECD 수준의 제도화 추구를 목표로 설정할 것을 제안하였다.

3차연도이면서 마지막 해인 2012년에는 동아시아 통합전략 연구 목표를 협력의 심화·확대 및 새로운 도전으로 설정하였다. 동아시아 통합연구 범위를 일차적으로는 아세안 지역으로 확대시켰다. 그리고 동아시아 통합을 세계경제 관점에서 파악하기 위해 미주 및 유럽 지역을 연구 범위에 포함시켰다.

3차연도 연구에서는 한·중·일 3국 간 협력이 아세안 국가로 확대되기 위한 여건이 조성되었는지, 그리고 한·중·일 3국과 아세안을 포함하는 아시아 공동체가 유럽 15개국 또는 북미의 NAFTA와 비교할 때 어느 정도의 통합단계에 도달해 있는지 등을 비교 분석하였다. 또한, 동아시아 통합연구를 보다 심화시키기 위해 2차연도 연구에서 논의하였던 바와 같이 한편으로는 제도화 연구를 한·중·일+ASEAN 차원으로 확대하여 분석하였고, 다른 한편으로는 아시아 통합을 바라보는 아세안의 관점을 고찰하였다. 마지막으로 동아시아 통합의 도전과제로서 남북한 통일 이슈를 분석하였다.

〈표 1-1〉 연도별 추진 연구 내용

	주요 연구 내용
2010년 (1차연도)	○ 동아시아 통합 구상과 한국의 역할 – 동아시아 통합여건 분석 – 한·중·일 통합의 경제적 효과 – 동아시아 통합과 유럽의 시사점 – 한·중·일 통합의 로드맵 – 한·중·일 통합에서 한국의 역할
2011년 (2차연도)	○ 한·중·일 협력 현황과 향후 과제 – 동아시아 경제통합의 결정요인 – 경제 분야(통화금융) – 정치·외교 분야(정부 간 협력기제) – 사회·문화 분야(교육, 문화, 환경) – 동아시아 통합에 대한 한·중·일의 시각
2012년 (3차연도)	○ 동아시아 통합 심화·확대 및 새로운 도전 – 세계 관점에서의 동아시아 통합 – 동아시아 통합과 아세안 – 동아시아 통합을 위한 협력의 제도화 – 세계경제 시나리오와 한국의 대응 – 동아시아 통합과 남북한 통일

제2절 지표체계의 구성

한·중·일과 아세안을 포함하는 동아시아 통합의 여건을 파악하기 위해 지표연구를 활용하였다. 2010년 보고서(전홍택·박명호 편[2010])에서 이미 한·중·일, 유럽 6개국, 그리고 아세안 6개국을 대상으로 주요 변수에 대한 지역별 특징을 분석하였다. 그 결과 한·중·일 지역의 수렴 정도가 두드러지게 나타났음을 파악하였다.[1] 2012년도 보고서에서는 2010년 연구를 두 가지 차원에서 보완하였다. 한편으로는 지역을 확대하여 세계경제의 3대 축이라 할 수 있는 아시아, 유럽, 북미를 모두 포함시켰다. 이를 위해 한·중·일 3국, 아세안 6개국,[2] 아시아(한·중·일+ASEAN), 유럽 15개국,[3] 북미의 NAFTA 지역으로 나누어 분석하였다. 다른 한편으로는 경제 및 사회 영역 중심이었던 지표체계를 정치·외교·행정, 교육·문화 영역까지 확대시켰다. 그리고 국가 간 비교 및 시계열 분석을 원활하게 수행하기 위해 1995년부터 2010년까지를 분석기간으로 설정하였다. 특히, 2012년 보고서에서는 유럽의 확대 과정에서 나타난 지표영역별 특징을 동아시아 확대 과정과 비교 분석하였다. 이를 통해 아시아 지역의 통합 범위를 한·중·일에서 한·중·일+ASEAN으로 확대하는 데 따르는 문제점을 살펴보았다.

그러면 동아시아, 유럽 및 북미의 지역별 추세를 파악하기 위한 지표체계를 살펴보자. 전체 지표체계는 경제, 삶의 질, 환경, 정치·외교·행정, 문화 등 5개의 대분류 영역으로 구분하였다. 대분류 영역은 각각 3~4개의 중분류로 구성되고, 중분류 영역은 1~4개의 소분류 영역으로 구성된다. 그러면 대분류 경제영역부터 살펴보자. 경제 분야의 성과를 파악하려면 1차적으로는 소득수준이 중요하다. 특정 국가, 특정 지역의 소득이 어느 정도이고 지난 15년 기간 동안 얼마나 성장했는지를 비교 분석함으로써 한 나라의 경제수준을 파악할 수 있기 때문이다. 마찬가지로 거시안정성 역시 경제를 얼마나 안정적으로 운영했는지를 판가름한다는 점에서 매우 중요

1) 전홍택·박명호 편(2010), 제2장 및 부록 1 참조.

2) ASEAN 6개국은 인도, 인도네시아, 말레이시아, 싱가포르, 태국, 베트남 등 6개국이다.

3) 유럽 15개국은 오스트리아, 벨기에, 덴마크, 핀란드, 프랑스, 독일, 그리스, 아일랜드, 이탈리아, 룩셈부르크, 네덜란드, 포르투갈, 스페인, 스웨덴, 영국을 지칭한다.

하다. 또한, 경제의 성장동력은 개방성 및 기술혁신능력에 따라
좌우된다는 점에서 이들 두 요인을 중분류 차원에 포함시켰다.

〈표 1-2〉 대분류: 경제 분야

	세부 항목	변수명
소득	1인당 국민소득	PPP 단위 1인당 국민소득
거시안정성	물가	인플레이션
	재정	국민소득 대비 중앙정부 부채
경제개방성	무역	국민소득 대비 수출 비중
	외국인투자	국민소득 대비 FDI
기술혁신능력	R&D	1,000명당 연구인력 수
	특허	미국에서 출연한 특허 수

〈표 1-3〉 대분류: 삶의 질 분야

	세부 항목	변수명
경제적 안전	실업률	실업률
	노령자 사회지출	국민소득 대비 노령연금
사회적 안전	도로 안전	도로사망률(백만 명당)
	건강	국민소득 대비 건강지출 비율
	자살	10만 명당 자살률
	범죄	10만 명당 살인건수
분배	소득분배	지니계수
신뢰	일반신뢰	World Value Survey, 일반신뢰 설문
	기관신뢰	World Value Survey, 기관신뢰 설문

둘째, 삶의 질 영역은 경제적 안전, 사회적 안전, 분배 및
신뢰 정도로 구성된다. 삶의 질 향상을 위해서는 경제적 및
사회적 안전이 필수적이다. 경제적 안전을 가장 위협하는 것
은 일할 나이에는 실업이고, 노후에는 연금을 포함한 사회지
출이다. 사회적 안전은 도로 안전, 건강, 자살, 범죄 등으로
구성하였다. 개인의 삶의 질은 다른 사람과의 차이에서도 크

게 영향받는다는 점에서 분배변수 역시 중요하다. 마지막으로 신뢰도가 높을수록 삶의 질이 향상된다는 점에서 신뢰변수를 삶의 질 구성요소에 포함시켰다.

〈표 1-4〉 대분류: 환경

	세부 항목	변수명
위해성	1. 미세먼지	PM10 수준
	2. 폐기물	폐기물량
효율성	3. 에너지	1차 에너지 소비
	4. 물	식수 취수
재생능력	5. 신재생에너지	재생 전력
	6. 상하수도 보급	수돗물 보급 정도

셋째, 환경영역은 환경 위해성, 효율성 및 재생능력으로 구성된다. 환경 위해성은 미세먼지, 폐기물 수준을 통해 환경이 어느 정도 훼손되었는지 살펴볼 수 있다. 환경 효율성은 수자원, 에너지 등의 자원을 얼마나 효율적으로 관리하는지 알아봄으로써 한 나라의 환경 관리능력을 측정할 수 있다. 재생능력은 신재생에너지 등과 같이 자원을 재활용하는 능력을 보여준다.

넷째, 정치·외교·행정 분야는 정치, 외교, 행정 분야로 나누어 지표체계를 구성하였다. 정치 분야는 선거과정과 정당, 시민자유, 정치 참여, 민주주의 안정성 등의 네 가지 측면에서 고찰하였다. 외교 분야는 국제사회 참여, 외교관계, UN 참여, 국제조약 등으로 구성하였다. 행정 분야는 정부효과성, 법치, 부패 정도를 구성요소로 설정하였다.

다섯째, 문화 분야는 문화적 근접성, 교류, 정보화, 교육 등 네 분야로 나누어 살펴보았다. 문화 분야는 무엇보다도 문화적 근접성이 중요하다. 유사한 생활환경이 갖춰졌을 때 그만큼 문화적 친근감이 증가할 수 있기 때문이다. 문화적 근접성은 KOF의 세계화지수에서와 같이 맥도널드 매장, GDP 대비 책 수출입 규모, 인구당 IKEA 매장 수로 측정하였다. 교류변수는 한 국가에서 체류 중인 외국인 비율과 ODA 규모로 살펴보았다. 정보화 역시 문화적 근접성을 위해 중요하므로 인터넷 및 이동통신을 포함시켰다. 마지막으로 교육수준이 높을수록 문화적 근접성에 긍정적인 영향을 미칠 수 있으므로 고등교육수준 및 교육지출을 포함시켰다.

〈표 1-5〉 대분류: 정치 · 외교 · 행정

	세부 항목	변수명
정치	선거과정과 정당	선거과정 투명성, 복수 정당제도
	시민자유	시민자유
	정치 참여	정치 참여
	안정성	민주주의제도 안정성
외교	국제사회 참여	국제기구 가입 수
	외교관계	외교 공관 수
	UN 참여	UN 안보이사회 참여
	국제조약	국제조약 참여 수
행정	정부효과성	정부효율성지수
	법치	법치지수
	부패	투명성지수

〈표 1-6〉 대분류: 문화

	세부 항목	변수명
근접성	맥도널드	1인당 맥도널드 매장 수
	책 교역	GDP 대비 책 무역 규모
	IKEA 매장	1인당 IKEA 매장 수
교류	외국인 수용성	체류 외국인 규모
	ODA	국민소득 대비 ODA 규모
정보화	인터넷	100인당 인터넷 사용자
	통신	100인당 이동통신 사용자
교육	고등교육	대학 입학률
	교육지출	국민소득 대비 공교육 지출 비중

이와 같이 동아시아 통합을 분석하기 위한 지표체계는 5개의 대분류 영역과 18개의 중분류 영역으로 구성된다. 그리고 세부 지표별 변수명과 데이터의 출처는 다음의 〈표 1-7〉에 정리하였다.

〈표 1-7〉 세부 지표별 변수명 및 출처

세부 지표	변수명	출처
1인당 국민소득	GDP per capita, PPP (constant 2005 US$)	World Bank, World Development Indicators Databank
물가	Inflation, GDP deflator (annual %)	World Bank, World Development Indicators Databank
재정	Central government debt, total(% of GDP)	OECD stats, CIA Factbook, WDI
무역	Trade (% of GDP)	World Bank, World Development Indicators Databank
외국인 투자	Foreign direct investment, net inflows(% of GDP)	World Bank, World Development Indicators Databank
R&D	Researchers in R&D (per million people, FTE)	UNESCO, WDI
특허	Number of Patents Granted (All patent types)	USPTO
실업률	Unemployment, total (% of total labor force)	World Bank, World Development Indicators Databank
노령자에 대한 사회지출	Public and mandatory private Expenditures: Old age (percentage of GDP)	OECD stats
도로사망률	Road fatalities per million inhabitants	OECD Factbook 2010, UNECE
건강지출비율	Health expenditure, Public(% of GDP)	WHO NHA data
자살률	Suicides, deaths per 100,000 population	OECD Health Data 2009 , WHO, Eurostat
강력범죄	Intentional homicides (per 100,000 people)	World Bank, World Development Indicators Databank
지니계수	Gini Index	UNU-WIDER(World Institute for Development Economics Research), CIA Factbook
일반신뢰	Most people can be trusted	World Values Survey
기관신뢰	Confidence	World Values Survey
미세먼지	PM10, country level	World Bank, World Development Indicators Databank

세부 지표	변수명	출처
폐기물	Total amount generated of municipal waste / GDP (constant 2005 US$)	OECD, UN, World Bank, World Development Indicators Databank
에너지 사용	GDP(constant 2005 US$) / Energy use(kg of oil equivalent)	World Bank, World Development Indicators Databank
물 사용	Water productivity, total(constant 2000 US$ GDP per cubic meter of total freshwater withdrawal)	OECD, FAO, World Bank, World Development Indicators Databank
신재생에너지	Electricity production from renewable sources / Electricity production (%)	World Bank, World Development Indicators Databank
상하수도 보급	Proportion of the population using improved drinking water sources	Millennium Development Goals Database, UN
선거과정과 정당	Electoral process and pluralism	EIU, Democracy index
시민자유	Civil liberties	EIU, Democracy index
정치 참여	Voice and Accountability Index	The World Bank Group, The Worldwide Governance Indicators
안정성	Political Stability and Absence of Violence / Terrorism Index	The World Bank Group, The Worldwide Governance Indicators
국제사회 참여	Membership in International Organizations	KOF, Index of Globalization (Political Globalization)
외교관계	Embassies in Country	KOF, Index of Globalization (Political Globalization)
UN 참여	Participation in UN Security Council Missions	KOF, Index of Globalization (Political Globalization)
국제조약	International Treaties	KOF, Index of Globalization (Political Globalization)
정부효과성	Government Effectiveness	The World Bank Group, The Worldwide Governance Indicators
법치	Rule of Law Index	The World Bank Group, The Worldwide Governance Indicators
부패	CPI (Corruption Perception Index)	TRANSPARENCY INTERNATIONAL
맥도널드	Number of McDonald's Restaurants(per capita)	KOF, Index of Globalization(Cultural Proximity)
Trade in books	Trade in books(percent of GDP)	KOF, Index of Globalization(Cultural Proximity)
IKEA	Number of Ikea(per capita)	KOF, Index of Globalization(Cultural Proximity)
외국인 수용성	Stocks of foreign population	Foreign population as a percentage of the total population

세부 지표	변수명	출처
ODA	Net ODA Ratio to GNI	OECD stats
인터넷	Internet users(per 100 people)	World Bank, World Development Indicators Databank
통신	Mobile cellular subscriptions(per 100 people)	World Bank, World Development Indicators Databank
고등교육	School enrollment, tertiary	World Bank, World Development Indicators Databank
교육지출	Public spending on education, total(% of GDP)	World Bank, World Development Indicators Databank

제3절 지표 분석을 위한 방법론

1. 정규화

패널데이터를 작성하기 위해 본 보고서에서는 Osberg and Sharpe(2005)의 정규화 방법을 원용하였다. Osberg and Sharpe(2005)의 정규화방식은 기본적으로는 HDI 방식을 활용하였지만 아래와 같이 최댓값과 최솟값을 각각 $Max = global\ Max + |global\ Max * 10\%|$, $Min = global\ Min - |global\ Min * 10\%|$ 로 하였다.

LSM 정규화 지수 $= (Value - Min)/(Max - Min)$
(여기서, $Max = global\ Max + |global\ Max * 10\%|$,
$Min = global\ Min - |global\ Min * 10\%|$)

이런 방식의 정규화는 각각의 수치를 [0, 1] 사이로 선형화시킴으로써 국가 간 비교뿐만 아니라 일국 내 변화율도 비교 가능토록 한다. 더욱이 LSM 지수는 표준화에서 흔히 나타나는 평균 수렴 현상을 배제시킨다는 점에서도 유용하다.

2. 가중치의 부여

가중치의 부여방법은 크게 부문지표에 포함되는 각 변수에 동일한 가중치를 주는 방법과 각 변수에 서로 다른 가중치를 부여하는 방법으로 나눌 수 있다. 일반적으로 지표연구에서는 정규화에 대한 방식의 선택에서와 마찬가지로 가급적 연구자의 자의성을 배제하기 위하여 동일 가중치 부여방법을 사용하였다.

한편, 부문지표나 표의 최종 산정을 위한 정규화 변수들의 합산방법은 각 부문의 상위 지표를 구성하는 정규화된 하위 지표들을 동일한 가중치로 합산하는 방식으로 구했다.

3. 결측치의 조정

본 보고서에서 산정에 사용된 자료들은 대부분 UN이나 OECD 등의 국제기구에서 공표하는 자료들을 기본 자료로 사용하였기 때문에, 국가적으로나 시계열적으로 표본이 일관된 성격을 갖는다. 그러나 경우에 따라서는 여러 가지 이유로 인하여 일부 국가들의 경우 특정 기간에 있어서 결측치를 갖는 경우가 발생하였다. 결측치의 처리방법은 우선 결측치가 두 관측치 사이에서 발생하였는가 아니면 마지막 관측 이후(또는 최초 관측 이전)에 발생하였는가에 따라서 내삽법과 외삽법으로 나눌 수 있다.

통상적으로 내삽법을 사용하는 경우, 이러한 결측치가 경성자료(hard data)이면 관측치의 연평균 증가율을 기하평균으로 구하여 이를 결측치의 추정에 사용하는 방법을 이용하였다. 연평균 증가율을 사용한 내삽 추정방법을 수식으로 표현하면 다음과 같다. 내삽 추정이 필요한 변수의 연도별 관측치를 X_t 라하고, 결측연도를 X_M, 결측연도에서 가장 가까운 이전연도 관측치를 X_P, 결측연도에서 가장 가까운 이후연도의 관측치를 X_F라 하면, 결측기간의 연평균 증가율은 다음과 같다.

$$\text{결측기간 연평균 증가율: } g_M = \left(\frac{X_F}{X_P}\right)^{\frac{1}{F-P}} - 1$$

이로부터 결측연도의 추정치인 $\hat{X_M} = X_P(1+g_M)^{M-P}$ 를 얻게 된다.

한편, 서베이 데이터와 같이 연성자료(soft data)의 경우에는 좌측으로 연속인(left continuous) 계단함수를 가정하여 결측치를 구하였다. 또한, 최근 자료나 초기 자료가 부족하여 발생한 결측치를 추정하기 위해 외삽방법을 사용하는 경우에는 경성자료인 비율변수에는 계단함수를, 수준변수(level variable)에는 선형함수 추정방법을 사용하였다.

본 보고서에서는 두 관측치 사이에 발생하는 결측치의 경우 기하평균을 이용한 증가율 대신에 선형추세회귀모형(linear trend regression model)을 이용하는 내삽방법을 사용하였다. 이 방법은 지표를 산정하는 전 기간에 대하여 추정된 선형추세모형의 추세계수(trend parameter)의 추정치를 이용하여 결측치를 구하는 방법이다. 이 방법은 결측치를 구하는 데 있어서 특정 변수의 장기적인 추세가 반영된다는 특징을 갖는다. 추세회귀모형을 이용한 내삽 추정을 하기 위해서는 다음과 같이 추세변수모형 $X_t = \beta_0 + \beta_1 \times t + \varepsilon_t$ 에 대하여 결측기간을 제외한 자료를 이용하여 계수들을 먼저 추정하고, 추정된 계수로부터 결측연도의 추정치인 $\widetilde{X_M} = \hat{\beta_0} + \hat{\beta_1} \times M$ 을 구하였다.

제4절 지표 분석

본 절에서는 지표체계를 활용하여 아시아, 유럽 및 북미의 세 지역에서 경제, 사회, 환경, 정치·외교, 문화 분야에서 지난 15년간 어떤 흐름을 나타냈는지 살펴보았다. 지난 15년간의 지역별 특성을 파악하기 위해 우선 지표영역별 평균 추세를 비교 분석하였다. 이를 통해 지역별 대분류 및 중분류 차원의 특징을 비교할 수 있다. 특히, 지난 15년간 지표영역별 개선 정도가 어떻게 나타났는지를 살펴봄으로써 변수 영역별 특징을 분석하였다. 지표영역별 글로벌 트렌드 분석과 더불어 지표영역별 변동계수를 계산하여 지역 내 수렴 및 발산 정도를 살펴보았다. 특히, 지역협력이 확대되면서 지표영역별로 어떤 변화를 보였는지를 중점적으로 분석하였다. 특히, EU 6개국에서 15개국으로 확대되면서 대분류 및 중분류 차원에서 어떤 변화가 있는지 분석하였다. 그리고 이를 토대로 한·중·일 3국과 아세안 6개 국가를 합친 아시아 9개국의 변동계수를 EU 확대 과정과 비교 분석하였다.

1. 분석 국가의 위상

본 보고서의 연구대상 국가는 한·중·일 3국, ASEAN 6개국, EU 15개국, 북미 3개국 등 27개국으로 구성된다. 이들 27개국의 GDP 규모는 2010년 기준 전 세계의 66.4%를, 인구 규모는 42%를 차지하였다. GDP 규모를 보다 상세히 살펴보면, NAFTA 3국, 한·중·일 3국, 그리고 EU 15개국이 전 세계 GDP에서 차지하는 비중은 각각 23.1%, 21.3%, 18.0%이다. 물론 아시아 9개국(한·중·일 3+ASEAN 6)을 한 단위로 고려한다면 전 세계 GDP의 25.3%를 차지해 NAFTA 3국 및 EU 15개국의 경제규모를 능가한다.

한편, 연구대상 국가의 인구 규모는 아시아, 북미, 유럽 간 현격한 차이를 보인다. 우선 한·중·일 3국은 전 세계 인구의 22.0%를 차지하는 반면, 북미 3국과 EU 15개국은 각각 6.6%, 5.8%를 차지한다. 한편, 아세안 6개국은 7.6%를 차지하였다. 한·중·일 3국과 아세안 6개국을 합친 아시아 9개국의 인구 비중은 29.6%에 이르는 것으로 나타났다.

1인당 GDP는 NAFTA 3, EU 15, 한·중·일 3, ASEAN 6 순으로 나타났다. 북미와 유럽 지역은 전 세계 평균의 3배 수준이고, 한·중·일 3국은 전 세계 평균 수준이며, ASEAN 6는 전 세계 평균의 52.6% 수준을 보였다. 이와 같이 세계의 3대 축이라 할 수 있는 아시아, 북미, 유럽은 GDP 규모에서는 유사한 수준을 보였지만 인구 측면에서는 아시아 지역의 인구가 압도적인 우위를 나타냈다.

[그림 1-1] 분석대상 국가 27개국의 위상(2010년): GDP

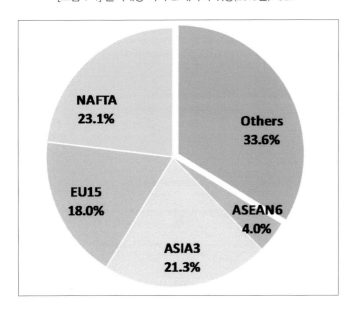

[그림 1-2] 분석대상 국가 27개국의 위상(2010년): 인구

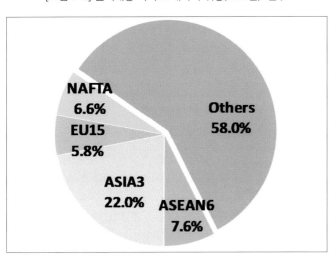

자료: World Bank, WDI의 GDP(PPP, constant 2005 international $), Population(Total).

2. 경제 분야

지난 15년간 대분류 경제 분야의 글로벌 트렌드를 살펴보면 전체적으로 상승하는 추세를 확인할 수 있다. 경제 전반의 수준은 EU 6, EU 15, NAFTA, 한·중·일 3, ASEAN 6 순

[그림 1-3] '대분류: 경제'의 지역별 트렌드

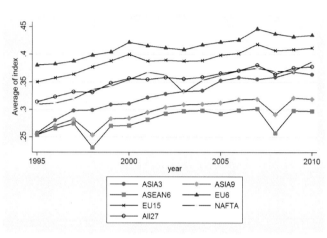

으로 나타났다. 경제영역은 대체로 상승세를 보였지만 1997년 외환위기 당시에는 아세안 지역이 마이너스 성장률을 보였고, 2007년에는 글로벌 금융위기의 영향으로 전 지역이 평균 마이너스 성장률을 기록하였다. 글로벌 경제위기의 온상은 미국과 유럽임에도 불구하고 경제 분야에서 가장 타격이 큰 지역은 아세안 지역으로 나타났다. 반면, 글로벌 금융위기에도 불구하고 한·중·일 3국은 양의 성장률을 기록하였다. 이렇게 볼 때 한·중·일 3국에서 시작된 통합이 아세안까지 확대된다면 아세안 지역은 경제적 취약성 극복에 커다란 도움이 될 것으로 기대된다.

EU 6이 EU 15로 확대되면서 경제 분야의 지수 수준은 다소 낮아졌다. 그러나 지난 15년간 EU 15의 성장률이 EU 6의 성장률을 능가하였다는 점에서 EU 15의 역동성은 과거

보다 향상되었다. 반면, 동아시아 통합을 확대하여 한 · 중 · 일 3국에 아세안 6개국을 포함시킨 아시아 9의 경제 분야 수준은 한 · 중 · 일 3국일 때보다 낮아졌고, 성장세 역시 둔화되었다. 물론 한 · 중 · 일 3국과 아세안이 공동체를 형성하는 경우 동아시아의 경제 분야 수준은 한 · 중 · 일 3국과 아세안 국가의 경제 분야 수준을 단순하게 더한 수준보다는 높아질 것으로 기대된다. EU 15개국의 수준은 이미 통합이 완료된 후의 성과를 반영한 반면, 아시아 9의 수준은 한 · 중 · 일 3국에다가 아세안 6개국의 경제 분야 수준을 단순히 더했다는 점에서 통합효과가 반영되지 않았다. 그러므로 앞으로 아시아 9의 성과를 읽을 때는 이런 점을 고려해야 한다.

경제영역의 성장세를 주도한 분야는 기술혁신 분야로 지난 15년간 평균 3.38%의 성장률을 나타냈다. ASEAN 6 지역의 기술혁신 성장률은 연평균 5.98%를 기록해 전 지역에서 가장 빠른 성장률을 기록하였다. 특히, 아세안 지역의 기술혁신 성장세는 2000년대 중반까지 강세를 보였다면 2000년대 중반 이후부터는 한 · 중 · 일 3국이 기술혁신 분야를 주도하여 아시아 지역이 상승세를 주도한 것으로 나타났다.

반면, 경제개방성 분야는 지난 15년간 0.46%의 성장률을 기록해 경제 분야에서 가장 부진한 성적을 보였다. 그중에서도 NAFTA 지역은 2000년 이후 지속적으로 경제개방성 지수가 마이너스 성장을 해 1990년대 대비 개방도 수준이 낮아진 것으로 나타났다. 경제 분야의 지역별 성장률을 살펴보면, 한 · 중 · 일 3국은 평균 2.30%를 기록해 가장 높은 성장세를 보인 반면, EU 6은 0.89%로 가장 낮은 성장률을 기록하였다. 한편, 중분류 소득 영역은 ASEAN 6이 지난 15년간 3.19%로 가장 높은 성장률을 기록하였고, 이어서 한 · 중 · 일 3국이 2.46%로 나타났다. 중분류 소득 분야는 27개국 전 지역 평균이 1990년대 중반 3.55%였다가 2000년대 초반 1.93%, 중반 0.64%를 기록해 1990년대 중반 이후 성장세의 뚜렷한 둔화 현상을 경험하는 것으로 조사되었다.

<표 1-8> '대분류: 경제'의 지역별 성장률

기간	ASEAN6	ASIA3	ASIA9	EU6	EU15	NAFTA	ALL27
1995~2000	1.27	3.74	2.14	2.06	2.67	2.70	2.53
2000~05	1.51	2.51	1.88	0.02	−0.08	0.45	0.52
2005~10	0.34	0.65	0.46	0.60	0.65	1.32	0.67
1995~2010	1.04	2.30	1.49	0.89	1.08	1.49	1.24

　　EU 확대 과정에서 나타난 성과를 EU 6과 EU 15의 수준으로 비교해 보면 경제 분야의 4개 중분류 중 소득, 거시안정성 및 기술혁신 분야 등 세 분야에서는 EU가 확대되면서 보다 개선된 성과를 보였다. 한·중·일에서 아세안 회원국을 포함하는 아시아 9국으로 확대되는 경우 소득, 경제개방성 및 기술혁신 분야에서는 한·중·일 3국보다 빠른 성장률을 보였다.

<표 1-9> '중분류: 소득'의 지역별 성장률

기간	ASEAN6	ASIA3	ASIA9	EU6	EU15	NAFTA	ALL27
1995~2000	2.57	2.09	2.34	3.11	3.59	3.33	3.35
2000~05	3.77	2.80	3.33	1.24	1.69	1.41	1.93
2005~10	3.24	2.51	2.91	0.37	0.15	0.00	0.64
1995~2010	3.19	2.46	2.86	1.57	1.81	1.58	1.97

<표 1-10> '중분류: 거시안정성'의 지역별 성장률

기간	ASEAN6	ASIA3	ASIA9	EU6	EU15	NAFTA	ALL27
1995~2000	0.76	7.20	2.92	−0.12	−0.08	0.81	0.86
2000~05	1.20	2.61	1.73	−0.21	−0.12	2.41	0.70
2005~10	−0.17	−1.22	−0.58	0.80	1.14	1.89	0.69
1995~2010	0.59	2.86	1.36	0.16	0.31	1.70	0.75

〈표 1-11〉 '중분류: 경제개방성'의 지역별 성장률

기간	ASEAN6	ASIA3	ASIA9	EU6	EU15	NAFTA	ALL27
1995~2000	0.78	0.55	0.72	4.24	5.53	3.34	3.70
2000~05	0.69	1.06	0.78	-1.54	-3.23	-3.20	-1.88
2005~10	-0.16	-0.58	-0.26	0.00	-0.57	-0.36	-0.44
1995~2010	0.44	0.34	0.41	0.90	0.58	-0.07	0.46

〈표 1-12〉 '중분류: 기술혁신'의 지역별 성장률

기간	ASEAN6	ASIA3	ASIA9	EU6	EU15	NAFTA	ALL27
1995~2000	10.34	1.31	3.76	2.24	4.51	4.57	4.37
2000~05	6.14	3.88	4.63	1.82	3.31	-0.08	2.97
2005~10	1.46	4.78	3.71	1.83	2.27	3.45	2.79
1995~2010	5.98	3.33	4.03	1.96	3.36	2.65	3.38

한편, 1995년 이후 지난 15년간 변동계수를 중심으로 경제 분야에서 지역별 수렴 정도를 분석한 결과는 다음과 같다. 우선 EU 15 지역 내의 변동계수가 가장 적은 것으로 나타났다. 이는 EU 6개국의 변동성보다 낮은 수준으로 EU는 회원국이 확대되면서 경제영역의 지역 간 격차가 축소되었음을 알 수 있다. 한 · 중 · 일 3국의 지역 간 격차는 아직 EU 지역보다는 크지만 과거 15년간 격차가 축소되었음을 알 수 있다. 이는 무엇보다도 중국경제의 높은 성장세로 인해 지역 간 격차가 축소되었기 때문이다. 이에 반해 ASEAN 6국의 경우 회원국 간 격차가 크면서도 다른 지역 대비 심한 변동성을 나타냈다. 그러므로 한 · 중 · 일 3국과 아세안이 통합되는 경우 아시아 지역의 경제 분야의 변동성은 한 · 중 · 일 3국보다 다소 증가할 것으로 전망된다.

[그림 1-4] '대분류: 경제'의 지역별 변동계수

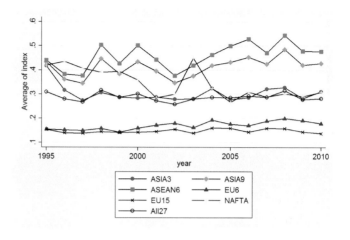

3. 삶의 질 분야

지난 15년간 대분류 삶의 질 분야의 글로벌 트렌드를 살펴보면 삶의 질 수준은 전체적으로 정체 상태에 놓여 있는 것으로 나타났다. 1990년대에는 완만한 상승세를 보였지만 2000년대에는 상승세가 주춤하다가 2000년대 중반 이후에는 마이너스 성장세를 보였다. 삶의 질 전반의 수준은 EU 6, EU 15, 한·중·일 3, NAFTA 순으로 나타났다.[4] EU 국가의 경우 1990년대 중반 이후 성장세가 둔화되면서 삶의 질의 증가세가 주춤해졌다. 반면, NAFTA의 삶의 질 수준은 EU 국가와 비교할 때 75% 수준에 그치지만 지난 15년간 평균 마이너스 성장률을 기록해 EU 지역과의 격차를 줄이지 못하였다.

EU 6이 EU 15로 확대되면서 삶의 질 분야의 지수 수준은 다소 증가하였다. 그리고 지난 15년간 EU 15의 성장률이 EU 6의 성장률을 능가하였다는 점에서 EU 15의 삶의 질 분야는 EU 6의 삶의 질 수준과 비교할 때 더욱 향상되었다.

4) 아세안 국가의 경우 사회통계의 미비로 삶의 질 영역의 트렌드 및 변동계수를 구하지 못했다.

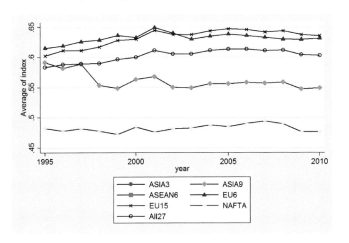

[그림 1-5] 삶의 질 영역의 지역별 트렌드

삶의 질 영역의 성장세를 주도한 분야는 사회적 안전 분야로 지난 15년간 평균 0.79%의 성장률을 나타냈다. EU 15 지역의 사회적 안전 성장률은 연평균 0.95%를 기록해 전 지역에서 가장 빠른 성장률을 기록하였다. 반면, 중분류 중 신뢰 분야는 지난 15년간 평균 −0.26%의 성장률을 기록해 삶의 질을 구성하는 중분류 중에서 가장 부진한 성적을 보였다. 한편, 중분류 영역 중 분배 역시 지난 15년간 평균 마이너스 성장을 기록하였다. 그중에서도 한·중·일 지역은 1990년대 중반 이후 지속적으로 지수가 마이너스 성장을 기록해 1990년대 대비 분배수준이 악화된 것으로 나타났다.

지난 15년간 삶의 질 분야의 지역별 성장률을 비교하면, EU 15개국이 0.35%로 가장 양호한 실적을 보였다. 반면, 한·중·일 3국과 NAFTA는 각각 −0.50%, −0.08%의 마이너스 성장세를 나타냈다. EU 6과 EU 15의 움직임을 살펴보면 EU는 회원국이 확대되면서 신규로 가입한 회원국의 삶의 질 분야의 성장세가 EU 6 국가보다 다소 높아 결과적으로 EU 6과 EU 15의 삶의 질이 거의 같은 수준에 달하였다. 삶의 질 분야의 27개국 전체 평균 성장률은 0.22%로 5개 대분류 영역 중 정치·외교·행정 분야(0.20%) 다음으로 낮은 성장세를 보였다.

EU 확대 과정에서 나타난 성과를 EU 6과 EU 15의 수준으로 비교해 보면 삶의 질 분야의 4개 중분류 중 사회적 안전, 분배 및 신뢰 분야 등 3개 분야에서는 EU가 확대되면서 보다 개선된 성과를 보였음을 알 수 있다.

〈표 1-13〉 삶의 질 영역의 지역별 성장률

기간	ASEAN6	ASIA3	ASIA9	EU6	EU15	NAFTA	ALL27
1995~2000	–	-0.98	–	0.56	0.89	0.09	0.56
2000~05	–	-0.27	–	0.18	0.54	0.01	0.45
2005~10	–	-0.25	–	-0.22	-0.36	-0.35	-0.35
1995~2010	–	-0.50	–	0.17	0.35	-0.08	0.22

〈표 1-14〉 '중분류: 경제적 안전'의 지역별 성장률

기간	ASEAN6	ASIA3	ASIA9	EU6	EU15	NAFTA	ALL27
1995~2000	–	0.15	0.15	0.89	1.69	2.09	1.59
2000~05	–	1.34	1.34	-0.50	0.18	-0.34	0.23
2005~10	–	-0.52	-0.52	-0.44	-1.93	-2.01	-1.80
1995~2010	–	0.32	0.32	-0.02	-0.02	-0.09	0.01

〈표 1-15〉 '중분류: 사회적 안전'의 지역별 성장률

기간	ASEAN6	ASIA3	ASIA9	EU6	EU15	NAFTA	ALL27
1995~2000	0.30	0.19	0.23	0.52	0.57	1.54	0.58
2000~05	-0.02	0.38	0.23	1.30	1.36	0.50	1.09
2005~10	0.49	-0.07	0.15	0.81	0.93	0.27	0.71
1995~2010	0.26	0.17	0.20	0.87	0.95	0.77	0.79

<표 1-16> '중분류: 분배'의 지역별 성장률

기간	ASEAN6	ASIA3	ASIA9	EU6	EU15	NAFTA	ALL27
1995~2000	2.27	-0.93	0.80	0.18	0.25	-0.90	0.32
2000~05	-1.07	-6.08	-3.12	1.29	1.41	-0.35	0.07
2005~10	-2.71	-0.13	-1.69	-1.16	-0.57	0.31	-0.77
1995~2010	-0.51	-2.38	-1.34	0.10	0.36	-0.31	-0.13

<표 1-17> '중분류: 신뢰'의 지역별 성장률

기간	ASEAN6	ASIA3	ASIA9	EU6	EU15	NAFTA	ALL27
1995~2000	0.24	-0.75	-0.16	0.83	0.65	-4.04	-0.11
2000~05	0.68	-0.09	0.38	-3.67	-1.49	0.03	-0.69
2005~10	0.07	0.00	0.04	0.00	0.00	0.00	0.01
1995~2010	0.33	-0.28	0.09	-0.94	-0.28	-1.34	-0.26

[그림 1-6] 삶의 질 영역의 지역별 변동계수

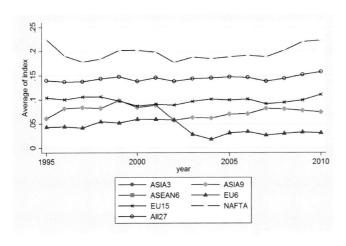

한편, 1995년 이후 지난 15년간 변동계수를 중심으로 삶의
질 분야에서 지역별 수렴 정도를 분석한 결과는 다음과 같다.
우선 EU 6 지역 내의 수렴 정도가 가장 두드러지게 나타났
다. 반면, EU 15개국은 변동계수가 최근 증가하는 추세를 나

타내 EU 회원국이 확대되면서 신규로 가입한 국가의 삶의 질 영역의 격차가 다소 확대되었음을 알 수 있다. 한·중·일 3국의 지역 간 격차는 EU 6 다음으로 축소되는 추세를 나타냈다. 이와는 대조적으로 NAFTA의 경우 멕시코의 삶의 질 영역이 가시적 성과를 보이지 못하는 관계로 지역 내 회원국 간 삶의 질 분야의 격차가 줄어들지 않았다.

4. 환경 분야

지난 15년간 대분류 환경 분야의 글로벌 트렌드를 살펴보면 15년 평균 0.71%의 성장세를 기록하여, 전체적으로는 약한 상승세를 보였다. 환경 전반의 수준은 EU 15, EU 6, NAFTA, 한·중·일 3, ASEAN 6 순으로 나타났다.

EU 6이 EU 15로 확대되면서 환경 분야의 지수 수준은 다소 높아졌다. 그리고 지난 15년간 EU 15의 성장률이 EU 6의 성장률을 능가하였으므로 EU 15의 환경수준은 EU 6의 환경수준보다 향상되었다. 마찬가지로 한·중·일 3국+ASEAN의 환경수준 증가율은 한·중·일 3국의 증가율을 능가한다. 그러므로 한·중·일 3국이 아세안을 포함하는 동아시아 통합을 이루는 경우 환경 분야는 상당한 개선을 이룰 것으로 기대된다.

환경 영역의 성장세를 주도한 분야는 효율성 분야로 지난 15년간 평균 1.91%의 성장률을 나타냈다. 환경 효율성은 NAFTA 지역이 연평균 2.28%를 기록해 전 지역에서 가장 빠른 성장률을 기록하였다. 반면, 중분류 중 위해성 분야는 지난 15년간 평균 0.41%의 성장률을 기록해 환경을 구성하는 중분류 중에서 가장 부진한 성적을 보였다.

[그림 1-7] 환경 영역의 지역별 트렌드

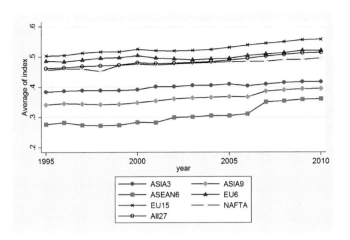

한편, 지난 15년간 환경 분야의 지역별 성장률을 살펴보면, ASEAN 6의 성장률이 1.77%로 가장 높게 나타났다. 특히, 이 지역의 지난 5년간 성장률은 3.34%로 최근에 와서 보다 향상된 실적을 보였다. ASEAN 6 다음으로는 EU 15, 한·중·일, NAFTA의 순으로 나타났다.

EU 확대 과정에서 나타난 성과를 EU 6과 EU 15의 수준으로 비교해 보면, 환경 분야의 중분류인 위해성, 효율성, 재생능력의 세 분야 모두에서 개선된 것으로 나타났다.

〈표 1-18〉 환경 영역의 지역별 성장률

기간	ASEAN6	ASIA3	ASIA9	EU6	EU15	NAFTA	ALL27
1995~2000	0.51	0.36	0.41	0.72	0.84	0.84	0.77
2000~05	1.45	0.95	1.11	-0.36	0.21	0.29	0.37
2005~10	3.34	0.38	1.41	1.01	0.98	0.54	1.00
1995~2010	1.77	0.56	0.98	0.46	0.68	0.55	0.71

〈표 1–19〉 '중분류: 위해성'의 지역별 성장률

기간	ASEAN6	ASIA3	ASIA9	EU6	EU15	NAFTA	ALL27
1995~2000	1.23	−0.32	0.38	−0.28	0.22	1.09	0.36
2000~05	1.34	0.44	0.86	0.04	0.08	0.47	0.30
2005~10	2.92	−0.48	1.18	0.44	0.47	0.01	0.57
1995~2010	1.83	−0.12	0.80	0.07	0.26	0.52	0.41

〈표 1–20〉 '중분류: 효율성'의 지역별 성장률

기간	ASEAN6	ASIA3	ASIA9	EU6	EU15	NAFTA	ALL27
1995~2000	−1.30	1.32	−0.11	3.16	2.56	3.96	2.23
2000~05	2.38	1.78	2.10	0.29	2.05	0.44	1.94
2005~10	3.19	2.17	2.72	2.05	1.23	2.45	1.56
1995~2010	1.42	1.76	1.57	1.83	1.95	2.28	1.91

〈표 1–21〉 '중분류: 재생능력'의 지역별 성장률

기간	ASEAN6	ASIA3	ASIA9	EU6	EU15	NAFTA	ALL27
1995~2000	1.12	1.34	1.18	0.95	0.88	−0.27	0.82
2000~05	−0.34	1.58	0.26	−1.41	−0.64	−0.01	−0.31
2005~10	1.07	1.17	1.10	1.26	1.60	0.70	1.35
1995~2010	0.62	1.36	0.85	0.27	0.61	0.14	0.62

1995년 이후 지난 15년간 변동계수를 중심으로 환경 분야의 지역별 수렴 정도를 분석한 결과는 다음과 같다. 우선 ASEAN 6의 변동계수가 두드러지게 하락하였음을 알 수 있다. 그리고 한·중·일 3국의 변동계수 역시 하락하여 아시아 지역 내의 격차가 많이 축소되었음을 보여준다. 반면, EU 국가의 경우 환경 분야의 수준이 이미 일정 수준 이상 도달하였으므로 아시아 지역과 같은 급격한 성장세를 기대하기는 어렵다.

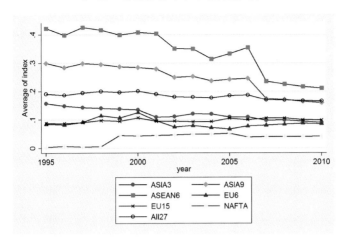

[그림 1-8] 환경 영역의 지역별 변동계수

5. 정치 · 외교 · 행정 분야

지난 15년간 대분류 정치 · 외교 · 행정 분야의 글로벌 트렌드를 살펴보면, 일부 지역에서는 미미하나마 플러스 성장세를 보였지만 대체로는 정체 상태에 있는 것으로 나타났다. 특히, EU, NAFTA 지역의 정치 · 외교 · 행정 분야의 수준은 정체 상태에 있지만 ASEAN 지역은 2000년대 중반 이후 완만한 상승세를 보였다. 정치 · 외교 · 행정 분야의 수준은 EU 15, EU 6, NAFTA, 한 · 중 · 일 3, ASEAN 6 순으로 나타났다.

EU 6이 EU 15로 확대되면서 정치 · 외교 · 행정 분야의 지수 수준은 다소 높아졌다. 그러나 지난 15년간 EU 6의 성장률이 EU 15의 성장률을 능가하였으므로 EU 15와 EU 6의 환경수준은 수렴되는 추세를 보인다. 한 · 중 · 일 3국의 정치 · 외교 · 행정 분야 수준의 성장률은 한 · 중 · 일+ASEAN의 성장률을 능가하므로 양 지역 간 정치 · 외교 · 행정 분야의 격차는 커졌다.

[그림 1-9] 정치 · 외교 영역의 지역별 트렌드

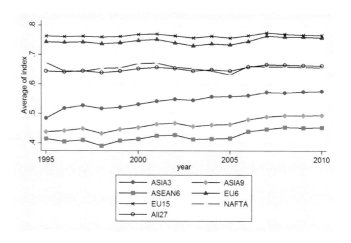

정치 · 외교 · 행정 분야 중 정치와 행정 분야는 평균적으로 마이너스 성장률을 보인 반면, 외교 분야는 양(+)의 성장률을 보였다. 외교 분야에서는 한 · 중 · 일 3국 및 아세안 지역의 성장세가 다른 지역에 비해 두드러지게 나타났다. 지난 15년간 정치 · 외교 · 행정 분야의 성장률은 대분류 5개 영역 중 가장 낮은 평균 0.20%를 나타냈다. 지역별로 성장세를 비교하면, 한 · 중 · 일 지역이 1.17%로 가장 높은 성장률을 기록하였다. 반면, EU 6, EU 15, NAFTA 지역의 성장률은 각각 0.13%, 0.03%, -0.15%씩으로 거의 정체 상태에 있는 것으로 나타났다. EU 국가의 경우 정치 · 외교 · 행정 분야 수준은 거의 성숙단계에 있으므로 급격한 상승세를 기대하기 어렵다.

한편, 1995년 이후 지난 15년간 변동계수를 중심으로 정치 · 외교 · 행정 분야에서 지역별 수렴 정도를 분석한 결과는 다음과 같다. 우선 변동계수가 가장 적은 지역은 EU 6이고 그다음은 EU 15로 나타났다. 그러나 EU 6과 EU 15의 변동계수는 그 수준이나 변화 추세가 거의 유사하게 움직여 EU 6 및 EU 15는 모두 정치 · 외교 · 행정 분야에서의 유사한 패턴을 보였음을 알 수 있다. 한편, EU 국가를 제외한 나머지 국가의 변동계수는 지난 15년 간 별다른 변화가 없었다.

〈표 1-22〉 정치 · 외교 영역의 지역별 성장률

기간	ASEAN6	ASIA3	ASIA9	EU6	EU15	NAFTA	ALL27
1995~2000	−0.05	1.89	0.69	0.12	0.16	−0.06	0.25
2000~05	0.14	0.97	0.47	−0.38	−0.32	−1.18	−0.23
2005~10	1.70	0.65	1.28	0.65	0.25	0.79	0.56
1995~2010	0.60	1.17	0.81	0.13	0.03	−0.15	0.20

〈표 1-23〉 '중분류: 정치'의 지역별 성장률

기간	ASEAN6	ASIA3	ASIA9	EU6	EU15	NAFTA	ALL27
1995~2000	−2.00	−1.04	−1.64	−0.08	0.08	1.37	−0.19
2000~05	−0.72	0.27	−0.34	−0.90	−0.69	−2.50	−0.80
2005~10	0.89	−0.99	0.18	0.45	0.22	2.15	0.43
1995~2010	−0.61	−0.59	−0.60	−0.18	−0.13	0.34	−0.19

〈표 1-24〉 '중분류: 외교'의 지역별 성장률

기간	ASEAN6	ASIA3	ASIA9	EU6	EU15	NAFTA	ALL27
1995~2000	3.22	5.83	4.24	0.29	0.28	−2.29	0.92
2000~05	0.21	0.97	0.52	0.07	0.02	0.04	0.16
2005~10	3.95	1.36	2.92	2.03	1.10	0.18	1.50
1995~2010	2.46	2.72	2.56	0.80	0.47	−0.69	0.86

〈표 1-25〉 '중분류: 정부'의 지역별 성장률

기간	ASEAN6	ASIA3	ASIA9	EU6	EU15	NAFTA	ALL27
1995~2000	−1.43	0.69	−0.63	0.20	0.12	0.94	0.06
2000~05	1.26	1.90	1.51	−0.24	−0.25	−1.01	0.03
2005~10	−0.74	1.57	0.21	−0.66	−0.66	−0.15	−0.42
1995~2010	−0.30	1.38	0.36	−0.23	−0.26	−0.07	−0.11

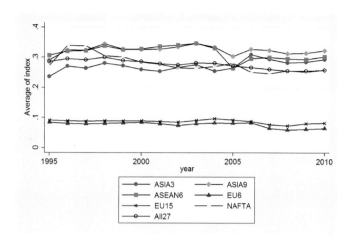

[그림 1-10] 정치 · 외교 영역의 지역별 변동계수

6. 문화 분야

대분류 문화 분야는 지난 15년간 연평균 3.90%의 성장률을 기록해 대분류 5개 영역 중 가장 빠른 상승세를 보였다. 문화 분야의 수준은 EU 15, EU 6, NAFTA, 한 · 중 · 일 3, ASEAN 6 순으로 나타났다. 문화 영역은 1990년대 중반 이후 성장률이 다소 둔화되지만 아직까지는 견조한 성장세를 보인다. 1990년대까지는 EU 6의 문화 영역 수준이 EU 15를 약간 앞섰지만 2000년대 중반부터는 역전되어 EU 15가 다소 높은 수준을 보였다. NAFTA의 문화 분야는 EU에 비해서는 낮은 편으로 나타났다.

EU 6이 EU 15로 확대되면서 문화 분야의 지수 수준은 다소 증가하였다. 그리고 지난 15년간 EU 15의 성장률이 EU 6의 성장률을 능가하였다는 점에서 EU 15의 문화 분야는 EU 6개국의 문화수준과 비교할 때 더욱 향상되었다.

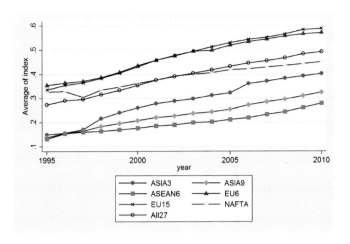

[그림 1-11] 문화 영역의 지역별 트렌드

〈표 1-26〉 문화 영역의 지역별 성장률

기간	ASEAN6	ASIA3	ASIA9	EU6	EU15	NAFTA	ALL27
1995~2000	5.79	11.05	8.09	4.10	4.96	1.99	5.11
2000~05	3.75	4.32	4.02	3.56	4.15	2.95	3.99
2005~10	5.51	4.38	4.98	1.89	2.13	1.46	2.60
1995~2010	5.01	6.58	5.70	3.18	3.75	2.14	3.90

　　문화 분야가 지난 15년간 5개 대분류 영역 중 평균 3.90%
라는 높은 성장세를 보인 이유는 전적으로 정보화 요인에 기
인한다. 정보화는 27개국 평균 20.79%의 성장세를 기록하
여 전체 중분류 영역 중 가장 높은 성장률을 기록하였다. 반
면, 근접성, 교류 및 교육 영역은 각각 1.30%, 2.27%, 1.62%
의 성장률을 보였다. 지역별로는 한·중·일 3국의 성장률이
6.58%로 가장 높게 나타났는데, 이 지역은 정보화 요인뿐만
아니라 근접성(4.27%), 교육(4.02%) 역시 다른 지역에 비해
높은 성장률을 보였다. 그러나 한·중·일 지역은 교류 영역
에서는 상대적으로 낮은 성장률을 기록해 향후 교류 분야를
보다 활성화시킬 필요가 있다. 참고로 중분류 영역인 교류에
서는 EU 15개국이 2.48%로 가장 높은 성장률을 나타냈다.

<표 1-27> '중분류: 근접성'의 지역별 성장률

기간	ASEAN6	ASIA3	ASIA9	EU6	EU15	NAFTA	ALL27
1995~2000	3.86	7.93	5.19	0.66	1.53	-0.06	2.15
2000~05	0.28	0.29	0.28	0.19	1.40	0.09	0.98
2005~10	-0.23	4.59	1.59	0.03	0.63	-0.13	0.77
1995~2010	1.30	4.27	2.35	0.29	1.19	-0.03	1.30

<표 1-28> '중분류: 교류'의 지역별 성장률

기간	ASEAN6	ASIA3	ASIA9	EU6	EU15	NAFTA	ALL27
1995~2000	2.96	1.74	2.67	0.62	1.67	-3.23	1.47
2000~05	3.74	4.10	3.82	3.34	3.63	6.60	3.84
2005~10	0.00	-3.57	-0.80	1.10	2.14	-2.05	1.49
1995~2010	2.23	0.76	1.90	1.69	2.48	0.44	2.27

<표 1-29> '중분류: 정보화'의 지역별 성장률

기간	ASEAN6	ASIA3	ASIA9	EU6	EU15	NAFTA	ALL27
1995~2000	46.45	53.72	50.00	52.08	43.86	34.65	43.63
2000~05	18.51	11.62	15.13	12.40	12.03	10.82	12.55
2005~10	13.33	6.10	10.41	5.09	4.75	4.98	6.18
1995~2010	26.10	23.81	25.18	23.19	20.21	16.82	20.79

<표 1-30> '중분류: 교육'의 지역별 성장률

기간	ASEAN6	ASIA3	ASIA9	EU6	EU15	NAFTA	ALL27
1995~2000	3.07	5.53	3.99	0.70	1.69	-1.73	1.69
2000~05	-0.27	3.50	1.27	1.17	1.99	1.04	1.72
2005~10	1.58	3.05	2.23	1.17	1.25	1.27	1.46
1995~2010	1.46	4.02	2.50	1.02	1.65	0.19	1.62

한편, 1995년 이후 지난 15년간 변동계수를 중심으로 문화 분야에서 지역별 수렴 정도를 분석한 결과는 다음과 같다. 우선 EU 6 지역의 변동계수가 가장 낮은 것으로 나타났다. 그리고 EU 6과 EU 15개국의 변동계수는 지난 15년간 일관되게 줄어드는 추세를 보였다. 이는 EU 6이 EU 15로 확대되면서 문화 영역의 지역 간 격차가 초기에는 다소 확대되었지만 시간이 흐르면서 격차가 줄어들었음을 알 수 있다. NAFTA 지역은 문화 분야에서는 격차를 축소시켰던 반면, 한·중·일과 ASEAN 6국의 경우 회원국 간 격차가 다소 증가하는 현상을 경험했지만 2000년대 중반 이후 지속적으로 줄어들었다.

[그림 1-12] 문화 영역의 지역별 변동계수

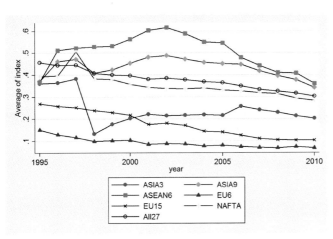

📓 제5절 결론

지역통합은 지역 내 국가 간 경제, 사회, 환경, 정치, 문화 등의 수준이 유사하고 장기적으로 수렴하는 추세를 보일 때 그 가능성이 높아진다. 본 연구에서는 지표체계를 활용해 지표영역별 글로벌 트렌드 및 아시아, 유럽, 북미 등의 지역별 특징을 분석하였다.

우선 지표체계의 구성은 다음과 같다. 지표는 경제, 삶의 질, 환경, 정치·외교·행정, 문화 등 5가지 대분류 영역으로 구성된다. 경제 영역은 소득, 거시안정성, 경제개방성, 기술혁신 등 4개의 중분류 영역으로 이루어졌다. 삶의 질 영역은 경제적 안전, 사회적 안전, 분배, 신뢰 등 4개의 중분류 영역으로 구성되었다. 환경 영역은 위해성, 효율성 및 재생능력으로 구성되었고, 정치·외교·행정 분야는 정치, 외교, 행정 등 3개의 중분류 영역으로 이루어졌다. 마지막으로 문화 영역은 근접성, 교류, 정보화, 교육 등 4개의 영역으로 구성되었다. 본 연구는 아시아, EU, 북미 3지역 27개국에 대한 1995년에서 2010년까지 15년 기간의 패널통계를 활용하여 분석하였다. 표준화 방식은 Osberg and Sharpe(2005)의 표준화 방법을 원용하여 LSM을 원용하였다.

지표체계를 활용한 분석 결과를 정리하면 다음과 같다. 첫째, 대분류의 첫째 영역인 경제 분야는 1990년대 중반 이후 전체적으로는 상승세를 보였지만 글로벌 금융위기 이후부터는 아세안 지역의 성장세가 현저하게 둔화되었다. 반면, 글로벌 금융위기에도 불구하고 한·중·일 3국은 성장세를 유지하여 한·중·일+ASEAN으로 경제통합이 확대되는 경우 아세안 지역의 경제적 취약성이 개선될 것으로 전망되었다. 한편, 경제 영역의 성장세를 주도한 분야는 기술혁신 분야인 반면, 경제개방성 분야는 가장 부진한 실적을 기록하였다.

둘째, 지난 15년간 삶의 질 수준은 정체 상태에 놓여 있는 것으로 나타났다. 1990년대에는 완만한 상승세를 보였지만 2000년대에는 상승세가 주춤하다가 2000년대 중반 이후에는 마이너스 성장세를 보였다. 특히, EU 국가의 75% 수준에 그치고 있는 NAFTA의 삶의 질 수준은 지난 15년간 평균 마이너스 성장률을 기록해 EU 지역과의 격차를 줄이는 데 실패하였다. 삶의 질 영역의 성장세를 주도한 분야는 사회적 안전인 반면, 신뢰 및 분배 분야는 지난 15년간 모두 마이너스 성장률을 기록해 삶의 질을 떨어뜨리는 데 기여하였다.

셋째, 환경 분야의 수준은 지난 15년간 연평균 0.71%의 성장세를 기록하여, 전체적으로는 약한 상승세를 보였다. 환경 영역의 성장세를 주도한 분야는 효율성 분야인 반면, 위해성 분야는 지난 15년간 평균 0.41%의 성장률을 기록해 환경을 구성하는 중분류 중에서 가장 부진한 성적을 보였다. 한편, 지난 15년간 환경 분야의 지역별 성장률을 살펴보면, ASEAN 6의 성장률이 1.77%로 가장 높게 나타났다. 특히, 이 지역의 지난 5년간 성장률은 3.34%로 최근에 와서 보다 향상된 실적을 보였다.

넷째, 정치·외교·행정 분야는 아세안 지역에서는 미미하나마 플러스 성장세를 보였지만 EU, NAFTA 지역은 정체 상태에 있는 것으로 나타났다. 정치·외교·행정 분야 중 정치와 행정 분야는 평균적으로 마이너스 성장률을 보인 반면, 외교 분야는 양의 성장률을 보였다. 외교 분야에서는 한·중·일 3국 및 아세안 지역의 성장세가 다른 지역에 비해 두드러지게 나타났다.

다섯째, 문화 분야는 지난 15년간 연평균 3.90%의 성장률을 기록해 5개 대분류 영역 중 가장 빠른 상승세를 보였다. 문화 분야는 1990년대 중반 이후 성장률이 다소 둔화되었지만 아직까지는 견조한 성장세를 보였다. 문화 분야가 높은 성장세를 보인 이유는 전적으로 정보화 요인에 기인하였다. 정보화는 27개국 평균 20.79%의 성장세를 기록하여 전체 중분류 영역 중 가장 높은 성장률을 기록하였다. 반면, 근접성, 교류 및 교육 영역은 각각 1.30%, 2.27%, 1.62%의 성장률을 보였다.

한편, EU가 원래 6개국에서 15개국으로 확대되는 과정에서 영역별 수준 및 성장률을 비교 분석함으로써 통합의 효과를 간접적으로 평가할 수 있었다. 그리고 EU의 경험을 토대로 아시아 지역의 통합이 한·중·일에서 한·중·일+ASEAN으로 확대되는 경우 통합효과가 어떻게 나타날 수 있는지 그 기대효과를 살펴보았다.

EU 6개국은 EU 15개국으로 확대되면서 경제 분야를 제외한 삶의 질, 환경, 정치·외교·행정 및 문화 분야의 수준이 모두 향상되었다. 그리고 정치·외교·행정 분야를 제외한 나머지 4개 분야에서 EU 15개국의 성장률이 EU 6개국의 성장률을 능가하는 것으로 나타났다. EU는 원래 6개국으로 남았을 때보다 15개국으로 확대되었을 때 정치, 경제, 사회, 문화 수준이 향상되었을 뿐만 아니라 성장률 역시 높아졌다. 이런 점에서 EU 확대는 어느 정도 성공적이었음을 보여준다.

〈표 1-31〉 EU 확대에 따른 성과 비교

	수준		성장률	
	EU 6	EU 15	EU 6	EU 15
경제	>		<	
삶의 질	<		<	
환경	<		<	
정치·외교·행정	<		>	
문화	<		<	

〈표 1-32〉 동아시아 지역 확대에 따른 성과 비교

	수준		성장률	
	한·중·일 3	아시아 9	한·중·일 3	아시아 9
경제	>		>	
삶의 질	-		-	
환경	>		<	
정치·외교·행정	>		>	
문화	>		>	

반면, 동아시아의 경우 한·중·일 3국에서 아세안을 포함하는 아시아지역으로 통합범위를 확대하는 경우 다음의 〈표 1-32〉에서 보는 바와 같이 경제, 사회, 정치, 문화 모든 영역의 수준이 한·중·일 3국 수준보다 떨어진다. 즉, 현 단계에서는 한·중·일 3국의 정치, 경제, 사회, 문화 등 모든 영역

의 수준이 아세안 국가의 평균 수준을 능가한다. 그렇지만 아세안의 환경 및 정치·외교·행정 분야에서의 성장률은 한·중·일 3국보다 높다. 그러므로 한·중·일+ASEAN이 통합되는 경우 이들 분야의 성장률은 한·중·일 3국만 통합한 경우보다는 높아질 것으로 기대된다.

앞서 지적하였듯이 EU의 확대효과는 실제로 EU가 확대되면서 이루어진 결과를 보여주는 반면, 아시아 지역의 확대효과는 단순하게 한·중·일 3국에 아세안 지역의 값을 더한 값이라는 점에서 통합의 실질 효과를 반영하지 못하고 있다. 그러므로 향후 동아시아 지역에서 실제로 통합이 이루어진다면 그 파급효과는 한·중·일 3국+ASEAN 수준 및 성장률을 단순 덧셈한 경우보다 클 것으로 보인다.

유럽의 확대 과정이 동아시아 통합에 주는 시사점을 정리하면 다음과 같다. 우선 유럽은 제2차 대전 종전 이후 안보이익을 공유한 국가들의 정치적 동기와 전후 복구의 필요성에 따른 경제적 동기가 상호 보완 작용을 함으로써 통합 논의가 출범되었다. 유럽 통합의 동기는 정치적이었지만 통합과정은 주로 경제 분야에 맞추어졌다. 유럽은 우호적인 환경 속에서 통합과정을 거치면서 정치적 안정, 경제적 번영과 더불어 삶의 질 개선, 환경보전 및 문화교류 활성화를 이루었다. 그 결과 유럽은 처음 6개국에서 15개국을 거쳐 현재 27개국까지 확대될 수 있었다.

유럽과 동아시아는 지역통합 초기 단계에 있어서는 많은 차이를 지녔다. 그중에서도 핵심은 동북아 국가들은 유럽 국가들을 결집시켰던 안보이익을 공유하지 못하고 있다는 점이다.[5] 동아시아는 '안보'라는 통합 구심점이 없기 때문에 통합에 필요한 공리적 이익이 더욱 강조될 수밖에 없다. 그러므로 동아시아 지역 내 공리적 이익의 실현을 적극적으로 추진하는 행위자의 발굴과 동원이 동아시아에는 더욱 요구된다. 이와 더불어 유럽 통합과정에서 이미 보았듯이 경제 분야 외에도 정치, 외교, 환경, 사회, 문화 등 모든 영역에서 교류를 활성화하고 제도화를 촉진시키는 노력을 더욱 강화해야 한다.

5) 전홍택·박명호 편(2010) 중 '제6장 동아시아 통합을 위한 유럽의 시사점' 참조.

참고문헌

전홍택 · 박명호 편, 『동아시아 통합전략: 성장−안정−연대의 공동체 구축』, 연구보고서 2010−04, 한국개발연구원, 2010.

Osberg, L. and A. Sharpe, "How Should We Measure the 'Economic' Aspects of Well−being?" *Review of Income and Wealth*, Vol. 51, No. 2, 2005, pp.311~336.

2 지역생산망 접근을 통한 동아시아 경제통합

박순찬(공주대학교)

　제2차 세계대전 이후 국내총생산에 비해 무역과 외국인직접투자(FDI)가 훨씬 빠르게 증가하였고, 이는 세계 거의 모든 지역과 국가에서 확인할 수 있다. 1980년 세계 수출은 2조 340억 달러에서 2010년 15조 2,740억 달러로 650% 이상 증가하였고(WTO trade database), 세계 외국인직접투자 유입은 1980년 540억 달러에서 2010년 1조 3,090억 달러로 무려 232%가 증가하였다(UNCTAD statistics database).

　이렇듯 무역이 급격히 증가한 원인은 운송수단 및 정보화의 발달에 따른 국제거래비용의 감소, 무역자유화를 통한 무역장벽의 감축 등에서 찾을 수 있다(Baier and Bergstrand [2001]). 무역 증가의 또 다른 중요한 요인으로 소위 생산분화(production fragmentation)를 통한 수직적 특화(vertical specialization)를 들 수 있다. 즉, 과거에는 한 국가 내에서 생산단계의 대부분이 수행되어 최종재가 수출되는 구조였다면, 현재는 생산의 각 단계가 서로 다른 국가에서 수행되는 수직적 분업으로 인해 세계 무역이 증가한다는 것이다. Hummels *et al*. (2001) 및 Yi(2003)는 수직적 특화가 세계 무역 증가의 중요한 원인이라는 실증분석 결과를 제시하고 있다.

　이러한 생산분화 및 생산네트워크(Production Networks)의 형성에 대한 이론적 논의는 Jones and Kierzkowski(1990)에

의해 제기되었는데, 중간재 무역과 최종재 무역의 근본적인 차이를 지적하면서, 기업이 상이한 생산과정을 분리함으로써 얻는 이익과 이들 분리된 생산과정을 연결하는 서비스 연결비용(service link costs)으로 설명하고 있다. 어떤 재화의 생산은 생산요소집약도(factor intensity)가 다른 3단계의 과정, 예를 들어 노동집약적, 자본집약적 및 인적자본집약적인 생산과정으로 분리될 수 있다고 가정하자. 기업은 각각의 생산 단계 및 과정을 서로 다른 비교우위를 가진 다른 국가에서 생산할 수 있다면 생산비용을 절감할 수 있다. 단, 여기서 고려되어야 할 생산과정의 입지별 분리에 따르는 비용은 상이한 입지에 있는 각각의 생산과정을 연결하고 조정하는 연결비용이다. 생산네트워크 형성의 이익은 상이한 비교우위를 지닌 국가에 입지하여 생산과정을 분리함으로써 생산비용을 절감하는 데 있다. 이는 곧 기업의 생산성 향상으로 귀결된다.

특히, 지리적 근접성 또는 역사 및 문화적인 연결관계에 의해 이미 생산네트워크가 자연적으로 형성되고 있는 국가들은 지역무역협정이라는 제도적 장치를 마련함으로써 상호 무역장벽을 제거하여 부분품 및 중간재의 국가 간 교역에서 무역장벽으로 인해 발생하는 거래비용을 절감할 동인을 갖는다. 나아가 지역무역협정이 체결되면 회원국 간 교역이 더욱 활발해지는 무역창출효과(trade creation effects)가 발생하기 때문에 회원국 간의 생산네트워크는 더욱 강화될 수 있다.

본 장에서는 이러한 생산네트워크의 형성과 지역무역협정의 관계를 검토한다. 먼저 생산네트워크가 지역무역협정의 체결에 영향을 미치는 중요한 결정요인인지를 분석함으로써 생산네트워크가 강한 국가끼리 지역무역협정을 체결할 동인을 갖는지 분석한다. 또한, 지역무역협정을 체결함으로써 기존에 형성된 생산네트워크가 더욱더 강화되는지 분석한다. 이러한 분석을 통해 본 장에서는 생산네트워크가 동아시아 경제통합을 추진케 하는 중요한 동인(incentives)이면서 동시에 동아시아 경제통합의 심화과정임을 밝히고자 한다.

앞서 언급하였듯이 생산네트워크의 형성이 서로 다른 비교우위를 가진 국가에 생산단계를 분리함으로써 생산비용을 절감하는 데 기여하고, 나아가 기업의 생산성 향상에 기여한다면 동아시아 경제통합은 기존의 무역창출효과 이외에 생산네트워크 강화에 따른 생산성 향상을 기대할 수 있다. 그렇다면 동아시아 경제통합에 수반되는 생산네트워크 강화로 인한 생산성 향상 효과를 추가로 고려하여 동아시아 경제통합의 경제적 효과를 분석하여 이를 생산네트워크 강화의 파급효과를 고려하지 않았을 때와 비교 분석할 필요가 있다.

본 장은 다음과 같이 구성되어 있다. 제1절에서는 EU, NAFTA 및 동아시아 지역의 생산네트워크 현황을 분석한다. 제2절에서는 생산네트워크가 지역무역협정의 체결을 유도하는 중요한 결정요인으로 작용하는지 그리고 나아가 지역무역협정의 체결이 회원국 간 생산네트워크를 더욱 강화하는지를 검증하기 위해 실증분석모형을 설정한다. 제3절에서는 제2절의 분석 결과를 살펴본다. 제4절에서는 지역무역협정의 체결을 통한 생산네트워크의 강화와 생산성 향상과의 관계에 대한 이론적 배경과 더불어 제3절의 분석 결과에 기초하여 기대되는 동아시아 국가의 생산네트워크 강화 정도를 분석한다. 제5절에서는 동아시아 경제통합으로 인한 관세 및 비관세 장벽의 철폐와 더불어 생산네트워크 강화에 따른 생산성 향상을 추가로 고려하여 동아시아 경제통합의 경제적 효과를 연산가능일반균형(CGE)모형으로 분석하고, 생산네트워크 효과를 고려하지 않고 관세 및 비관세 장벽의 철폐만을 고려하였을 때 기대되는 파급효과를 비교 분석한다.

제1절 EU, NAFTA 및 동아시아 지역의 생산네트워크 현황

〈표 2-1〉은 동아시아[1] 국가와 NAFTA 및 EU의 수출구조를 분석한 결과를 나타내고 있다. 무역구조를 분석함에 있어서 생산네트워크는 부분품 및 최종재 조립으로 구분하여

[1] 여기서 동아시아는 한국, 중국, 일본 및 아세안을 의미한다.

살펴본다. 1992~93년 세계 전체에서 동아시아 국가의 부분품 수출이 차지하는 비중은 29.6%였는데, 2006~07년에는 42.8%로 13.2%p가 증가하였다. NAFTA와 EU의 경우 1992~93년 부분품의 수출이 세계 전체에서 차지하는 비중이 2006~07년에는 감소한 것으로 나타났다. 또한, 최종재의 조립에서도 동아시아의 비중은 증가하고 NAFTA와 EU는 감소하는 유사한 추세를 발견할 수 있다. 이는 글로벌 생산분화(global production fragmentation)가 동아시아 국가를 중심으로 급격히 진행되고 있다는 것을 시사한다.

〈표 2-1〉 주요 국가 및 지역의 수출구조 분석

(단위: %)

	부분품		최종재 조립		총계	
	1992/3	2006/7	1992/3	2006/7	1992/3	2006/7
동아시아	29.6	42.8	34.1	37.5	32.2	40.3
일본	15.2	9.1	20.8	9.9	18.4	9.5
중국	1.7	13.5	2.4	15.7	2.1	14.5
한국	2.2	5.6	2.0	3.7	2.1	4.7
아세안	5.2	9.8	5.8	5.5	5.6	7.8
NAFTA	25.3	16.2	20.6	16.6	22.6	16.4
EU(15)	39.2	29.3	35.3	31.4	37.0	30.3
세계 전체	100.0	100.0	100.0	100.	100.0	100.0

자료: Athukorala(2010).

동아시아 국가를 세분해서 살펴보면 1992~93년 및 2006~07년 기간에 일본의 부분품과 최종재 조립의 비중은 크게 감소하였는데, 특히 최종재 조립품의 수출은 10.9%p 감소하였다. 이에 반해 중국의 부분품과 최종재 조립의 수출은 동 기간에 각각 11.8%p 및 13.3%p가 증가하였다. 한국의 경우 동 기간에 부분품의 수출 비중이 3.4%포인트 그리고 최종재 조립의 수출은 1.7%포인트 증가하여 부분품의 수출이 더 크게 증가하였다. 아세안

의 경우 부분품의 수출 비중은 비교적 크게 증가하였고, 최종
재 조립의 수출은 정체 상태를 나타내고 있다.

이상의 분석 결과를 보면, 글로벌 생산분화가 동아시아 지
역에 집중되고 있고, 동아시아 내부의 국가별로 상이한 분업
패턴을 보이고 있다. 특히, 중국이 부분품 및 최종재 조립 수
출의 비중이 크게 증가한 반면, 일본의 비중은 절대적으로 감
소하고 있으며, 한국을 보면 부분품의 수출 비중이 최종재 조
립에 비해 더 큰 폭으로 증가하였다.

〈표 2-2〉 주요 국가 및 지역의 수입구조 분석

(단위: %)

	부분품		최종재 조립		총계	
	1992/3	2006/7	1992/3	2006/7	1992/3	2006/7
동아시아	30.1	36.6	1992/3	18.1	21.0	28.1
일본	4.0	3.8	14.3	3.3	3.4	3.5
중국	3.0	11.5	3.0	6.0	2.2	9.0
한국	3.1	2.5	1.5	1.6	1.9	2.1
아세안	11.5	10.2	1.1	4.0	7.4	7.3
NAFTA	31.8	19.6	4.4	17.9	18.5	18.8
EU(15)	45.5	29.9	8.5	15.9	23.8	23.5
세계 전체	100.0	100.0	7.5	100.0	100.0	100.0

자료: Athukorala(2010).

〈표 2-1〉은 주요 국가의 수출구조를 분석한 결과이고,
수입구조를 분석한 결과는 〈표 2-2〉에 요약되어 있다. 우
선 동아시아의 경우 부분품과 최종재 조립의 수입 비중은
1992~93년에 비해 2006~07년에 증가한 것으로 나타났다.
그러나 2006~07년 동아시아의 부분품 수출 비중이 42.8%
인 데 비해 수입 비중은 36.6%이고, 특히 최종재 조립의 경
우 수출 비중은 37.5%인 데 비해 수입 비중은 18.1%에 불과
하다. 이는 동아시아가 부분품을 생산하고 최종재를 조립하

여 수출하는 구조로 세계 제조업의 공장 역할을 담당하고 있다는 것을 시사한다.

NAFTA와 EU는 부분품의 수입 비중은 감소하고 최종재 조립의 수입 비중은 증가한 것으로 나타났다. 이는 NAFTA와 EU에서 부분품의 수입을 통한 최종재의 생산이 감소했다는 것을 시사한다.

〈표 2-3〉은 각 국가 및 지역 단위의 제조업 총수출에서 부분품 및 최종재 조립의 수출이 차지하는 비중을 나타내고 있다. 동아시아의 경우 1992~93년에 부분품은 총수출의 20.2%를 차지하였는데, 2006~07년에는 34.1%로 13.9%p 증가하였다. 이에 반해 최종재의 조립이 제조업의 총수출에서 차지하는 비중은 5.4%p 감소한 것으로 나타났다. 일본은 부분품의 수출 비중은 증가하고 최종재 조립의 수출 비중은 감소하였으며, 중국은 부분품과 최종재 조립 모두 수출 비중이 크게 증가하였다. 또한, 한국의 경우 부분품의 수출 비중은 무려 26.1%p 증가하였으나 최종재 조립의 수출 비중은 소폭 증가하는 데 그쳤다.

〈표 2-3〉 주요 국가 및 지역의 제조업 수출에서 네트워크 제품의 비중

(단위: %)

	부분품		최종재 조립		총계	
	1992/3	2006/7	1992/3	2006/7	1992/3	2006/7
동아시아	20.2	34.1	31.6	26.2	51.8	60.3
일본	23.9	34.4	44.5	32.6	68.4	67.0
중국	7.4	25.6	13.7	26.2	21.1	51.8
한국	18.1	44.2	22.2	25.4	40.3	69.5
아세안	22.7	44.2	34.1	21.9	56.8	66.1
NAFTA	28.4	31.2	31.4	28.1	59.7	59.3
EU(15)	18.3	22.4	22.4	21.1	40.7	43.5
세계 전체	19.3	27.1	26.3	23.8	45.5	50.9

자료: Athukorala(2010).

〈표 2-4〉는 주요 국가 및 지역 단위에서의 제조업 총수입에서 네트워크 제품이 차지하는 비중을 나타내고 있다. 동아시아의 경우 부분품 수입이 1992~93년에 27.2%였으나, 2006~07년에는 42.1%로 크게 증가하였다. 이에 반해 최종재 조립의 수입 비중은 동 기간에 정체 상태를 보이고 있고, 또한 부분품의 수입 비중에 비해 상대적으로 낮게 나타났다. 동아시아의 대표적인 예로 중국을 보면 부분품의 수입 비중은 1992~93년과 2006~07년 사이에 크게 증가한 반면, 최종재 조립의 수입은 상대적으로 소폭 상승하는 데 그쳤다. 이는 동아시아 국가가 부분품을 수입하여 다른 형태의 부분품을 생산 또는 최종재로 조립하여 수출하는 구조임을 시사한다.

〈표 2-5〉는 2009년 국가 및 지역의 양자 간 무역에서 중간재가 차지하는 비중을 나타내고 있다. 무역 데이터의 출처는 UNCTAD Comtrade이며 BEC(Broad Economic Categories) 분류를 활용하여 BEC 42, BEC 53, BEC 2, BEC 111 및 BEC 121을 중간재로 분류하였다.

〈표 2-4〉 주요 국가 및 지역의 제조업 수입에서 네트워크 제품의 비중

(단위: %)

	부분품		최종재 조립		총계	
	1992/3	2006/7	1992/3	2006/7	1992/3	2006/7
동아시아	27.2	42.1	17.2	17.8	44.4	59.9
일본	19.3	29.9	19.3	21.9	38.6	51.7
중국	20.4	44.0	14.0	19.8	34.4	63.7
한국	30.1	31.9	14.6	17.4	44.7	49.3
아세안	36.0	47.9	18.4	16.1	54.4	64.0
NAFTA	37.4	28.8	13.4	22.4	50.7	51.2
EU(15)	21.2	23.2	4.7	10.6	25.9	33.8
세계 전체	19.6	27.3	26.2	23.3	45.7	50.7

자료: Athukorala(2010).

〈표 2-5〉 2009년 양자 간 무역에서 중간재의 비중

(단위: %)

수입국 수출국	동아시아	한국	일본	중국	ASEAN	NAFTA	EU15
동아시아	58.9	64.0	39.2	69.9	58.7	33.4	37.0
한국	70.2	0.0	59.7	72.4	70.3	45.0	31.6
일본	71.9	76.0	0.0	71.7	69.9	45.9	49.4
중국	45.5	59.1	33.5	0.0	53.4	26.8	29.4
ASEAN	54.6	54.0	42.4	65.4	53.3	36.0	49.0
NAFTA	66.0	64.2	57.0	70.6	69.9	43.0	46.2
EU15	54.4	53.6	43.8	56.8	60.0	41.7	43.2

주: UNCTAD Comtrade를 이용하여 저자가 직접 계산함.

NAFTA 및 EU의 역내 중간재 무역의 비중은 각각 43% 및 43.2%인 데 비해 동아시아 국가 간 중간재 무역의 비중은 약 59%에 달하여 상대적으로 높게 나타났다. 한국의 동아시아 및 중국 수출은 전체 수출의 각각 70.2% 및 72.4%를 차지할 정도로 중간재의 비중이 높다. 일본 또한 동아시아로의 수출에서 중간재 수출 비중이 매우 높게 나타났으며, 한국과의 차이는 EU로의 수출에서 중간재 비중이 차지하는 비중이 상대적으로 높다는 점이다.

이상에서 동아시아, NAFTA, EU가 전 세계 수출과 수입에서 부분품 및 최종재 조립이 차지하는 비중, 그리고 각 국가의 총 수출과 수입에서 네트워크제품의 비중을 살펴보았다. 여기서 알 수 있는 뚜렷한 특징은 NAFTA와 EU가 전 세계 부분품 수출과 수입 비중에서 감소한 반면에 동아시아의 부분품 수출과 수입은 크게 증가하였다는 점이다. 이는 세계 생산네트워크의 형성에 있어서 동아시아가 중심적인 역할을 담당하고 있음을 의미한다. 즉, 중국을 중심으로 동아시아는 세계의 공장으로 부상하였다. 이렇듯 글로벌 생산네트워크가 심화되고 있는 가장 근본적인 이유는 생산과정의 수직적 분화가 가능해졌기 때문이다.

또한, 양자 간 수출입에서 중간재의 비중을 살펴보았는데, 동아시아 국가 간 중간재 수출입 비중이 NAFTA와 EU에 비해 훨씬 더 크게 나타났다. 이는 동아시아 국가 간에 생산네트워크가 자연적으로 형성되고 있고, 이것이 동아시아 지역에서의 지역무역협정 체결에 중요한 동인으로 작용될 수 있음을 시사한다.

제2절 생산네트워크와 지역무역협정

세계경제가 NAFTA, EU, 동아시아 등의 3극 체제로 개편되고 있는 현상은 단순히 외생적으로 주어지는 것이 아니라, 각 지역의 내생적 요인이 중요한 영향을 미칠 수 있다. 즉, 각 지역은 지역무역협정을 체결할 내적 동인을 가질 수 있다. 이러한 내생적 요인으로 여러 가지를 고려할 수 있으나, 본 연구는 정보통신기술, 운송수단의 발달 및 세계화의 진전에 따라 국가 간 무역에서 발생하는 무역비용(trade costs)이 크게 감소하면서 글로벌 차원 및 지역 차원에서의 생산네트워크(Production Networks)의 심화를 핵심적인 내생적 요인으로 본다.

특히, 본 연구는 두 가지 가설을 설정한다.

첫째, 지역 내 존재하는 국가 간 생산네트워크의 심화가 지역무역협정의 체결로 이끄는 중요한 결정요인이다.

둘째, 지역무역협정을 체결하면 회원국 간 생산네트워크는 더욱 심화된다.

첫 번째 가설은 생산네트워크의 심화가 지역무역협정의 체결로 기대되는 후생(welfare)에 영향을 미칠 수 있다는 데 기초하고 있다. 생산네트워크의 심화에 있어서 가장 중요한 요인은 서로 다른 국가에 존재하는 생산활동의 결과로 국가 간 재화이동에서 발생하는 무역비용(trade costs)을 낮추는 것이다. 이러한 관점에서 보면 지역무역협정은 무역비용을 줄이는 제도적 장치이다. 양국 간 지리적 거리와 생산부존에 있어서의 차이가 무역비용을 낮게 만드는 자연적 요인(natural trade partnership)이라면, 지역무역협정을 체결하여 무역비용을 낮추는 것은 인위적 무역파트너(acquired trade partnership)를 획득하는 과정으로 이해할 수 있다(Park and Park[2011]).

지역무역협정(Regional Trade Agreement: RTA)은 무역비용 감축의 제도화를 의미하기 때문에 지역무역협정의 체결로 생산네트워크는 심화될 것으로 기대된다. 낮아진 무역비용으로 인해 회원국 간 더 많은 재화, 서비스 및 자원의 이동이 가능해지기 때문이다. Orefice and Rocha(2011)는 EU, 미국, 아세안, 중국, 인도, 일본 및 Mercosur 등 96개 무역협정을 분석하여, 경제통합의 심화로 이들 국가 간 생산네트워크가 35% 높아졌다고 보고하고 있다.

1. 실증분석모형

첫 번째 가설은 생산네트워크가 지역무역협정의 체결에 유의미한 영향을 미친다는 것인데, 이 경우 종속변수가 지역무역협정의 체결 여부를 나타내는 이항변수(binary variable)가 된다. 그러므로 본 연구는 첫 번째 가설을 분석하기 위해 다음의 실증분석모형을 설정한다.

$$P(RTA = 1) = G(\beta^{'}X + \gamma^{'}PNetworks + e) \tag{1}$$

여기서 P는 지역무역협정을 체결할 반응확률, $G(\cdot)$는 표준정규누적분포함수이며, X는 지역무역협정의 체결에 영향을 미치는 기본 통제변수이다. $PNetworks$는 생산네트워크를 가리킨다.

두 번째 가설인 지역무역협정이 회원국끼리의 생산네트워크를 심화하는지를 분석하기 위한 실증분석모형은 다음과 같다.

$$PNetworks_{ijt} = \alpha_{ij} + \beta^{'}X + \gamma RTA_{ijt} + \epsilon_{ijt} \tag{2}$$

식 (1)에서와 같이 X는 생산네트워크에 영향을 미치는 기본변수이다.

지역 생산네트워크는 다양한 방법으로 측정될 수 있는데, 본 연구는 양국 간 총무역에서 중간재 무역이 차지하는 비중으로 측정한다. 전 세계 투입–산출표가 존재한다면 각 산업별·국가별 투입–산출의 분석을 통해 정밀한 생산네트워크를 측정할 수 있겠지만, 전 세계 각각의 국가를 연결하는 투입–산출표는 확보하기 어렵다. 그 대신에 양국 간 산업별 무역데이터는 UN Comtrade에서 제공하고 있는바, 이를 활용하여 생산네트워크를 측정한다. 품목의 분류에 따라 중간재를 정의하는 방법도 각기 다양하다. 일부 연구에서는 SITC(Standard International Trade Classifiction)에 따라 분류하기도 하고, 또 다른 연구는 UNCTAD에서 제공하는 BEC(Board Economic Categories) 분류를 이용하고 있다. 본 연구는 BEC 분류를 활용하며 BEC 42, BEC 53, BEC 2, BEC 111 및 BEC 121를 중간재로 분류한다.[2]

식 (1)과 (2)에서 지역무역협정과 생산네트워크에 영향을 미칠 수 있는 기본변수(X)인 두 국가의 특성으로는 다음의 변수를 고려한다.

- Dist (−): i국과 j국 양국 간의 거리
- MDist (+): 전 세계 기타 국가로부터의 양국의 격지성
- Cont (+): i국과 j국이 동일 대륙에 속하는지 여부를 나타내는 더미변수
- MCont (−): 더미변수 Cont에 의거한 격지성
- SumGDP (+): 양국의 실질 GDP의 합
- DiffGDP (−): 양국의 실질 GDP의 차이로 측정한 경제 규모의 차이
- DKL (+): 1인당 GDP의 차이로 측정한 양국 요소부존의 차이
- SqDKL (−): DKL의 제곱

2) BEC 42 (parts and accessories of capital goods except transport equipment), BEC 53 (parts and accessories of transport equipment), BEC 2 (Industrial supplies not elsewhere specified), BEC 111 (primary foods and beverages mainly for industry), and BEC 121 (processed food and beverages mainly for industry).

지역무역협정 체결의 이익이 클수록 지역무역협정을 체결할 확률은 높아지는데, Baier and Bergstrand(2004)는 지역무역협정 체결의 이익에 영향을 미치는 경제적 요인으로 다음의 가설을 설정하고 있다.

첫째, 두 국가의 경제규모가 클수록 지역무역협정 체결의 이익이 증가한다.

둘째, 두 국가의 경제규모가 유사할수록 지역무역협정 체결의 이익은 증가한다.

셋째, 두 국가의 상대적 생산요소 부존량의 차이가 클수록 지역무역협정 체결의 이익은 증가한다.

첫 번째 가설은 두 국가의 경제규모가 작은 경우에 비해 클수록 지역무역협정의 이익이 더 크다는 것인데, 경제규모가 클수록 양국 간 교역규모(bilateral trade volume)가 크고 이에 따라 무역자유화의 이익규모도 증가한다. 이러한 두 국가의 경제규모는 양국 국내총생산(GDP) 로그값의 합으로 측정하며, SumGDP 계수값의 부호는 양(+)으로 기대된다.

두 번째 가설은 양국 간 경제규모의 차이가 매우 클 경우 두 국가 간의 무역규모가 매우 작기 때문에 지역무역협정을 체결하더라도 무역자유화의 이익은 크지 않다는 것이다. 이러한 양국 간 경제규모의 차이는 양국 실질 국내총생산 로그값 차이의 절댓값으로 측정되며, 기대되는 DiffGDP 계수값의 부호는 음(−)이다. 또한, 신무역이론에 따르면 요소부존도의 차이가 작을수록 산업 내 무역이 많다. 그러므로 DiffGDP는 요소부존도의 차이를 나타내는 대용변수로 볼 수 있다.

세 번째 가설은 헥셔−올린의 전통적 무역이론에 기초한 것으로 상대적 요소 부존량(relative factor endowment)의 차이가 크면 양국은 서로 다른 재화의 생산에 비교우위를 갖고 그 재화의 생산에 특화(specialization)하게 되어 산업 간 무역(inter−industry trade)이 증가하게 되고 이에 따라 지역무역협정의 이익이 증가한다. 그런데 문제는 생산요소 부존량을 직접 측정하거나 이에 대한 데이터를 확보하기 어렵기 때문에 대부분의 선행연구는 양국 1인당(per capita) GDP로 측정하고 있다. 기대되는 DKL 계수값의 부호는 양(+)이다.

아울러 선행연구에서는 상대적 요소부존도 차이의 제곱인 SqDKL을 포함하고 있는데, 이는 요소부존도의 차이가 증가함에 따른 무역규모의 차이가 더 확대되는지 줄어드는지를 파악하기 위함이다.

양자 간의 직접적인 무역비용뿐만 아니라 나머지 국가와의 상대적 거리(relative distance from the rest of the world)도 양국의 무역규모를 결정하는 중요한 요인이다. 만약 상대적 격지성이 양국의 규모에 영향을 미치면 이는 곧 지역무역협정의 체결로 인한 기대이익에 파급효과를 미치고 이에 따라 지역무역협정 체결의 중요한 결정요인이 된다. 이러한 상대적 무역비용(relative trade costs)을 대용하는 하나의 변수로 GDP 대비 나머지 국가와의 거리 합으로 측정하는 '격지성'이 많은 문헌에서 사용되었다. 그러나 '격지성'은 이론적 모형으로부터 도출된 것이 아니라는 단점이 있었는데, Anderson and van Wincoop(2003)는 나머지 국가와의 상대적 무역비용을 나타내는 '다자간 저항성(multilateral resistance)'이라는 새로운 개념을 이론적 모형으로부터 도출하고 있다. Baier *et al.*(2011)은 거리와 대륙 더미변수를 활용하는 새로운 다자간 저항지수(multilateral resistance index)를 제안하고 있는데, 본 연구는 이를 약간 변형한 다음의 변수를 다자간 저항지수로 이용한다.

$$MDist_{ij} = ln\frac{1}{N}\left(\sum_{k}^{N}Dt_{ik} + \sum_{k}^{N}Dt_{jk}\right)$$

$$MCont_{ij} = \frac{1}{N}\left(\sum_{k}^{N}Cont_{ik} + \sum_{k}^{N}Cont_{jk}\right)$$

거리 및 대륙 더미를 이용한 MDist 및 MCont는 거리 및 대륙 더미와는 반대 부호를 가질 것으로 기대된다. 다자간 저항지수는 i국 입장에서는 j국을 제외한 나머지 전 세계 국가와의 평균거리 또는 동일 대륙에 속하는지 여부를 나타내기 때문이다(Baier, Bergstrand, and Mariutto[2011]).

2. 데이터

전 세계 국가의 양자 간 중간재 무역에 대한 데이터는 UNCTAD Comtrade에서 BEC(Broad Economic Categories)의 분류로 제공하고 있는데, 데이터가 1995년부터 존재하기 때문에 본 연구는 1995~2008년 기간을 대상으로 한다.[3] 아울러 연도별 변화에 따른 이분산의 문제를 완화하고 분석의 편의를 위해 3년 평균을 1기간으로 분석한다.

종속변수는 지역무역협정의 체결 여부를 나타내는 이항변수(binary variable)인데, 전 세계 모든 국가를 포함하며 지역무역협정을 체결한 국가의 쌍은 1, 그렇지 않은 국가는 0의 값을 갖는다. 본 연구는 1995~2008년 기간에 존재하는 전 세계의 모든 지역무역협정(RTA)을 포함한다. 지역무역협정에 대한 데이터는 1960~2005년 195개국 간의 지역무역협정 체결 여부를 나타내는 Baier *et al.*(2011)를 이용하면서, WTO 지역무역협정 데이터베이스를 활용하여 2006~08년으로 확장한다(http://rtais.wto.org).

실질 국내총생산 및 실질 1인당 GDP에 대한 데이터의 출처는 Maddison(2011)이다. 국가별 인구에 대한 자료 출처는 World Development Indicators(World Bank)이다. 기타 국가 간 거리 및 동일 대륙 여부에 대한 자료 출처는 CEPII이다.

제3절 분석 결과

양자 간 중간재 교역의 비중으로 측정한 국가 간 생산네트워크가 지역무역협정의 체결에 미치는 영향을 분석한 결과는 〈표 2-6〉에 제시되어 있다. 종속변수가 지역무역협정의 체결을 나타내는 이항변수(binary variable)이기 때문에 프로빗모형을 적용하였다.

〈표 2-6〉 생산네트워크가 지역무역협정의 체결에 미치는 영향

종속변수: RTA	(1)	(2)	(2)의 한계효과
lnSumGDP(-1)	0.374 (0.021)***	0.363 (0.021)***	0.036 (0.002)***
lnDiffGDP(-1)	-0.172 (0.015)***	-0.167 (0.015)***	-0.017 (0.002)***
DKL(-1)	0.195 (0.061)***	0.202 (0.061)***	0.020 (0.006)***
SqDKL(-1)	-0.208 (0.023)***	-0.210 (0.024)***	-0.021 (0.002)***
lnDist	-0.915 (0.023)***	-0.926 (0.023)***	-0.092 (0.004)***
MDist	0.008 (0.054)	0.015 (0.054)	0.001 (0.005)
Cont	0.039 (0.073)	0.038 (0.074)	0.004 (0.008)
MCont	-4.959 (0.635)***	-4.877 (0.637)***	-0.484 (0.064)***
Network(-1)	0.159 (0.056)***	0.278 (0.059)***	0.028 (0.003)***
연도더미	미포함	포함	
Pseudo R^2	0.34	0.35	
Obs.	21,179	21,179	

주: *, **, ***은 10%, 5% 및 1% 수준에서의 통계적 유의도를 나타내며, ( ) 안의 숫자는 추정 계수의 Robust standard error임. 상수항은 포함되어 있으나 그 결과는 보고하지 않음.

모형 (1)은 연도더미를 포함하지 않은 경우이고, 모형 (2) 는 연도더미를 포함하여 전 세계 모든 국가에 공통적인 충격 을 통제한 경우이다. 동시성으로 인한 내생성(endogeneity) 의 문제를 통제하기 위해 시차 설명변수를 사용하였다. 먼저 양국의 GDP의 합으로 측정하고 양국의 경제규모를 나타내 는 SumGDP 계수값의 부호는 기대했던 바와 같이 양(+)이 고 통계적으로 1% 수준에서 유의하게 나타났다. 또한, 양국 의 유사성을 대용하는 DiffGDP의 계수값은 음(-)의 부호를 갖는 것으로 분석되었다. 본 연구의 관심사항인 생산네트워 크가 지역무역협정의 체결에 미친 영향을 나타내는 Network

의 계수값을 보면 부호가 양(+)이고 1% 수준의 유의성을 보이고 있다. 이는 국가 간에 이미 형성된 생산네트워크가 지역무역협정(RTA) 체결의 중요한 결정요인임을 의미한다. 모형 (2)의 한계효과를 〈표 2-6〉의 마지막 칸에 표시하였으며, 생산네트워크가 1 표준편차 증가하면 지역무역협정 체결의 확률은 2.8%p가 증가한다. 또한, 다자간 저항지수(multilateral resistance index)인 MCont를 제외하면 지역무역협정의 체결에 가장 큰 영향을 미치는 변수는 양자 간 거리(Dist)로 분석되었고, 양국 간 경제규모가 1 표준편차 증가하면 양국 간 지역무역협정 체결 확률은 3.6%p 증가하는 것으로 나타났다.

〈표 2-6〉의 결과는 전 세계 모든 국가를 대상으로 하였기 때문에 각 지역의 특수성을 반영하지 못할 가능성이 있다. 동아시아의 특성을 고려하기 위해 동아시아 생산네트워크가 지역무역협정의 체결에 미친 영향을 별도로 분석한다. 이를 위해 동아시아 지역 더미와 Network를 결합한 항목을 설명변수에 포함하였으며, 그 결과는 〈표 2-7〉에 제시되어 있다.

동아시아 국가 간에 형성된 생산네트워크가 동아시아 지역무역협정의 체결에 미친 영향을 나타내는 East Asia Network의 계수값은 양(+)의 부호를 갖고 1% 수준에서 유의하게 나타났다. 〈표 2-7〉에 제시한 한계효과를 보면, 동아시아의 국가 간 생산네트워크가 1 표준편차 증가하면 지역무역협정 체결의 확률은 9.9% 증가하는 것으로 분석되었다.

NAFTA와 EU의 경우는 분석할 수 없는데, 그 이유는 NAFTA와 EU는 이미 체결되어 완결된 지역무역협정이기 때문이다. 즉, NAFTA와 EU 회원국의 경우 종속변수가 이미 1이어서 아직 EU에 가입하지 않은 국가가 존재하지 않기 때문에 종속변수의 값이 0인 경우가 없다. 또한, NAFTA 및 EU와 Network를 결합한 NAFTA_Network 및 EU_Network도 회원국을 제외하면 모두 영(0)이 된다. 그러므로 NAFTA 및 EU에 해당하는 관측치는 제외되어 NAFTA 및 EU의 생산네트워크가 지역무역협정의 체결에 미치는 영향은 분석될 수 없다.

두 번째 가설인 지역무역협정의 체결이 양국 간 생산네트워 크에 미치는 영향을 분석한 결과는 〈표 2-8〉에 제시되어 있 다. 표준패널데이터 분석방법인 고정효과 및 임의효과 모 형을 적용하였다. 지역무역협정이 양국 간 생산네트워크 에 미치는 영향은 긍정적으로 나타났다. 고정효과모형 (fixed effects model)에서 지역무역협정의 계수값은 약 0.05인데, 이는 지역무역협정으로 양국 간 생산네트워크가 5.0%p(exp(0.049)-1=0.05) 증가한다는 것을 의미한다.

〈표 2-7〉 동아시아 생산네트워크와 지역무역협정

종속변수: RTA	(1)	(2)	(2)의 한계효과
lnSumGDP(-1)	0.369 (0.021)***	0.362 (0.021)***	0.036 (0.002)***
lnDiffGDP(-1)	-0.170 (0.015)***	-0.167 (0.014)***	-0.016 (0.002)***
DKL(-1)	0.186 (0.062)***	0.191 (0.061)***	0.019 (0.006)***
SqDKL(-1)	-0.205 (0.024)***	-0.207 (0.024)***	-0.021 (0.002)***
lnDist	-0.899 (0.023)***	-0.907 (0.023)***	-0.090 (0.004)***
MDist	-0.046 (0.056)	-0.042 (0.056)	-0.004 (0.006)
Cont	0.055 (0.073)	0.054 (0.074)	0.006 (0.008)
MCont	-4.967 (0.636)***	-4.890 (0.637)***	-0.486 (0.064)***
East Asia Network(-1)	1.003 (0.260)***	0.997 (0.261)***	0.099 (0.026)***
연도더미	미포함	포함	
Pseudo R^2	0.34	0.35	
Obs.	21,179	21,179	

제4절 생산네트워크의 심화와 생산성

생산네트워크 형성의 가장 큰 장점은 각 국가가 갖고 있는
서로 다른 비교우위를 활용함으로써 기업이 생산비용을 절감
할 수 있도록 생산 단계와 과정을 지리적으로 분할할 수 있다
는 점이다. 기업은 자신이 갖고 있는 생산기술, 경영 능력 및
노하우 등과 같은 기업의 특수한 자산(specific assets)을 가
장 효율적으로 활용할 수 있도록 생산과정을 설계할 수 있다.

〈표 2–8〉 지역무역협정이 생산네트워크의 심화에 미치는 영향

종속변수: Network	고정효과모형(3)	임의효과모형(4)
lnSumGDP(-1)	0.283 (0.026)***	0.026 (0.004)***
lnDiffGDP(-1)	-0.010 (0;.007)	-0.013 (0.003)***
DKL(-1)	0.014 (0.022)	0.004 (0.008)
SqDKL(-1)	-0.007 (0.007)	-0.006 (0.002)***
lnDist		-0.029 (0.004)***
MDist		0.004 (0.011)
Cont		-0.015 (0.017)
MCont		0.529 (0.105)***
RTA(-1)	0.049 (0.010)***	0.036 (0.008)***
연도더미	포함	포함
R^2	0.07	0.04
Obs.	21,179	21,179

주: *, **, ***은 10%, 5% 및 1% 수준에서의 통계적 유의도를 나타내며, ( ) 안의 숫자는 추정
계수의 Robust standard error임. 상수항은 포함되어 있으나 그 결과는 보고하지 않음.

생산네트워크의 형성이 어떤 경제적 이익을 수반할 것인가
에 대한 연구는 최근에 시작되었지만, 개방과 성장의 관계에

대한 오랜 선행연구로부터 그 단초를 찾을 수 있다. 예를 들면, 수입침투도(import penetration), 관세율을 비롯한 무역자유화의 대용변수와 산업 생산성의 관계를 분석한 연구는 다수 존재한다. 개도국에서 진행된 무역자유화의 파급효과를 산업 차원에서 분석한 연구로서 Tybout et al.(1991)은 칠레의 무역정책 개혁이 기술 효율성에 미치는 영향을 분석하였고, Levinsohn(1993)은 터키, Harrison(1994)은 코트디부아르, 그리고 Krishna and Mitra(1998)는 인도를 분석한 바 있다.

우리나라의 실제 자료를 이용하여 실증분석한 선행연구를 살펴보면, 수입 증가로 표현되는 시장개방의 확대가 총요소생산성(total factor productivity)의 증대에 기여하는 것으로 나타나고 있다. Lawrence and Weinstein(1999)은 한국과 일본의 경우 시장개방에 따른 수입 확대가 생산성 증가의 주된 요인이라는 실증연구 결과를 제시하고 있다. 이원기·김봉기(2003)는 1990~2001년의 17개 업종(제조업 11개, 서비스업 5개 및 건설업) 자료를 이용하여 수입 증가율이 1%p 상승할 때, 총요소생산성의 증가율은 0.11%p 증가함을 제시하고 있다. 산업연구원(2000)은 1966~99년 자료를 이용하여 수입 증가율이 1%p 상승할 때 제조업의 총요소생산성 증가율은 0.19%p 증가함을 보여주고 있다. 서진교 외(2008)는 1988년부터 2005년의 18년 동안 우리나라 제조업 중분류 21개 산업을 대상으로 무역, 개방 및 효율성의 관계를 분석하면서 수입침투도가 10%p 증가하면 생산성이 0.47~0.55% 증가한다는 분석 결과를 제시하고 있다.

Brooks and Stone(2010)은 생산네트워크에 참여하는 국가는 상호 협력할 강한 인센티브를 갖고 있는데, 특히 그들은 양자 간 무역비용을 절감하기 위해 서로 협력한다고 주장하면서, 연산가능일반균형(CGE)모형을 이용하여 무역비용을 약간만 절감하더라도 기대되는 이익은 매우 크다는 것을 보여주고 있다.

이렇듯 선행연구의 결과에 비추어 볼 때 생산네트워크 형성으로 높은 질의 중간재를 낮은 가격으로 수입 가능해지면 생산성의 향상을 기대할 수 있는데, 실제 서로 다른 국가에 위치하면서 서로 연결된 생산네트워크의 혜택에 대한 연구는 많지 않다. 최근 들어 생산네트워크의 경제적 이익에 대한 실증분석이 시도되고 있다. Hayakawa *et al.*(2009)은 일본의 기업 데이터를 이용하여 동아시아 생산네트워크의 경제적 파급효과를 분석하였는데, 기업의 본국과 외국 소재 공장 간의 노동에 대한 자본의 비율(capital-labor ratio)이 클수록 기업의 생산비용 절감효과가 크다고 보고하고 있다.

Kang *et al.*(2010)은 국제산업연관표를 활용하여 동아시아 국가의 재화 및 서비스 오프쇼링이 총요소생산성에 미치는 영향을 분석하면서, 동아시아에서 재화 오프쇼링이 1%p 증가하면 총요소생산성이 1.8% 증가한다는 분석 결과를 제시하고 있다.

양자 간 생산네트워크의 강화는 결국 양자 간 중간재 수입의 증가로 귀결된다. 생산네트워크의 강화로 생산성이 얼마만큼 증대하는지를 직접 분석한 선행연구는 없다. 이러한 사정으로 본 연구는 우리나라의 경우를 분석한 서진교 외(2008)의 결과를 활용하며, 특히 수입침투도가 10%p 증가할 때 생산성은 0.47~0.55% 증가하는 것으로 가정한다.[4]

4) 이는 매우 보수적인 가정이다. 생산성이 크게 증가한다고 보고하는 기존 연구도 다수 있으나 본 연구는 안정적이고 보수적인 접근을 선택하였다.

여기서 재화의 수입침투도는 각 국가에 있어 전 세계로부터의 수입이 기준이며, 양자 간 수입침투도가 1%가 아니다. 그러므로 동아시아 지역무역협정이 체결될 경우 생산네트워크가 강화되고 이로 인한 생산성 증가 정도는 별도로 계산해야 한다. 〈표 2-8〉에서 제시하였듯이 지역무역협정(RTA)의 체결로 양자 간 network는 5%p 증가한다. 동아시아 지역무역협정의 체결에 따른 생산네트워크의 심화와 이에 따른 생산성 증가를 도출하기 위해서는 각 국가별로 전 세계로부터의 중간재 수입에서 동아시아 지역무역협정에 참여하는 국가의 비중을 구한다. 양자 간 생산네트워크는 총무역에서 중간재 무역의 비중으로 측정하기 때문에 지역무역협정의 체결로 인한 양자 간 network의 5%p 증가는 곧 수입의 증가를 의미한다. 그러므로 동아시아 지역무역협정 체결에 따른 생

산성 향상 정도는 동아시아로부터의 중간재 수입 비중, 생산
네트워크 5%p, 그리고 수입침투도 10% 증가에 따른 생산성
0.47~0.55%를 곱하면 구할 수 있다. 그 결과는 〈표 2-9〉에
제시되어 있다.

〈표 2-9〉 중간재 전체 수입에서 동아시아의 비중

(단위: %, %p)

	동아시아 중간재 수입 비중	생산성 증가
한국	54.16	0.13~0.15
중국	51.61	0.12~0.14
일본	44.58	0.11~0.12
ASEAN	34.77	0.08~0.09

 제5절 생산네트워크 강화와 동아시아
      FTA의 경제적 효과

  본 절에서는 동아시아 FTA가 체결되고 이로 인해 동아시
아 국가 간 생산네트워크가 강화되어 생산성이 증가할 때의
경제적 파급효과를 연산가능일반균형(CGE)모형으로 분석한
다. 본 연구의 1차연도에는 FTA의 경제적 파급효과를 분석
하였는데, 여기서는 추가로 생산네트워크의 강화로 인한 생
산성 증가를 명시적으로 고려한다. 다양한 동아시아 FTA가
가능한데 여기서는 한국, 중국, 일본 그리고 ASEAN을 포함
하는 ASEAN+3에 한정한다.
  2010년 1차연도 본 연구에서는 2004년 세계경제를 나타
내는 GTAP Database v.7을 이용하여 한·중·일 FTA,
ASEAN+3 등을 비롯한 동아시아에서의 다양한 지역무역협
정 체결 가능성을 분석한 바 있다. 그러나 2012년 현재 시
점에서 보면 상당한 시간이 흘렀기 때문에 현재 세계경제는
2004년과는 상당한 차이를 보일 수 있다. 그런데 최근 2007
년 세계경제에 대한 데이터베이스가 새롭게 구축되어 출시되

었기 때문에 본 연구는 2007년 세계경제에 대한 자료를 제공하는 GTAP Database v.8을 이용한다.

〈표 2-10〉은 정태적 연산가능일반균형모형으로 분석한 동아시아 FTA의 경제적 파급효과를 나타내고 있다. 즉, 무역장벽의 철폐로 인한 무역창출효과와 이에 따른 자원배분의 효율성이 향상된 결과를 나타낸다.

〈표 2-10〉 동아시아 FTA의 파급효과(정태 CGE모형)

(단위: %, 백만 달러)

	국내총생산	후생	후생평가금액	교역조건
한국	3.53	4.22	39,080.1	0.70
중국	0.44	1.28	48,035.9	3.99
일본	0.43	0.44	13,975.6	-0.08
ASEAN	0.05	-0.09	-995.4	-0.24

〈표 2-11〉 동아시아 FTA와 생산네트워크 강화의 파급효과
(정태 CGE모형)

(단위: %, 백만 달러)

	국내총생산	후생	후생평가금액	교역조건
한국	3.86	4.61	42,678.6	0.73
중국	0.67	1.59	59,531.8	4.16
일본	0.83	0.89	28,035.6	-0.1
ASEAN	0.26	0.15	1,724.7	-0.25

동아시아 FTA가 체결되어 모든 제품에 대한 관세장벽이 완전히 제거되면 한국의 실질 국내총생산은 3.53%가 증가할 것으로 기대되며 후생은 4.2%가 증가하는데, 이를 금액으로 평가하면 약 390억 달러에 달할 것으로 분석되었다. ASEAN의 실질 국내총생산은 약 0.05%의 증가에 그칠 것으로 분석되었는데, 이는 ASEAN이 이미 한국, 일본, 중국 등과 FTA를 체결하였기 때문에 추가적인 무역자유화의 효과가 미미한

수준에 그치기 때문으로 해석된다.[5]

〈표 2-11〉은 동아시아 FTA로 인한 무역장벽의 철폐와 더불어 생산네트워크의 강화에 따른 생산성 증대효과를 동시에 고려하여 정태적 CGE모형으로 분석한 결과를 나타내고 있다. 생산네트워크의 강화는 한국, 중국, 일본 및 ASEAN 모두에 긍정적인 영향을 미친다. 한국의 국내총생산도 더 크게 증가하고, 후생도 더 크게 향상되는 것으로 나타났다.[6] 이는 동아시아 FTA 체결로 생산네트워크가 강화되면 동아시아 모든 회원국에 이익이 된다는 것을 시사한다. 다시 말해서 동아시아 국가는 지역무역협정(RTA)을 체결함으로써 생산네트워크를 더욱 심화시킬 동인을 갖는다.

제6절 결론

본 장에서는 세계화와 정보통신기술의 발전과 더불어 급격히 확산되고 있는 국가 간 생산네트워크와 지역무역협정의 관계를 분석하였다. 기본적인 아이디어는 국가 간 생산네트워크가 형성된 국가일수록 지역무역협정을 체결함으로써 국가 간 재화의 이동으로 발생하는 무역비용을 절감할 동인을 갖는다는 것이다. 또한, 지역무역협정의 체결은 회원국 간의 교역을 더욱 촉진함으로써 이미 형성된 회원국가 간 생산네트워크를 더욱 심화시키는 역할을 할 것이다.

만약 이러한 가정이 성립한다면 생산네트워크가 동아시아 경제통합을 추진케 하는 중요한 동인(incentives)이면서 동시에 동아시아 경제통합의 심화과정이 된다. 다시 말해서 아시아 지역에서 동아시아 경제통합은 유럽대륙에서의 EU, 북미대륙에서의 NAFTA가 형성된 것에 대한 단순한 대응이 아니라 동아시아 국가 간의 내생적 필요성에 의해 이루어진다는 것을 의미한다.

우선 1995~2008년 기간에 전 세계 국가를 대상으로 위에서 언급한 두 가지 가정을 실증분석하였으며, 그 결과를 요약하면

5) 또한, 한국이 얻는 이익이 타 국가에 비해 두드러지는 데 그 이유를 명확하게 밝히기 어렵다. 이 점이 CGE 모형의 한계로 지적된다.

6) 생산네트워크의 심화에 따라 국내총생산과 후생이 증가하는 것에는 다양한 원인이 있을 수 있는데, 본 연구는 앞서 언급한 기업의 생산비용 절감에 따른 생산성 향상에서 찾고 있다.

다음과 같다. 첫째, 국가 간에 형성된 생산네트워크가 강할수록 해당 국가 간에 지역무역협정이 체결될 확률이 높게 나타났다. 둘째, 지역무역협정을 체결하면 회원국 간 생산네트워크는 더욱 강화되는 것으로 분석되었다. 구체적으로 지역무역협정의 체결로 인해 회원국 간 생산네트워크가 5%p 증가한다.

생산네트워크의 심화란 기업이 각 국가의 비교우위를 최대한 활용하여 생산의 각 단계에서 가장 효율적인 국가를 이용하고, 또한 전체 생산과정을 가장 효율적으로 배치할 수 있다는 것을 의미하기 때문에 기업의 생산성(productivity)이 향상된다. 생산네트워크의 심화가 얼마만큼의 생산성을 제고하는지에 대한 직접적인 실증분석이 존재하지 않기 때문에, 본 연구는 수입침투도가 10%p 증가하면 생산성이 0.47% 증가한다는 기존 연구를 활용하였다.

마지막으로 동아시아 FTA의 경제적 효과를 연산가능일반균형(CGE)모형으로 분석하였다. 여기서 두 가지 정책실험의 효과를 분석하였다. 먼저 연산가능일반균형(CGE)모형을 이용한 기존의 연구와 마찬가지로 동아시아 FTA로 인한 관세철폐의 효과를 분석하고, 그다음으로 동아시아 FTA로 인해 동아시아 국가 간 생산네트워크가 강화되어 생산성이 증가할 때의 경제적 파급효과를 분석하였다. 관세 철폐에 따른 경제적 효과에 비해 생산네트워크의 강화를 고려할 때 동아시아 FTA의 경제적 효과는 훨씬 더 크게 나타났고, 동아시아 모든 국가에 이익이 되는 것으로 분석되었다. 이는 동아시아 국가는 지역무역협정(RTA)을 체결함으로써 생산네트워크를 더욱 심화시킬 동인을 갖는다는 것을 의미한다.

본 연구는 생산네트워크의 심화에 따른 경제적 이익을 생산비용의 절감과 생산성 향상에서 찾았다. 지역무역협정의 체결로 생산성이 얼마나 증가할 것인지에 대해 직접 추정하지 않고 무역자유화에 대한 기존 연구를 간접적으로 활용하였다. 이는 직접적인 증거가 아니라는 한계점이 있다. 자유무역협정의 체결에 따른 생산네트워크의 심화 정도와 이에 따른 생산성 향상을 직접 추정하는 작업은 향후 과제로 남아 있다.

참고문헌

산업연구원, 『한국산업의 생산성 분석』, 연구보고서 제439호, 2000.

서진교 · 박순찬 · 김우영 · 이종한 · 이홍식 · 최종일, 「시장개방의 생산성 향상 메커니즘 분석」, 『KIEP 중장기통상전략연구』, 제08-03호, 대외경제정책연구원, 2008.

이원기 · 김봉기, 「경제개방의 확대가 생산성에 미치는 영향」, 『조사통계월보』, 제57권 제3호, 한국은행, 2003.

Anderson, James E. and Eric van Wincoop, "Gravity with Gravitas: A Solution to the Border Puzzle," *American Economic Review*, Vol. 93, No. 1, March 2003, pp.17~192.

Athukorala, P., "Production Networks and Trade Patterns in East Asia: Regionalization or Globalization?" ADB Working Paper Series on Regional Economic Integration, No. 56, Asian Development Bank, 2010.

Baier, Scott L. and Jeffrey H. Bergstrand, "The Growth of World Trade: Tariffs, Transport Costs, and Income Similarity," *Journal of International Economics*, Vol. 53, 2001, pp.1~27.

Baier, Scott L. and Jeffrey H. Bergstrand, "Economic Determinants of Free Trade Agreements," *Journal of International Economics*, Vol. 64, 2004, pp.29~63.

Baier, Scott L., Jeffrey H. Bergstrand, and Ronald Mariutto, "Economic Determinants of Free Trade Agreements, Revisited: Distinguishing Sources of Interdependence," Unpublished manuscript, 2011.

Brooks, D. and S. A. Stone, "Accelerating Regional

Integration: Issues at the Border," ADBI Working Paper, No. 200, Manila: ADBI, 2010.

Harrison, A. E., "Productivity, Imperfect Competition and Trade Reform: Theory and Evidence," *Journal of International Economics*, Vol. 36, 1994, pp.53~73.

Hayakawa, K., F. Kimura, and T. Matsuura, "Gains from Fragmentation at the Firm Level: Evidence from Japanese Multinationals in East Asia," ERIA-DP-2009-07, Jakarta: ERIA, 2009.

Hummels, H., J. Ishii, and K. Yi, "The Nature and Growth of Vertical Specialization in World Trade," *Journal of International Economics*, Vol. 54, 2001, pp.75~96.

Jones, R. W. and H. Kierzkowski, "The Role of Services in Production and International Trade: A Theoretical Framework," in R. W. Jones and A. O. Krueger (eds.), *The Political Economy of International Trade: Essays in Honour of Robert E. Baldwin*, Oxford: Basil Blackwell, 1990.

Kang, M., H. Lee, and J. Lee, "Regional Production Networks, Service Offshoring, and Productivity in East Asia," *Japan and the World Economy*, Vol. 22, No. 3, 2010, pp.206~216.

Krishna, P. and D. Mitra, "Trade Liberalization, Market Discipline and Productivity Growth: New Evidence from India," *Journal of Development Economics*, Vol. 56, 1998, pp.447~462.

Lawrence, R. Z. and D. E. Weinstein, "Trade and Growth: Import-Led or Export-Led? Evidence from Japan and Korea," NBER Working Paper, No. 7264, 1999.

Levinsohn, J., "Testing the Imports-as-market-discipline Hypothesis," *Journal of International*

Economics, Vol. 35, 1993, pp.1~22.

Maddison, Angus, "Statistics on World Population, GDP and per Capita GDP," 1-2008 AD, 2011 (http://www.ggdc.net/maddison/).

Orefice, G. and N. Rocha, "Deep Integration and Production Networks: An Empirical Analysis," Staff Working Paper ERSD-2011-11, World Trade Organization, 2011.

Park, I. and S. Park, "Interdependent Regional Trade Agreements and Production Networks: An Empirical Analysis," To be presented at the 4th GEP Conference in China on China's External Economic Relations, organized by the Leverhulme Centre for Research on Globalisation and Economic Policy, 2011.

Tybout, J., J. de Melo, and V. Corbo, "The Effects of Trade Reforms on Scale and Technical Efficiency: New Evidence from Chile," *Journal of International Economics*, Vol. 31, 1991, pp.231~250.

Yi, K., "Can Vertical Specialization Explain the Growth of World Trade?" *Journal of Political Economy*, Vol. 111, No. 1, University of Chicago Press, 2003, pp.52~102.

제II부

동아시아 경제통합의 확대와 심화

Svobodny
Iturup
Kunashir
(Rus. occup.)
Vladivostok
Hokkaido
Honshu
JAPAN
KOREA
Tokyo
Osaka
Bonin Islands
Shanghai
Taipei
TAIWAN
PHILIPPINE SEA
NORTHERN MARIANA
Guam
Luzon
PHILIPPINES
Yap
Asia

3 동아시아 경제통합과 아세안

박인원(고려대학교)

🪨 제1절 서론

20세기 말 국제통상환경의 주요 변화로 유럽연합 (European Union: EU)의 성공적인 확대, 북미 자유무역 협정(North American Free Trade Agree-ment: NAFTA) 의 체결, 이에 대응하는 아세안 자유무역지대(ASEAN[1] Free Trade Area: AFTA)의 출범, 동아시아 금융위기의 발생, 그리고 WTO 도하개발계획(Doha Development Agenda) 의 합의 실패 등에 기인한 지역무역협정(Regional Trade Agreements: RTA)의 확산을 들 수 있다. 이러한 국제 통상환경의 변화는 이제까지 양자 또는 복수 국가 간 지 역무역협정을 통한 배타적인 무역 및 투자 자유화보다 는 GATT(General Agreement on Tariffs and Trade)/ WTO(World Trade Organization) 주도의 범세계적·비배 타적 자유화를 우선시한 동북아시아 한국, 중국, 일본의 통상 정책기조에 변화를 초래하였다. 한편, 동아시아의 다른 한 축 인 동남아시아에서는 동아시아 전체를 포괄하는 정치 및 안 보 협력 논의가 지속적으로 이루어져 왔으나, 동아시아 역내 국가 간 경제협력은 동남아시아의 아세안 회원국 간 협력으 로 제한되어 왔다.

1) 아세안, 즉 동남아시아국가연 합(Association of SouthEast Asian Nations: ASEAN) 은 1961년 창설된 동남아 시아연합(Association of Southeast Asia: ASA)의 해 체에 따라 1967년에 설립되 었다. 설립 당시 회원국은 말레이시아, 싱가포르, 인도 네시아, 태국, 필리핀의 5개 국이었으나, 1984년에 브루 나이가, 1995년에 베트남이, 1997년에는 라오스와 미안 마가 가입하였고, 1999년에 는 캄보디아까지 합류하여 아세안은 세계에서 유일하 게 역내 모든 국가, 즉 동남 아시아의 10개국이 모두 회 원국인 연합체를 구성하고 있다.

그러나 20세기 말 이래 동북아시아 한·중·일 3국의 통상정책기조의 변화와 아세안의 적극적인 개방화 및 허브(Hub) 전략으로 동아시아 역내 무역 및 금융 협력의 다양한 논의가 활발하게 진행되고 있다. 이에 21세기 시작과 함께 동아시아 역내에서는 아세안의 개별 회원국과 동북아시아의 한국, 중국, 일본 사이에 양자 간 무역 및 투자 자유화 협력은 물론 보다 광범위한 복수 국가 간 무역 및 투자 자유화 협력인 ASEAN+중국 FTA(Free Trade Area), ASEAN+한국 FTA, ASEAN+일본 CEP(Comprehensive Economic Partnership) 등이 발효되었고, 동아시아 역내 13국(ASEAN 10개 회원국+한·중·일 3국)을 포함하는 ASEAN+3 FTA 그리고 ASEAN+3에 인도, 호주, 뉴질랜드를 포함하는 ASEAN+6 FTA에 대한 논의가 활발하게 진행되어 왔다. 최근에는 ASEAN+6 국가 간보다 개방적인 역내 포괄적 경제동반자협정(Regional Comprehensive Economic Partnership: RCEP)의 형성이 활발하게 논의되고 있고, 동아시아 국가들의 주요 교역국인 미국 주도의 환태평양 경제동반자협정(Trans Pacific Partnership: TPP) 역시 적극적으로 논의되고 있다([그림 3-1] 참조). 한편, 동남아시아 역내에서는 아세안 경제공동체(ASEAN Economic Community: AEC)의 출범이, 동북아시아 역내에서는 한·중, 한·일, 중·일, 한·중·일 FTA의 형성에 대한 논의가 진행되고 있다.[2]

본 장에서는 이러한 국제통상환경의 변화에 기인하여 동아시아 역내 동시다발적 그리고 경쟁적으로 진행되고 있는 다양한 형태의 경제통합 움직임을 아세안의 관점에서 비교 평가하여, 동남아시아의 아세안 10개 회원국과 동북아시아의 한·중·일 3국을 포함하는 ASEAN+3 동아시아 경제통합체의 출범에 대한 아세안의 입장 및 참여 가능성을 진단해 본다. 또한, 동아시아 경제통합의 또 다른 주요 축인 한·중·일 3국의 ASEAN+3 형성과정에서 아세안의 역할에 대한 입장을 살펴본다.

2) 2012년 11월 18일부터 20일까지 캄보디아의 프놈펜에서 개최된 동아시아 정상회의에서 미국과 러시아를 제외한 아세안 10개국, 한국, 중국, 일본, 인도, 호주, 뉴질랜드의 16개국 정상들은 2015년 체결을 목표로 RCEP 협상의 개시를 선언하였고, 한국, 중국, 일본 3국 통상장관들은 별도로 한·중·일 FTA 협상 개시를 선언하였다. 엄밀한 의미에서 인도, 호주, 뉴질랜드를 포함하고 향후 역외 국가를 포함하여 확대 가능성이 높은 RCEP를 동아시아 역내 자유무역협정이라 정의할 수 없다는 비판이 있음을 밝혀 둔다. 동아시아 역내 확산 추세인 경제통합 움직임에 대한 교과서적 연구 분석은 이창재·방호경(2011) 참조.

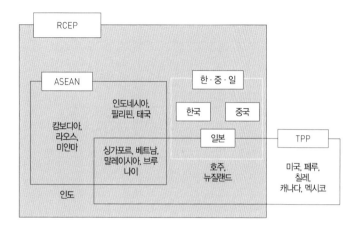

[그림 3-1] 동아시아 역내 경제통합체 논의

자료: 통상교섭본부(2012).

상기 명시한 연구목적하에 제2절에서는 동아시아 역내 경제협력의 선행주자인 아세안의 경제협력 전개과정을 정리함으로써 동아시아 경제통합체 형성에의 시사점을 찾아본다. 제3절에서는 아세안과 한 · 중 · 일 간 무역 및 투자 관계를 분석하여 동아시아 경제통합의 당위성을 찾아본다. 제4절에서는 아세안과 한 · 중 · 일 간 ASEAN+3를 통한 경제통합체의 형성에 대한 아세안의 입장과 참여 가능성을 진단하고 이러한 아세안의 입장에 대한 한 · 중 · 일의 대응을 살펴본다. 제5절은 본 장을 마무리한다.

제2절 아세안 역내 경제협력

1967년 아세안협력선언(Declaration of ASEAN Concord) 이후 1976년 발리협력선언 Ⅱ(Bali Concord Ⅱ), 그리고 2011년 발리협력선언 Ⅲ(Bali Concord Ⅲ: Bali Declaration on ASEAN Community in a Global Community of Nations)까지 아세안은 아세안 단일 플랫폼을 유지하며 보다

안정적인 통합으로 동아시아에서 정치 · 경제 전반에 걸쳐 주
도적인 역할을 위한 입지를 다지고 있다. 특히, 역내 경제통
합의 효과를 극대화하기 위한 다양한 형태의 역내 제도적 ·
기능적 협력을 지속적으로 추진해 왔다.

〈표 3-1〉에서 보듯이 아세안의 주요 경제협력은 1977년
아세안 특혜무역협정(ASEAN PTA)으로 본격화되었다. 일부
회원국 간 특혜관세 혜택을 적용하는 아세안 특혜무역협정
이후 아세안공업프로젝트(AIP), 아세안공업보완계획(AIC),
아세안공업합작(AIJV) 등으로 무역 · 산업 부문에서의 협력
정책을 지속적으로 추진해 오고 있다.

〈표 3-1〉 아세안 역내 경제협력의 전개

내용	시점 및 장소	세부 사항
ASEAN PTA (ASEAN Preferential Trading Agreement)	1977, 마닐라 (필리핀)	회원국 간 특혜관세 대상 품목에 대한 우대관세율 적용
AIP (ASEAN Industrial Project)	1980, 쿠알라룸푸르 (말레이시아)	역내 특정 수요를 충족시키기 위한 대형산업개발계획 수립
AIC (ASEAN Industrial Complementation)	1981, 마닐라 (필리핀)	제품의 최종 조립에 필요한 보완적인 부품 생산을 통한 부품산업 육성
AIJV (ASEAN Industrial Joint Venture)	1983, 자카르타 (인도네시아)	외국 기업과의 합작으로 부품산업 개발을 위한 우대관세율 적용
AFTA (ASEAN Free Trade Area)	1992, 싱가포르	공동유효특혜관세 (Common Effective Prefer-ential Tariff: CEPT)[1]협정 체결을 통한 관세 인하
AFAS (ASEAN Framework Agreement on Services)	1995, 방콕 (태국)	서비스에 관한 자유무역협정
AICO (ASEAN Industrial Cooperation Scheme)	1996, 마닐라 (필리핀)	아세안 2개 회원국을 포함할 경우 역내 수출 시 0~5%의 우대관세율을 적용 (기존의 AIJV 폐지)
ASEAN Vision 2020	1997, 쿠알라룸푸르 (말레이시아)	아세안 비전 2020을 채택하여 경제통합 촉진
AIA (ASEAN Investment Area)	1998, 마닐라 (필리핀)	2010년까지 회원국 간 투자 자유화와 2020년까지 역외 투자가에게 산업 개방

HPA (Hanoi Plan of Action)	1998, 하노이 (베트남)	아세안 비전 2020의 프로그램으로 하노이행동계획(HPA)[2]을 채택
e-AFA (e-ASEAN Framework Agreement)	2000, 싱가포르	아세안 통합 정보통신기술(ICT) 인프라 구축 및 개발 추진
IAI (Initiative for ASEAN Integration)	2000, 싱가포르	후기에 아세안에 가입한 CLMV (캄보디아, 라오스, 미얀마, 베트남)와의 개발 격차 해소를 목표로 하는 이니셔티브 발표
AEC (ASEAN Economic Community)	2003, 발리 (인도네시아)	2020년까지 역내 상품, 서비스, 투자 및 생산요소(노동 및 자본 포함)의 자유로운 이동으로 아세안의 경쟁력 강화를 목표
VAP (Vientiane Action Programme)	2004, 비엔티엔 (라오스)	2004~10년 동안 실행할 세부 프로그램 제시 (하노이행동계획의 후속 프로그램)
ASEAN Single Window	2005, 쿠알라룸푸르 (말레이시아)	역내 회원국 간 데이터의 표준화를 통한 무역원활화 협정
Bali Concord III[3]	2011, 자카르타 (인도네시아)	국제무대에서의 아세안 단일 플랫폼 유지를 선언

주: 1) 이전의 관세우대제도와 달리 역내 회원국의 모든 상품에 동일 적용.
   (http://www.aseansec.org/10137.htm, http://www.aseansec.org/5124.HTM).
   2) 1999~2004년 동안의 계획으로 경제위기 극복을 위한 무역과 투자에 대한 조치 발표
   (http://www.aseansec.org/8752.HTM).
   3) http://www.aseansec.org/documents/19th%20summit/Bali%20Concord%20III.pdf
자료: ASEAN Secretariat(http://www.aseansec.org); 박번순(2010).

특히, 유럽연합(EU)의 성공적인 확대 그리고 북미 자유무역협정(NAFTA)의 출범에 자극받아 역내 배타적 자유무역지대 형성을 통해 역내 시장을 보호할 목적으로 말레이시아, 브루나이, 싱가포르, 인도네시아, 태국, 필리핀의 아세안 6개 회원국은 1992년 제4차 아세안 정상회의에서 「경제협력 증진에 관한 기본협정」 및 공동유효특혜관세(CEPT)를 채택하고 아세안 자유무역지대(AFTA)를 출범하였다. AFTA는 현재 아세안 10개국 중 ASEAN 6개국(말레이시아, 브루나이, 싱가포르, 인도네시아, 태국, 필리핀)은 2010년까지, CLMV(캄보디아, 라오스, 미얀마, 베트남)는 2015년까지 관세를 철폐하기로 합의하였다.[3] AFTA를 기반으로 하여 아세안 투자지대(AIA)를 출범시켜 2010년까지 회원국 간 투자 자유화와 2020년까지 역외 투자가에게 산업 개방을 목표로 하였고, 이후 2000년 제4차 비공식 정상회의에서 e-ASEAN 구축으로

3) 관세인하 종료시점 이후 5년 이내 비관세장벽도 철폐하기로 정하였다.

아세안 통합 정보통신기술(ICT) 인프라 구축 및 개발 추진에 합의하였다.

1997년 말레이시아의 쿠알라룸푸르에서 개최된 제2차 비공식 정상회의에서는 2020년까지 정치, 경제, 사회적 통합을 목표로 하는 아세안의 장기 발전계획(ASEAN Vision 2020)을 채택하였다. ASEAN Vision 2020은 경제·정치 등 전 분야를 포괄하는 협력방안을 제시하였다. ASEAN Vision 2020을 실천하기 위하여 1998년 베트남의 하노이에서 열린 제6차 정상회의에서는 ASEAN Vision 2020의 구체적 실천 프로그램인 하노이행동계획을 채택하였다. 그 핵심으로 1994~2004년간 경제협력, 무역·투자 자유화 및 안보에 관한 중기 발전계획을 수립하였다.

인도네시아 발리에서 개최된 2003년 제9차 정상회의에서는 2020년까지 3개 축(정치 및 안보, 경제, 사회·문화 협력)을 중심으로 한 아세안 공동체 형성을 목표로 하는 협력선언을 채택하였다. 이를 바탕으로 2020년까지 역내 상품, 서비스, 투자 및 생산요소(노동 및 자본 포함)의 자유로운 이동을 통하여 경쟁력 강화를 도모하였다. 이와 더불어 지리적 근접성이라는 특성을 이용하여 아세안을 단일시장 및 동아시아에서의 생산기지화함으로써 아세안의 경쟁력을 높이는 목표를 수립하였다. 이를 위해 아세안 자유무역지대(AFTA), 아세안 서비스기본협정(AFAS), 아세안 투자지대(AIA) 등의 실행세칙의 강화가 포함되었다. 이후 2007년 1월 필리핀 세부에서 개최된 정상회의에서 아세안 공동체(AEC) 창설 시한을 기존의 2020년에서 2015년으로 앞당기기로 합의하였다.

또한, 회원국 간 개발격차를 줄이기 위하여 아세안 통합 이니셔티브(IAI)를 수립하였고, 추후 IAI를 토대로 하여 비엔티엔행동계획을 강화하였다. 비엔티엔행동계획은 하노이행동계획의 후속 프로그램으로서 2004년 라오스의 비엔티엔에서 개최된 제10차 아세안 정상회의에서 채택된 아세안 내 개발격차 해소와 통합을 위한 프로그램을 제시하였다. 이어 2004년 11월 28일에는 캄보디아, 라오스, 미얀마, 베트남(CLMV)

간 경제협력 강화를 위한 비엔티엔 선언이 이루어졌다. 2005
년에는 아세안 단일창구(ASEAN Single Window)를 통한
표준화 협정을 체결하여 무역원활화를 추구하였고, 2011년
발리 협력선언 Ⅲ로 국제사회에서 아세안의 통일된 기조 유
지를 지향하고 있다.

 ## 제3절 아세안과 한 · 중 · 일

1. 아세안 경제 개관

1999년 캄보디아가 아세안에 가입함에 따라 10개 회원국
으로 구성된 아세안은 6억 명에 달하는 인구규모로 2010년
기준 전 세계 인구(약 69억 명)의 9.1%를 점유하고 있으며,
국내총생산(GDP)은 약 1조 8,600만 달러로 전 세계 대비
2.9%, ASEAN+3 대비 13.0%의 비중을 차지하고 있다. 국
별 GDP를 살펴보면 2010년 기준 7,080억 달러인 인도네시
아가 가장 높으며, 3,180억 달러인 태국과 2,130억 달러인 싱가
포르가 뒤를 잇고 있다. 1인당 GDP는 4만 2천 달러에 달하는 싱
가포르부터 742달러에 불과한 미얀마까지 그 소득수준의 격
차가 현격하게 나타나고 있다. 무역자유화 지표로서 관세율
의 경우는 동북아시아 3국과 비교해 평균적으로 높은 수준은
아니나 회원국 간 편차가 큼을 알 수 있다(〈표 3-2〉 참조).

〈표 3-2〉 한 · 중 · 일 대비 아세안의 주요 경제지표(2010년 기준)

	인구 (백만 명)	GDP (10억 달러)	1인당 GDP (달러)	단순실행 관세율(%)	단순최혜국실행 관세율(%)
브루나이	0.4	12.4	31,007.9	3.8	2.5
캄보디아	14.1	11.2	795.2	12.4[3]	14.2[3]
인도네시아	239.9	708.0	2,951.7	4.8	6.7
라오스	6.2	7.2	1,158.1	9.3[3]	9.7[3]
말레이시아	28.4	237.8	8,372.8	6.8[2]	8.6[2]

미얀마	48.0	45.4[1]	742.0[1]	4.0[3]	5.6[3]
필리핀	93.3	199.6	2,140.1	5.3	6.3
싱가포르	5.1	213.2	41,986.8	0.0	0.0
태국	69.1	318.9	4,613.7	11.2[2]	10.4[2]
베트남	86.9	106.4	1,224.3	7.1	9.8
아세안	591.4	1,860.1	3,145.2		
중국	1,337.8	5,930.5	4,433.0	7.7	9.7
일본	127.5	5,488.4	43,063.1	2.6	3.1
한국	49.4	1,014.9	20,540.2	10.3	12.4

주: 1) 호주 외교통상부(http://www.dfat.gov.au/geo/index.html).
　　2) 2009년.
　　3) 2008년.
자료: World Bank, World Databank(http://databank.worldbank.org/ddp/home.do?Step=1&id=4).

주요 교역국인 미국과 유럽의 경기침체에도 불구하고 아세안 경제는 2010년 GDP 증가율로 전 세계 평균 3.9% 대비 싱가포르의 14.5%, 태국의 7.8%, 필리핀의 7.3%, 말레이시아의 7.2%, 인도네시아의 6.1% 등 높은 성장세를 유지하고 있어 브루나이를 제외한 선진 아세안 경제권은 지속적인 성장세를 보이고 있다. 아세안 후발국인 캄보디아, 라오스, 미얀마, 베트남 역시 최근 전 세계적인 경기침체로 그 성장세의 둔화를 보이고는 있으나 안정적인 고속 성장세를 유지하고 있다(〈표 3-3〉 참조).

〈표 3-3〉 주요국 대비 아세안의 GDP 성장률

(단위: %)

	2005	2006	2007	2008	2009	2010
브루나이	0.4	4.4	0.2	−1.9	−0.5	4.1
캄보디아	13.3	10.8	10.2	6.7	−2.7	6.0
인도네시아	5.7	5.5	6.3	6.0	4.5	6.1
라오스	7.3	8.3	18.2	7.8	7.5	7.7
말레이시아	5.3	5.8	6.2	4.6	−1.7	7.2
미얀마	13.6	13.1	12.0	10.1	4.8	5.3
필리핀	5.0	5.3	7.1	3.8	0.9	7.3

싱가포르	7.6	8.7	8.2	1.4	−2.0	14.5
태국	4.6	5.1	4.9	2.5	−2.3	7.8
베트남	8.4	8.2	8.5	6.2	5.3	6.8
중국	11.3	12.7	14.2	9.6	9.1	10.3
일본	1.9	2.0	2.4	−1.2	−5.2	4.0
한국	4.0	5.2	5.1	2.3	0.2	6.2
미국	3.1	2.7	1.9	−0.4	−3.5	3.0
EU	1.9	3.3	3.2	0.3	−4.4	2.2
세계	3.6	4.1	4.0	1.7	−2.0	3.9

자료: UNCTAD, *Handbook of Statistics 2011*, 2011; World Bank, World Databank.

〈표 3-4〉 아세안 및 주요국의 무역규모 변화 추이

(단위: 10억 달러, %)

	1990	1995	2000	2005	2010	1990~2010 (증가율)
아세안	306	677	813	1,259	2,005	9.8
중국	115	281	474	1,422	2,973	17.6
일본	523	779	859	1,111	1,464	5.3
한국	135	260	333	546	892	9.9
미국	911	1,356	2,041	2,634	3,247	6.6
EU	3,213	4,304	4,967	8,199	10,429	6.1
세계	7,023	10,397	13,115	21,266	30,554	7.6

자료: http://databank.worldbank.org/ddp/home.do?Step=3&id=4.

아세안의 무역규모는 1990년 이후 빠른 속도로 확대되고 있다(〈표 3-4〉 참조). 아세안의 총무역액은 1990~2010년의 20년간 전 세계 연평균 무역증가율 7.6%에 비해 연평균 9.8% 증가해 1990년의 3,064.8억 달러에서 2010년에는 2조 52.3억 달러를 기록하였다. 이러한 증가세는 중국보다는 못하나 한국의 무역 증가세에 버금가는 성장세이다. 이러한 급성장의 배경에는 아세안이 보유하고 있는 저렴하고 양질의 노동, 그리고 상대적으로 풍부한 자연자원에 따른 글로벌 생산네트워크 기지로서의 비교우위에 기인한 것으로 판단된다.

아세안의 개방 정도는 〈표 3-5〉의 무역의존도에서도 뚜렷하게 나타난다. 아세안의 무역의존도는 1990년 91%, 2000년 135%, 2010년 110%로 같은 기간 전 세계의 32%, 41%, 48%를 크게 상회하고 있으며, 동북아시아의 한·중·일보다 훨씬 개방적임을 알 수 있다.

〈표 3-5〉 주요국 대비 아세안의 무역의존도

(단위: %)

	1990	2000	2010
브루나이	91	83	92
캄보디아	–	91	106
인도네시아	42	66	41
라오스	31	50	53
말레이시아	133	192	153
미얀마	–	–	–
필리핀	48	95	55
싱가포르	314	284	311
태국	66	107	119
베트남	80	97	148
중국	32	40	50
일본	17	18	27
한국	51	62	88
미국	16	21	22
아세안	91	135	110
EU	44	59	65
세계	32	41	48

주: 무역의존도는 (수출+수입)/GDP.
자료: http://databank.worldbank.org/ddp/home.do?Step=3&id=4.

〈표 3-6〉에서 아세안의 주요 교역대상국을 살펴보면 2010
년 역내 회원국 간 수입은 25%, 수출은 28%를 차지하고 있다.
즉, 아세안의 경우 역외 국가와의 교역비중이 75% 내외를 점
하여 상대적으로 회원국 간 무역자유화를 통한 이득을 크게
기대할 수 없는 실정이다. 이러한 아세안 역내 교역비중은
1992년 AFTA 출범 이후 어느 정도 증가했으나 괄목할 만한
성과를 보이지는 못하고 있다.

〈표 3-6〉 아세안의 국별 · 지역별 무역(2010년)

(단위: 백만 달러, %)

	수출				
	세계	EU	미국	아세안	한 · 중 · 일
1990	144,488.6 (0.04)	18,840.2 (0.01)	27,994.9 (0.06)	27,364.8 (0.19)	34,759.3 (0.11)
1995	325,926.7 (0.06)	47,595.0 (0.02)	59,831.9 (0.08)	79,543.8 (0.24)	65,313.0 (0.12)
2000	426,785.3 (0.07)	63,951.8 (0.03)	80,955.0 (0.07)	98,059.8 (0.27)	89,428.4 (0.13)
2005	653,256.2 (0.06)	83,178.0 (0.02)	93,971.4 (0.06)	165,456.9 (0.29)	150,166.8 (0.12)
2010	1,049,486.5 (0.07)	115,541.8 (0.02)	100,314.5 (0.06)	262,177.5 (0.28)	261,808.4 (0.12)
	수입				
	세계	EU	미국	아세안	한 · 중 · 일
1990	163,276.8 (0.05)	25,624.2 (0.02)	23,576.9 (0.06)	30,353.1 (0.21)	50,493.2 (0.11)
1995	367,287.5 (0.07)	54,781.7 (0.03)	50,309.9 (0.08)	77,503.4 (0.25)	121,061.7 (0.15)
2000	286,787.3 (0.04)	40,896.1 (0.02)	51,609.5 (0.02)	98,679.5 (0.23)	115,690.5 (0.11)
2005	582,948.5 (0.05)	259,548.3 (0.07)	60,956.0 (0.02)	162,374.0 (0.24)	181,882.6 (0.09)
2010	956,098.4 (0.06)	90,189.4 (0.02)	83,383.0 (0.07)	260,829.5 (0.25)	314,704.7 (0.10)

자료: IMF, Direction of Trade Statistics.

〈표 3-7〉에서 보듯이 2010년 기준 역내 국가 간 투자유입이 역외 국가로부터의 투자를 상회하여 회원국 간 투자로 그 경제적 연계가 심화되고 있음을 알 수 있다. 이러한 FDI 유입은 주로 역내 국가 간 투자를 통한 고용증가로 이어져 GDP 성장의 내수 기여율이 높은 편이다.

〈표 3-7〉 주요국 대비 아세안의 외국인직접투자(FDI) 유입 현황(2010년)

(단위: 백만 달러, %)

	유량(flow)		저량(stock)		Stock/GDP	
	역내	역외	역내	역외	역내	역외
브루나이	496	6	11,225	681	86	5
인도네시아	13,304	2,664	121,527	1,703	17	0
말레이시아	9,103	1,329	101,339	96,758	43	41
필리핀	1,713	487	24,893	6,582	12	3
싱가포르	38,638	19,739	469,871	300,010	211	135
태국	5,813	5,122	127,257	25,454	40	8
캄보디아	783	17	5,958	343	53	3
라오스	350	6	2,088	–	32	–
미얀마	756	–	8,273	–	20	–
베트남	8,173	853	65,628	–	63	–
중국	105,735	68,000	578,818	297,600	10	5
일본	–1,251	56,263	214,880	831,074	4	15
한국	6,873	19,230	127,047	138,984	13	14
아세안	92,733	44,171	973,489	448,333	52	24
EU	304,689	407,251	6,890,387	8,933,485	41	55
미국	228,249	328,905	3,451,405	4,843,325	24	33
세계	1,243,671	1,323,337	19,140,603	20,408,257	30	32

자료: UNCTAD, *World Investment Report 2011*.

2. 아세안과 한·중·일 3국 간 교역 및 경제협력

지역무역협정보다는 GATT/WTO 주도의 범세계적인 자유화를 선호하였던 동북아시아의 한국, 중국, 일본은 1997년 동아시아 외환위기 이후 역내외 국가와의 경제협력의 필요성을 인지하고 지역무역협정 체결에 그 통상정책의 우선순위를 두는 것으로 전환하고 이를 적극 추진하고 있다. 아세안 역시 확산 추세인 유럽 및 미주 지역에서의 지역주의 움직임에 대응하고 자유무역의 이득을 극대화하기 위한 허브가 되기 위해 지역무역협정에 보다 적극적이다. 〈표 3-8〉에는 아세안의 역내 및 역외 국가 간 지역무역협정이 진척과정별로 구분·정리되어 있다. 이에 따르면 아세안이 동아시아 역내 체결한 지역무역협정 18개 중 AFTA와 라오스-태국 FTA를 제외한 16개 협정이 동아시아 금융위기 이후인 2000년 이후 이루어졌으며, 동아시아 역내외 지역무역협정 역시 모두 21세기에 체결되었음을 알 수 있다.

〈표 3-8〉 동아시아 지역협력체제 현황(2012년 8월)

	I. 역내 FTA	발효	타결	협상 중	검토 중
브루나이	Brunei-Japan(2008)	√			
인도네시아	Indonesia-Japan(2008)	√			
	Indonesia-Thailand			√	
	Indonesia-Korea			√	
	Indonesia-China				√
라오스	Lao PDR-Thailand(1991)	√			
말레이시아	Malaysia-Japan(2006)	√			
	Malaysia-Korea				√
	Malaysia-Taiwan				√
필리핀	Philippines-Japan(2008)	√			
싱가포르	Singapore-Japan(2002)	√			
	Singapore-Korea(2006)	√			
	Singapore-China(2009)	√			

		발효	타결	협상 중	검토 중
태국	Thailand–China(2003)	√			
	Thailand–Japan(2007)	√			
	Thailand–Korea				√
베트남	Vietnam–Japan(2009)	√			
	Vietnam–Korea			√	
중국	China–Macao(2003)	√			
	China–Hong Kong(2003)	√			
	China–Korea				√
일본	Japan–Mongolia			√	
한국	Korea–Japan			√	
	Korea–Mongolia				√
아세안	AFTA(1992)	√			
	ASEAN–China(2005)	√			
	ASEAN–Korea(2009)	√			
	ASEAN–Japan(2009)	√			
	ASEAN–Chinese Taipei				√
	ASEAN+3				√
한·중·일	China–Japan–Korea				√

Ⅱ. 역외 FTA		발효	타결	협상 중	검토 중
인도네시아	Indonesia–Australia				√
	Indonesia–India				√
	Indonesia–Pakistan	√			
	Indonesia–EU	√			
	Indonesia–EFTA	√			
	Indonesia–EU		√		
	Indonesia–GCC			√	
	Indonesia–Chile			√	
말레이시아	Malaysia–Pakistan(2008)			√	
	Malaysia–New Zealand(2010)				√
	Malaysia–India(2011)				√
	Malaysia–Chile(2010)				√
	Malaysia–New Zealand			√	
	Malaysia–Australia			√	
	Malaysia–Turkey			√	
	Malaysia–Syria				√

	II. 역외 FTA	발효	타결	협상 중	검토 중
말레이시아	Malaysia–Sri Lanka				√
	Malaysia–Canada	√			
	Malaysia–EU	√			
	Malaysia–GCC	√			
	Malaysia–US	√			
필리핀	Philippines–Pakistan	√			
	Philippines–USA	√			
싱가포르	Singapore–New Zealand(2001)	√			
	Singapore–Australia(2003)	√			
	Singapore–USA(2004)		√		
	Singapore–Jordan(2005)		√		
	Singapore–India(2005)			√	
	Singapore–Panama(2006)			√	
	Singapore–Peru(2009)			√	
	Singapore–EFTA(2003)			√	
	Singapore–GCC(2008)			√	
	Singapore–Costa Rica(2010)				√
	Singapore–Canada				
	Singapore–EU				
	Singapore–Mexico				
	Singapore–Pakistan				
	Singapore–Ukraine				
	Singapore–Sri Lanka				
태국	Thailand–New Zealand(2005)	√			
	Thailand–Australia(2005)	√			
	Thailand–Peru(2011)	√			
	Thailand–India(2004)		√		
	Thailand–Bahrain			√	
	Thailand–Chile			√	
	Thailand–EFTA			√	
	Thailand–BIMSTEC			√	
	Thailand–USA			√	
	Thailand–Morocco				√
	Thailand–Pakistan				√

II. 역외 FTA	발효	타결	협상 중	검토 중
태국 Thailand–Croatia				√
Thailand–Czech Rep.				√
Thailand–Nigeria				√
Thailand–MERCOSUR				√
베트남 Vietnam–Chile(2011)		√		
중국 China–Chile(2006)	√			
China–Pakistan(2007)	√			
China–New Zealand(2008)	√			
China–Peru(2010)	√			
China–Costa Rica(2011)	√			
Hong Kong–New Zealand(2011)	√			
China–Australia			√	
China–Iceland			√	
China–Norway			√	
China–India			√	
China–GCC			√	
China–SACU			√	
China–Switzerland				√
일본 Japan–Mexico(2005)	√			
Japan–Chile(2007)	√			
Japan–Switzerland(2009)	√			
Japan–India(2011)	√			
Japan–Peru(2012)	√			
Japan–Australia			√	
Japan–GCC			√	
Japan–Canada				√
Japan–Columbia				√
Japan–EU				√
한국 Korea–Chile(2004)	√			
Korea–India(2010)	√			
Korea–Peru(2011)	√			
Korea–USA(2012)	√			
Korea–EFTA(2006)	√			
Korea–EU(2011)	√			

	II. 역외 FTA	발효	타결	협상 중	검토 중
한국	Korea-Turkey(2012)		√		
	Korea-Colombia (2012)		√		
	Korea-Australia			√	
	Korea-Canada			√	
	Korea-Mexico			√	
	Korea-New Zealand			√	
	Korea-GCC			√	
	Korea-Israel				√
	Korea-MERCOSUR				√
	Korea-Central America				√
아세안	ASEAN-India(2010)	√			
	ASEAN-Australia-New Zealand (2010)	√			
	ASEAN-Pakistan				√
	ASEAN+6				√
	ASEAN-USA				√
기타	APTA(2002)	√			
	P4(2006)	√			
	AANZFTA(2010)	√			
	ASTEP			√	
	ASEAN-EU			√	
	TPP			√	
	FTAAP				√
	ASEAN-EFTA				√

주: APTA(Asia Pacific Trade Agreement-Bangladesh, China, India, South Korea, Lao People's Democratic Republic, Sri Lanka); AFTA(ASEAN Free Trade Area); P4(Trans-Pacific Strategic Economic Partnership Agreement-New Zealand, Brunei, Chile, Singapore); ASTEP(Agreement between Singapore and the Separate Customs Territory of Taiwan, Penghu, Kinmen and Matsu on Economic Partnership); SACU(Southern African Customs Union); TPP(Trans-Pacific Partnership-Singapore, Brunei, Chile and New Zealand, US, Australia, Peru, Vietnam and Malaysia); AANZFTA (ASEAN-Australia-New Zealand FTA); PTN(Protocol on Trade Negotiations-Bangladesh, Brazil, Chile, Egypt, Israel, Korea, Mexico, Pakistan, Paraguay, Peru, Philippines, Serbia, Tunisia, Turkey, Uruguay); EFTA(European Free Trade Association: Switzerland, Norway, Iceland, Liechtenstein); OIC(Organisation of the Islamic Conference); GCC(Cooperation Council for the Arab States of the Gulf-Bahrain, Kuwait, Oman, Qatar, Saudi Arabia and the United Arab Emirates); Bimstec(Bay of Bengal Initiative for Multi-Sectoral Technical and Economic Cooperation-Bangladesh, Bhutan, Myanmar, Nepal, Sri Lanka and Thailand).

자료: http://www.bilaterals.org; http://www.wto.org/english/tratop_e/region_e/region_e.htm; http://rtais.wto.org/ui/PublicAllRTAList.aspx.

<표 3-9> 동아시아 국가 간 거리

(단위: km)

	중국	일본	한국	EU-27	NAFTA
브루나이	3,877	4,248	3,819	10,340	14,999
캄보디아	3,336	4,403	3,629	9,066	14,414
인도네시아	5,194	5,772	5,278	10,695	16,357
라오스	2,757	4,125	3,208	8,379	13,706
말레이시아	4,335	5,318	4,609	9,549	15,350
미얀마	–	–	–		
필리핀	2,840	2,990	2,614	9,916	13,794
싱가포르	4,457	5,313	4,667	9,845	15,547
태국	3,282	4,603	3,719	8,563	14,163
베트남	2,321	3,670	2,744	8,346	13,367
아세안 평균	3,600	4,494	3,810	9,411	14,633
중국		2,103	962	7,474	11,172
일본	2,103		1,153	9,096	10,928
한국	962	1,153		8,273	11,187
EU-27	7,474	9,096	8,273		6,917
NAFTA	11,172	10,928	11,187	6,917	

주: 각국의 수도 간 거리임. EU의 경우 체코 프라하와의 거리이고, NAFTA의 경우 워싱턴 시와
   의 거리임.
자료: Estrada et al.(2012).

특히, 한·중·일 3국 모두 동아시아 역내 지역무역협정의
선행주자인 아세안과의 경제협력에 경쟁적으로 참여하고 있
음을 알 수 있다. 이를 반영하여, 아세안은 한·중·일 3국
모두와 복수 국가 간 자유무역협정(ASEAN-중국, ASEAN-
한국, ASEAN-일본)을 체결하여 동아시아 경제통합의 허브
로서의 유리한 입장을 견지하고 있다. 한·중·일 3국 역시
아세안의 성장 가능성, 상대적으로 풍부한 천연자원, 양질의
저렴한 노동인력, 문화적 유사성의 공유, 지리적 인접성(<표
3-9> 참조) 등을 고려할 때, 아세안을 효율적인 글로벌 네트
워크의 결성에 호조건을 갖춘 역내시장으로 보고 그 연계를

날로 심화하고 있는 추세이다. 아세안은 이외에도 인도 및 호주·뉴질랜드와 별개의 FTA를 체결하는 등 적극적으로 지역무역협정의 허브가 되려는 통상정책을 추진하고 있다.

이에 반해 동북아시아에서는 과거 역사에 대한 인식의 차이와 각국이 내재적으로 안고 있는 시장개방에 수반한 산업간 구조조정문제로 구체적인 지역무역협정이 아직 실현되지 못하고 있는 실정이며, 최근 RCEP와 TPP 등 새로이 대두되고 있는 광의의 지역무역협정 논의에 대응하기 위해 한·중·일 간, 양자 및 3자 간 지역무역협정에 대한 논의가 활발히 진행되어 왔으나 2012년 중반 한·일, 중·일 간 영토분쟁으로 그 협상의 모멘텀을 잃고 있다. 그러나 2012년 11월 동아시아 정상회의에서 3국 통상장관들은 한·중·일 FTA의 협상 개시를 합의하였고, 2012년 말 현재 3국 모두 정권교체가 순조롭게 이루어져 2013년에는 동북아시아 경제협력 논의가 다시 탄력을 받을 것으로 기대된다.

〈표 3-10〉 아세안의 교역 및 무역수지

(단위: 백만 달러)

	2000	2003	2008	2010
총교역	759,101	824,539	1,897,127	2,045,731
역내 교역	166,846	206,732	470,112	519,805
비중(%)	22.0	25.1	24.8	25.4
역외 교역	592,255	617,807	1,427,015	1,525,926
비중(%)	78.0	74.9	75.2	74.6
무역수지				
한국	-727	335	-5,145	-8,668
중국	-3,958	-1,517	-21,694	-6,014
일본	-15,071	-7,005	-2,626	-856
인도	3,237	4,393	12,990	16,614
호주	198	4,727	16,256	15,075
뉴질랜드	179	320	1,220	1,159

자료: ASEAN Secretariat, *ASEAN Community in Figures 2011*.

〈표 3-10〉은 아세안의 역내외 교역비중 및 주요 역외 교역국가와의 무역수지를 보여주는바, 아세안의 역외 교역이 차지하는 비중은 2000년대 75% 내외로 상대적으로 역내 국가 간 교역보다는 역외 교역국과의 연계가 중요함을 알 수 있고, ASEAN+3의 한국, 중국, 일본과는 무역수지 적자를, ASEAN+6의 호주, 뉴질랜드, 인도와는 무역수지 흑자를 기록하는 지역 간 무역의 불균형 현상을 나타내고 있다.

〈표 3-11〉, 〈표 3-12〉, 그리고 〈표 3-13〉은 한·중·일 3국과 아세안 회원국 간 수출입 교역의 최근 현황을 교역량에 따른 순위로 구분하여 상세하게 정리하고 있다. 3국 공히 상대적으로 오랜 교역관계를 유지하고 있는 선진 아세안 국가와의 교역이 큰 것으로 나타나고 있으며, 한국의 경우 싱가포르가 최대

〈표 3-11〉 한-아세안 교역규모(2010년)

(단위: 백만 달러, %)

순위	국가	교역규모	수출		수입	
			금액	증가율	금액	증가율
1	싱가포르	23,094	15,244	11.9	7,850	-0.3
2	인도네시아	22,883	8,897	48.3	13,986	51.0
3	말레이시아	15,646	6,115	41.4	9,531	25.8
4	베트남	12,983	9,652	35.0	3,331	40.5
5	태국	10,629	6,460	42.7	4,169	28.7
6	필리핀	9,326	5,838	27.8	3,488	31.5
7	브루나이	1,587	65	13.5	1,522	57.0
8	미얀마	639	479	17.9	160	104.1
9	캄보디아	376	333	21.8	43	138.7
10	라오스	132	112	101.3	20	14.0

자료: 한국무역협회.

〈표 3-12〉 중-아세안 교역규모(2010년)

(단위: 백만 달러, %)

순위	국가	교역규모	수출		수입	
			금액	증가율	금액	증가율
1	말레이시아	74,192	23,817	21.3	50,375	56.4
2	싱가포르	56,916	32,333	7.6	24,583	39.4
3	태국	52,956	19,755	48.3	33,201	33.6
4	인도네시아	42,734	21,974	49.1	20,760	53.3
5	베트남	30,092	23,121	42.0	6,971	47.0
6	필리핀	27,763	11,564	34.7	16,199	35.7
7	미얀마	4,442	3,481	52.7	961	48.9
8	캄보디아	1,442	1,347	48.9	95	160.6
9	라오스	1,038	476	27.9	562	67.0
10	브루나이	1,007	368	162.0	639	126.6

자료: 한국무역협회.

〈표 3-13〉 일-아세안 교역규모(2010년)

(단위: 백만 달러, %)

순위	국가	교역규모	수출		수입	
			금액	증가율	금액	증가율
1	태국	55,045	34,092	53.2	20,953	30.7
2	인도네시아	44,009	15,859	69.9	28,149	29.0
3	말레이시아	40,200	17,571	36.6	22,629	35.1
4	싱가포르	33,266	25,146	21.5	8,120	32.8
5	필리핀	18,915	11,012	33.8	7,903	23.4
6	베트남	16,293	8,148	25.0	8,144	17.0
7	브루나이	4,237	149	-8.0	4,088	22.7
8	미얀마	651	263	30.4	387	13.6
9	캄보디아	366	158	40.2	208	45.8
10	라오스	99	62	-18.8	37	39.5

자료: JETRO(http://www.jetro.go.jp).

교역국이며 중국의 경우 말레이시아, 일본의 경우 태국이 최대 교역국이다. 3국 모두 아세안 회원국 중 그 성장세가 높은 인도네시아 및 베트남과의 교역규모가 급성장하고 있음을 알 수 있다. 특히, 한국의 경우 그 규모는 작으나 캄보디아와 미얀마로부터의 수입이 급격히 증가하고 있어 동남아시아의 체제전환국과의 교역에 관심이 높아지고 있음을 알 수 있다. 중국의 경우 에너지산업 관련 브루나이와의 교역이 크게 증가하고 있음을 알 수 있다.

〈표 3-14〉는 아세안으로의 해외직접투자 유입 및 유출을 국가별로 정리하였는데 대부분의 FDI가 상대적으로 개발 정도가 낙후된 CLMV보다는 ASEAN+6에 집중되고 있음을 알 수 있고, 특히 동아시아의 한·중·일로부터의 FDI가 2010년 잠정치로 평가할 때 아세안 전체 FDI의 19.7%를 점하여 아세안 역내 국가 간 FDI 16.1%를 크게 상회하고 있음을 알 수 있다.

한편, ASEAN+3의 산업별 현시비교우위지수(Revealed Comparative Advantage: RCA)[4]를 추정한 〈표 3-15〉에 따르면 아세안과 한·중·일 간 산업구조는 2010년 기준 일부 노동집약적 산업에서 아세안과 중국이 경합하고 있으나 두 지역 간에는 상호 보완적이며, 전반적으로 아세안 회원국 간 노동 및 자원 집약적 산업 내 경합이 높고, 한·일 간에는 기계 및 자동차 부문 등 자본 및 기술 집약적 산업 내 경쟁이 치열함을 알 수 있다. 중국의 경우는 세계의 공장(World Factory)이라는 별칭에 어울리게 노동집약적 산업에서는 아세안과, 기계 및 자동차산업에서는 한·일과 경합하고 있음을 알 수 있다.

4) RCA는 $[\sum dxisd/\sum dXsd]/$ $[\sum uxisd/\sum uxXwd]$, s는 해당 국가, d는 교역국, w는 전 세계, i는 해당 상품, x는 해당 상품 수출, X는 총수출. RCA는 0에서 $+\infty$까지 분포되며, 1보다 크면 비교우위가 있는 것으로 판단한다.

〈표 3-14〉 아세안의 국별 직접투자 유입 및 유출

(단위: 백만 달러)

FDI 유입	2003	2006	2007	2008	2009	2010*	%(2010)*
브루나이	3,123	434	260	239	370	629	0.8
캄보디아	84	483	867	815	539	783	1.0
인도네시아	-596	4,914	6,928	9,318	4,877	13,304	17.5
라오스	20	187	324	228	319	333	0.4
말레이시아	2,473	6,072	8,538	7,248	1,381	9,156	12.0
미얀마	291	428	715	976	963	450	0.6
필리핀	491	2,921	2,916	1,544	1,963	1,713	2.2
싱가포르	11,941	29,349	37,033	8,589	15,279	35,520	46.6
태국	5,235	9,460	11,330	8,539	4,976	6,320	8.3
베트남	1,450	2,400	6,739	9,579	7,600	8,000	10.5
아세안	24,512	56,648	75,650	47,076	38,266	76,208	100.0
CLMV	1,845	3,498	8,645	11,597	9,421	9,565	12.6
ASEAN 6	22,667	53,149	67,006	35,478	28,845	66,643	87.4
FDI 유출	2003	2006	2007	2008	2009	2010*	%(2010)*
아세안	2,712	7,876	9,626	9,449	5,271	12,279	16.1
한국	552	1,256	2,714	1,596	1,347	3,770	4.9
중국	201	1,035	1,741	1,874	4,158	2,861	3.8
일본	3,903	10,413	8,844	4,129	3,763	8,386	11.0
미국	1,363	3,041	8,340	3,518	4,087	8,578	11.3
인도	104	-282	1,453	547	811	2,584	3.4
호주	155	467	1,491	787	776	1,765	2.3
캐나다	82	252	391	661	504	1,641	2.2
뉴질랜드	83	-209	99	-82	263	93	0.1
파키스탄	2	10	21	6	9	31	0.0
러시아	-	1	31	81	157	61	0.1
EU-27	6,866	13,387	18,611	7,010	9,132	17,066	22.4
기타	8657	20998	23255	17808	7989	17093	22.4

| 합계 | 24,512 | 56,648 | 75,650 | 47,076 | 38,266 | 76,208 | 100.0 |

주: * 잠정치임.
자료: ASEAN Secretariat, *ASEAN Community in Figures 2011*.

〈표 3-15〉 동아시아 각국의 산업별 현시비교우위지수(2010년)

		브루나이	캄보디아	인도네시아	라오스	말레이시아	미얀마	필리핀	싱가포르	태국	베트남	중국	일본	한국
HS 01-05	Animal & Animal Products	0.00	0.02	0.66	0.16	0.36	2.98	0.44	0.08	0.78	2.04	0.68	0.10	0.16
HS 06-15	Vegetable Products	0.01	0.23	2.87	2.75	1.99	4.87	1.53	0.11	1.46	2.75	0.44	0.02	0.09
HS 16-24	Foodstuffs	0.00	0.22	1.21	0.72	0.86	0.26	1.08	0.50	2.90	0.90	0.46	0.13	0.26
HS 25-27	Mineral Products	2.17	0.00	2.20	6.80	0.73	2.90	0.60	0.40	0.77	0.97	0.30	0.17	0.27
HS 28-38	Chemicals & Allied Industries	0.05	0.00	0.55	0.23	0.62	0.00	0.41	0.73	0.65	0.30	0.76	1.16	0.54
HS 39-40	Plastics/Rubbers	0.00	0.70	2.95	0.70	2.35	1.35	0.45	0.75	4.20	1.40	0.80	1.35	1.45
HS 41-43	Raw Hides, Skins, Leather, & Furs	0.00	0.07	0.30	0.27	0.07	0.13	0.37	0.17	0.57	2.13	2.23	0.07	0.33
HS 44-49	Wood & Wood Products	0.02	18.60	1.90	2.42	0.67	3.70	2.18	0.32	1.12	3.73	2.02	0.22	0.15
HS 50-63	Textiles	0.01	3.40	1.26	0.99	0.34	0.67	0.49	0.13	1.05	2.44	2.82	0.45	1.12
HS 64-67	Footwear/Headgear	0.00	2.00	1.83	0.38	0.13	0.83	0.50	0.03	0.55	6.35	5.45	0.13	0.23
HS 68-71	Stone/Glass	0.05	0.03	0.58	0.03	0.73	0.25	0.30	0.30	1.30	1.33	1.55	1.15	0.33
HS 72-83	Metals	0.01	0.02	3.35	2.62	1.38	0.10	0.45	0.88	0.97	0.57	0.93	0.90	0.95
HS 84-85	Machinery/Electrical	0.00	0.10	0.40	0.10	1.70	0.00	2.55	1.95	1.30	0.70	1.80	1.50	1.40
HS 86-89	Transportation	0.00	0.18	0.25	0.03	0.25	0.03	0.45	0.58	0.58	0.15	1.35	1.68	2.95
HS 90-97	Miscellaneous	0.01	0.44	1.25	0.13	0.54	0.06	0.38	0.53	0.53	1.14	1.76	0.88	0.70

자료: ITC(International Trade Centre) Trade Map(http://www.intracen.org/menus/countries.htm).

제4절 동아시아 경제통합과 아세안

본 절에서는 ASEAN+3 경제통합체 형성에 대한 아세안의 입장을 진단하고 그 참여 가능성을 평가해 본다. 또한, 동아시아 경제통합의 또 다른 주요 축인 한·중·일 3국의 아세안의 역할에 대한 입장을 정리한다.

1. 동아시아 경제통합에 대한 아세안의 입장

∴ 아세안의 입장

현재 아세안이 추진하고 있는 지역무역협정의 정책기조는 크게 세 가지로 구분된다. 첫째, 동남아시아 역내에서 2015년 출범을 목표로 추진하고 있는 아세안 경제공동체(AEC)의 성공적 실현, 둘째, 아세안의 주요 교역국들과의 복수 국가 간 지역무역협정의 효율적 운용(Plurilateral RTA: 기 체결 ASEAN+1들: ASEAN+중국, ASEAN+한국, ASEAN+일본, ASEAN+인도, ASEAN+호주+뉴질랜드), 셋째, 광의의 동아시아 역내 복수 국가 간 지역무역협정에의 참여 및 주도(ASEAN+3: ASEAN+한·중·일; ASEAN+6: ASEAN+한·중·일+인도+호주+뉴질랜드; RCEP: Regional Comprehensive Economic Partnership)로 구분될 수 있다.

상기 세 유형의 경제협력체 중 현재 아세안이 가장 중요시하는 것은 2015년으로 합의된 아세안 경제공동체(AEC)의 성공적인 출범이다. AEC의 성공적 출범은 아세안 역내 무역, 투자, 인적교류의 심화 및 효율성 제고를 통한 경제적 이득 외에도 아세안의 내적 화합을 공고히 함으로써 대외 협상력을 제고할 것으로 기대된다. 즉, AEC의 성공적 출범은 동아시아 역내 광의의 지역무역협정 결성과정에서 아세안 중심주의(ASEAN Centrality)를 보다 강화하는 데 필요조건으로 요구된다.

1997년 동아시아 금융위기 이후 동아시아 역내에서 지역무역협정이 급속히 확산되고 있는 이유 중 하나는 '허브와 스포크(Hub and Spoke)'의 형태로 회원국이 중첩되는 지역무역협정(Overlapping RTA)이 대세 중 하나이기 때문인데, 이는 허브의 이득이 스포크의 이득보다 크다는 점에 기인한다.[5] 아세안 역시 동아시아에서 지역무역협정의 선발주자라는 기득권과 주변국으로부터 역내 정치·경제 역학상 상대적으로 비위협적인 중재자적 적합성을 인정받아 동아시아 경제통합 움직임의 허브로 부각되어 왔다. 이러한 지정학적·정치역학적 상대적 우위를 백분 활용하여 아세안은 가능한 많은 ASEAN+1 지역무역협정을 체결함으로써 그 경제적 이득이 극대화될 것으로 기대하고 이를 적극 추진하고 있다. 이러한 아세안의 지역무역협정의 허브가 되려는 전략은 현재까지 체결한 상기의 5개 ASEAN+1에서 보듯이 성공적인 것으로 평가된다. 이러한 아세안의 허브전략을 고려할 때 아세안이 자진해서 ASEAN+3와 같은 동아시아 경제공동체 형성에 주도적으로 참여할 것이라 기대할 수는 없다. 오히려 기존에 체결한 5개의 ASEAN+1 경제협력체를 모두 포함하면서 아세안의 주도권을 기반으로 하는 RCEP 결성에 보다 적극적일 것으로 판단된다. 아세안은 이미 2011년 11월 아세안 정상회의에서 RCEP를 ASEAN++로 하는 전략을 수립하였고, ASEAN+6의 16개국은 2012년 11월 20일 캄보디아의 프놈펜에서 개최된 동아시아 정상회의 시 16개국이 모두 참여하는 RCEP 협상 개시를 선언하였다.

한편, 아세안의 허브전략과 경쟁적으로 역외의 아세안 주요 교역국가들인 한·중·일이 협력하여 동북아시아 경제공동체를 추진할 경우, 예를 들어 한·중, 한·일, 한·중·일 자유무역지대[6], 이제까지 역외 국가들에 배타적인 AFTA나 비회원 국가에 배타적인 ASEAN+1의 아세안 국가들에 대한 경제적 이득은 심각한 수준으로 감소될 것으로 추정된다.[7]

따라서 현재 활발하게 진행되고 있는 동아시아 역내 경제통합 논의를 고려할 때, 아세안이 선택할 수 있는 동아시아 역내 통상전략은 첫째, AEC의 성공적 출범으로 아세안 내부의 결속을 강화하고, 둘째, 이를 바탕으로 현재 발효 중인

5) Lee, Park, and Shin(2008) 참조.

6) 동북아시아 3국의 통상장관들은 2012년 동아시아 정상회의 시 한·중·일 자유무역협정의 협상 개시를 합의하였다.

7) 박순찬(2010) 및 Park(2009) 참조.

8) 박번순(2010)과 권율 (2008)은 ASEAN+1의 적 극적 추진과 ASEAN+3 또 는 ASEAN+6의 소극적 추 진이 아세안의 통상전략기 조임을 강조하고 있으며, Chia(2007)와 Kim (2008)은 아세안에 바람직한 전략으 로 ASEAN+1 FTA의 완결 이후 점진적으로 ASEAN +3 또 는 ASEAN+6로 확대하는 로드맵을 제시하고 있다.

9) 동북아시아의 한 · 중 · 일이 주도적인 역할을 하 고 있는 ASEAN+3 국가 간 금융협력의 가시적인 성 과(예: Chiangmai Initiative Multilateral)에 비해 아세안 이 주도적인 무역부문에서 의 협력은 그 가시적인 성과 를 찾아보기 힘든 상태이다. 이에 Pasdilla(2004)는 여러 측면에서 다양한 회원국으 로 구성되어 있는 느슨한 협 력체제인 아세안이 전원합 의원칙이라는 ASEAN Way 를 동아시아 경제통합에 적 용할 경우 동아시아 경제통 합의 실현이 어려울 것이라 비판하고 있다. 다른 견해 로 Prakash and Isono(2012) 는 아세안의 지역협력체 운 영의 경험과 역외 주요 교역 국들로부터 견제받지 않을 중재적 위치 그리고 AEC의 완결을 통한 내부 결속력 증 대를 고려할 때 아세안의 동 아시아 경제통합과정에서의 주도적 역할에 긍정적이다.

ASEAN+1들의 효율적인 운영 및 개선을 통해 허브로서의 이득을 극대화하면서 동북아시아 한 · 중 · 일의 독립적인 경제 통합체의 형성 유인을 감소시켜 경제공동체 간 경쟁을 지양하 고, 셋째, RCEP 등 보다 광의의 동아시아 역내 주요 교역국가 와의 복수 국가 간 경제공동체 논의를 지속적으로 주도하면서 ASEAN+3 경제협력을 통해 상대적으로 선진국인 동아시아의 역외 국가(한 · 중 · 일)와의 무역, 투자 및 기술교류의 활성화, 개발협력 그리고 경제적 지원 등을 확보하는 데 있다.[8]

이러한 아세안의 통상전략은 아세안 중심주의 원칙하에 표 면적으로는 동아시아 경제통합에 가장 주도적으로 관심을 표 명하고 이를 적극적으로 추진하는 모습을 보여 왔다. 그러나 아세안은 동아시아 역내 유일한 그리고 최초의 지역협력체로 서의 경험을 바탕으로 ASEAN+3 정상회의를 아세안 역내에 서만 개최하는 등 동아시아 경제통합의 주도권을 고집하고 있다. 이에 대해 동북아시아 3국에 비해 경제규모가 작고 개 도국 간 협력체로서의 취약성을 갖고 있는 아세안이 아세안 중심주의를 유지하며 동아시아 통합의 구체적인 실천방안을 제시하고 추진할 수 있을지 등 아세안 방식(ASEAN Way) 운 영체제에 대한 다양한 평가가 이루어지고 있다.[9]

결론적으로 아세안은 동아시아 자유무역지대(중국이 선 호하는 ASEAN+3 국가 간 EAFTA: East Asian Free Trade Area, 일본이 선호하는 ASEAN+6 국가 간 CEPEA: Comprehensive Economic Partnership for East Asia, 또는 RCEP)가 창출할 상당한 수준의 경제적 이익에 대해 잘 인지하고 있으나, 동아시아 경제통합의 순조로운 진행으 로 상대적으로 대국인 동북아시아의 중국이나 일본에 동아 시아 통상의 운전석을 넘겨줌으로써 아세안의 정체성이 약 화되는 것을 우려하고 있다. 이에 아세안은 중국이 선호하는 ASEAN+3 형태의 동아시아 경제통합체와 일본이 선호하는 ASEAN+6 형태의 동아시아 경제통합체의 두 가지 정책대안 을 중재자로서 조화롭게 활용해 왔으며 현재의 아세안 허브, 즉 다수의 ASEAN+1 경제통합체를 보다 장기적으로 유지하고자 한다. 즉, 아세안은 2012년 11월 동아시아 정상회의에서의 RCEP 협상 개시 합의에서 알 수 있듯이 ASEAN+3보다는 아세안 허브전략 추진에 보다 유리하게 아세안 중심주의를 인정하는 RCEP 출범에 적극적인 자세를 보이고 있다.

∴ 회원국별 입장

1990년대 후반 상대적으로 개발 정도가 낙후되고 사회주의 경제체제를 고수하고 있는 베트남, 캄보디아, 라오스, 미얀마를 포함하는 아세안 회원국의 확대로 아세안의 결집력은 다소 약화되었다. 이는 2012년 7월 캄보디아의 프놈펜에서 개최된 제45차 아세안 외교장관회의에서 보여준 아세안 역사상 처음으로 실패한 공동성명의 발표에서 보여준바, 남중국해 분쟁 등 경제 외적 요인으로 아세안 중심주의가 흔들리는 모양새를 표출하였다. 이러한 아세안 회원국 간 상이성으로 동아시아 경제통합체 추진의 아세안 주도에 어려움이 예상된다. 그러나 2012년 동아시아 정상회의에서 아세안 10개국 정상들이 +6국들과 함께 RCEP 협상 개시를 선언함으로써 아세안 10개 회원국 공히 ASEAN+3 지역무역협정 시 우려되는 주도권 약화 문제에서 다소 자유로워졌음을 알 수 있다.

배긍찬(2008)에 정리된바 아세안 각국의 동아시아 경제통합체에 대한 입장을 살펴보면 각국의 이해관계에 따라, 그리고 역내 리더십 경쟁 등으로 이견을 보이고 있다. 동남아시아의 맹주를 자칭하며 중국의 동남아시아 지역에 대한 영향력 확대를 우려하는 인도네시아와 역내 세력균형을 추구하면서 개방 이득을 극대화하고자 하는 싱가포르는 중국의 영향력을 견제할 수 있고 미국 등 역외 우호세력의 참여가 용이하도록 인도와 호주를 포함하는 ASEAN+6 형태의 느슨한 통합체를 선호한다. 특히, 아세안의 내부 결속을 우선시하는 인도네시아의 경우 아세안 경제공동체가 최우선 과제임을 내세워 ASEAN+3의 조기 실현에 유보적인 자세를 견지해 왔다.

한편, 인도네시아와 동남아시아의 리더십 경쟁을 하고 있는 말레이시아와 동아시아 경제통합의 조기 실현에 적극적인 태국은 ASEAN+3 형태의 통합체를 우선시하는 정책을 고수해 왔다. 그러나 최근 말레이시아는 TPP에 참여하는 등 보다 적극적으로 역내외 경제통합에 개방적인 입장을 견지하고 있으며, 자국 내 인도계를 고려하여 호주와 뉴질랜드의 경우와는 차별적으로 인도의 동아시아 경제통합체 참여에 보다 우호적인 태도를 보이고 있다. 싱가포르와 함께 동아시아 역내 경제통합의 허브 역할에 적극적인 태국은 말레이시아의 ASEAN+3 선호와 같은 입장이었으나 2012년 11월 동아시아 정상회의에서 미국 주도의 TPP에 참여할 의사를 발표하는 등 개방적인 입장을 견지하고 있다.

필리핀의 경우는 ASEAN+6에 무게중심을 두는 태도를 보이고는 있으나 뚜렷한 입장을 유보하고 있으며, 베트남의 경우는 인도차이나 지역에서 중국과의 패권다툼으로 중국 주도의 ASEAN+3에 적극적인 지지를 표방하지는 않고 있으나 한국·일본과의 무역 및 투자 관계 등을 고려해 ASEAN+3을 현실적인 대안으로 인정하는 입장을 유지해 왔다. 브루나이, 라오스, 캄보디아, 미얀마 등은 전통적으로 친중국 노선을 견지하여 ASEAN+3을 지지하는 입장을 견지해 왔다.

2. 아세안의 동아시아 경제통합 참여 가능성

1990년대 이래 활발하게 추진되고 있는 동아시아 역내 경제통합 노력은 각국 정부의 정책적 선택이라기보다는 역내 국가 간 무역 및 투자 관계의 심화로 자연스럽게 시장에서 결정되는 경제적 이익에 따라 진행되어 왔다는 점에서 시장주도적 경제통합이라 평가되어 유럽이나 북미에서 진행되고 있는 경제통합 움직임과 차별화된다.[10] 따라서 아세안의 ASEAN+3 동아시아 경제통합체 참여 가능성의 평가 역시 아세안이 선택 가능한 다양한 경제통합체의 아세안에 대한 경제적 파급효과를 비교, 평가해 봄으로써 가능하다.

경제통합에 따른 경제적 이득은 Viner(1950)가 관세동맹의 무역창출효과(Trade Creation Effect) 및 무역이전효과(Trade

10) Capannelli(2011),
　　Hastiadi(2011),
　　Urata(2004) 참조.

Diversion Effect)로 그 후생수준의 정태적인 변화를 이론적으로 소개한 이래 대부분의 실증분석 연구에 적용되고 있다. 경제통합체 형성 이전 회원국 간 그리고 비회원국 간 주어진 교역관계에 기반하여 경제통합체 결성으로 후생수준을 극대화할 수 있는 필요조건들을 살펴보면,[11] 참여 회원국 간 관세율이 높을수록 긍정적인 무역창출효과가 클 것으로 기대되며, 비회원국과의 관세율이 낮을수록 부정적인 무역이전효과가 작을 것으로 기대된다. 또한, 회원국 간 동일 산업 내 경쟁이 치열할수록, 거리가 가까울수록, 무역의 규모가 클수록 무역창출효과가 클 것으로 기대된다.[12]

아세안의 경우 현재 선택 가능한 역내 경제통합체는 좁게는 아세안 자유무역지대(AFTA), 아세안 경제공동체(AEC), 동아시아 경제공동체의 아세안 허브(ASEAN+중국, ASEAN+일본, ASEAN+한국), 동북아시아 3국과의 경쟁(아세안 허브 및 한·중·일 FTA), 그리고 ASEAN+3를 고려할 수 있으며 광의로는 RCEP를 포함할 수 있다.

경제공동체의 경제적 파급효과의 실증분석에 널리 이용되고 있는 연산 가능한 일반균형모형(Computable General Equilibrium Model: CGE)으로 전반적인 후생수준의 변화를 추정한 실증분석 연구를 정리한 〈표 3-16〉에 따르면 아세안은 중장기적으로는 ASEAN+3로 확대되는 것이 바람직할 것으로 판단된다(최소 1.0%부터 최대 5.2%의 후생 증대가 예상됨). 그러나 단기적으로는 AFTA를 보다 강화하여 AEC를 실현하거나(6.6배의 후생 증대: Petri *et al.*[2010]) 아세안 허브전략을 유지하는 것이(ASEAN+3에 비해 1.4배 높은 후생 증대: Park[2009]; ASEAN+3에 비해 1.3배 높은 후생 증대: Mitsuyo[2009]; Lee and Mensbrugghe[2007]) 보다 바람직한 정책으로 평가되며, 동북아시아의 3국이 자유무역협정을 성사시킬 경우는 아세안에 가장 비관적인 경우로 판단된다(AFTA와 경합할 경우 AFTA에 비해 2.8배의 후생 감소: Park[2009]; -0.4%: Lee and Mensbrugghe[2007]; -0.5%: Lee[2005]; -0.5%: Choi *et al.*[2003]). 특히, Park(2009)의 경우 ASEAN+3보

다는 3개의 ASEAN+1을 통한 아세안 허브가 후생, 수출 증
대, 실질 GDP 성장, 교역조건의 개선 면에서 아세안에 보다
바람직한 통상정책으로 추정하고 있다([그림 3-2] 참조). 이
는 Lee and Mensbrugghe(2007)에 의해서도 간접적으로
예상된다. 따라서 한·중·일이 ASEAN+3에 우선하여 한·
중·일 FTA를 추진할 경우 아세안 입장에서는 ASEAN+3를
적극 추진하는 통상정책을 차선책으로 받아들일 수밖에 없을
것으로 판단된다.

〈표 3-16〉 동아시아 역내 경제통합 유형별 아세안의 후생증대효과

(단위: %)

	ASEAN 자유무역지대 (AFTA)	ASEAN 경제공동체 (AEC)	ASEAN 허브 (ASEAN+중국 FTA, ASEAN+한국 FTA, ASEAN+일본 FTA)	한·중·일 자유무역지대	AFTA vs. 한·중·일 자유무역지대 경합	ASEAN +3 자유무역지대
Petri, Plummer, and Zhai(2010)	0.8	5.3				
Park(2009)	1.06		3.77		0.38	2.69
Mitsuyo (2009)[1]			10,125			7,582
Kawai and Wignaraja (2008)[2]						5.23
Lee and Mensbrugghe (2007)			(2.83 1.24 1.45)	−0.4		2.5
Lee(2005)				−0.5		1.4
권율·사토루·왕윤종·정재완(2005)						1.03
Choi, Park, and Lee(2003)				−0.48		2.86

주: 1) 단위: 백만 달러.
　　2) 소득증대효과임.

　이러한 ASEAN+3의 경제적 파급효과에 대한 다소 회의적
인 평가는 상기 〈표 3-15〉에 계산된 ASEAN+3 참여 13국들
의 산업별 RCA지수를 분석해 보아도 알 수 있다. 동아시아

13개국 간 산업별 상대우위를 여러 조합으로 분석하여 그 산업 내 경쟁관계를 비교해 보면, 아세안 10개 회원국 간 그리고 동북아시아 3개국 간 동일 산업 내 경쟁이 동남아시아 국가와 동북아시아 국가 간 경쟁에 비해 치열함을 알 수 있어 동남아시아 국가 간 그리고 동북아시아 국가 간 독립된 경제통합의 무역창출효과가 동아시아 13개국 간 무역창출효과보다 클 것으로 예상된다. 따라서 단기적으로는 ASEAN+3의 무역창출효과가 아세안 국가 간 경제통합체에 미치지 못할 것으로 판단된다. 또한, 아세안의 대 한국, 중국, 일본 무역수지 적자 추이와 대 인도, 호주, 뉴질랜드 무역수지 흑자 추이를 고려할 때(〈표 3-10〉 참조) ASEAN+3보다는 RCEP가 더 선호될 수 있어 ASEAN+3의 조기 출범에 아세안이 적극 참여할 것으로는 보이지 않는다.

[그림 3-2] 동아시아 역내 경제통합 유형별 아세안에의 파급효과

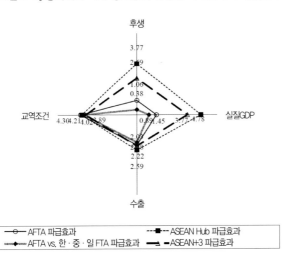

자료: Park(2009).

그러나 아세안 역내 교역규모가 25% 내외이고(〈표 3-10〉 참조) 동아시아 역내 교역관계의 급속한 심화현상을 고려하고 무역비용을 대변하는 동아시아 국가 간 짧은 거리(〈표

3-9〉 참조)를 고려할 때 ASEAN+3의 후생증대효과는 중장기적으로 지대할 것으로 판단된다. 특히, 단기적인 자유무역의 긍정적인 효과뿐 아니라 동북아시아의 한·중·일로부터의 투자(〈표 3-14〉 참조) 및 기술이전에 따른 중장기적인 경제적 이득이 지대할 것이므로 ASEAN +3의 긍정적인 효과는 아세안에 매력적인 정책대안이 아닐 수 없다.

결론적으로 아세안은 동북아시아 역내에 그들만의 독립적인 경제통합체(예: 한·중·일 FTA)가 형성되지 못하도록 현재 동북아시아의 한·중·일과 맺은 양자 간 자유무역지대의 허브 역할에 충실하면서 RCEP 중심의 역내 광의의 경제통합 논의에 적극 참여할 것으로 판단된다. 이를 위한 내부 결속력의 결집은 AEC의 성공적 출범으로 마련되어야 할 것이다.

3. 아세안 참여에 대한 한·중·일 3국의 입장

동아시아 경제공동체 형성 논의에 있어 아세안의 주도적 역할론은 중국과 일본의 지역 내 패권경쟁과 한국의 통상정책의 잦은 변경으로[13] 야기된 동아시아 역내 리더십 및 조정자 부재라는 힘의 공백상태에 기인하였다. 이에 정치, 경제, 사회 어느 면에서나 동북아시아 3국에 비해 역량이 부족한 아세안이 동아시아 역내 경제통합 논의에 주요 추진체가 되는 기현상이 초래되고 있다. 이러한 아세안 주도의 동아시아 경제통합체 형성에 대한 동북아시아 3국의 입장은 다음과 같다.

∴ 한국의 입장

ASEAN+3 출범 초기 한국이 조정자로서 주도적 역할을 수행할 수 있었던 것은 중국과 일본의 리더십 경쟁, 중국의 패권주의에 대한 우려, 화교자본의 경제력 지배에 대한 경계, 일본의 역사적 과오와 우월주의, 상대적으로 견제를 받지 않을 정도인 한국의 정치적 위상, 가시적으로 제고된 한국경제의 위상 등에 기인하였다.[14] 그러나 한국 역시 앞에서 언급한 바와 같이 통상정책기조의 잦은 변화와 불확실성으로 동아시

13) 한국은 김대중 정부 시 동아시아 비전그룹(East Asian Vision Group: EAVG)을 통한 동아시아 중시 전략으로 ASEAN+3 논의를 처음으로 제안했음에도 이후 참여정부 시 동북아시아 허브전략으로 정책기조가 변경되어 한국 주도의 동아시아 경제통합 논의는 위축되었고, 이명박 정부는 신아시아외교를 표방하고 동남아시아를 포함하는 동아시아 경제통합에 관심을 보이고는 있으나 이보다는 동시다발적인 양자 간 FTA 그리고 미국, EU 등 거대 지역과의 FTA와 G20 등 보다 영향력이 큰 광의의 협력체계를 주도하는 데 그 정책기조를 집중하고 있다.

14) 신윤환(2008) 참조.

아 경제통합체 형성 논의의 조정자적 역할을 아세안에 넘겨 준 상태이다. 특히, 최근 한국의 통상정책은 동시다발적인 양자협력과 거대 국가와의 협력에 보다 집중함으로써 중국이나 일본에 비해 동아시아 역내 다자협력에는 다소 소극적인 자세를 보여 왔으며, 이의 결과로 아세안의 동아시아 경제통합 조정자로서의 주도권을 용인해 온 것으로 판단된다. 즉, 중국과 일본의 경우는 그 전략적 목적의 달성을 위해 아세안 중심주의를 인정한 반면, 한국의 경우는 동남아시아 경제의 중요성과 안보 문제를 고려하면서 중국과 일본의 경쟁과 대립이 만든 역학구조에 따른 아세안 주도의 협력질서에 수동적으로 참여하는 유보적인 자세로 아세안 중심주의를 받아들이는 입장이다.

∴ 중국의 입장

중국은 아세안 국가들의 친중국화를 우선적인 외교통상정책 과제로 설정하고[15] 아세안 주도의 동아시아 경제통합, 특히 ASEAN+3 경제통합체 형성을 적극 지원해 왔으나 최근에는 ASEAN+3을 넘어서는 RCEP을 통해 동아시아에서 중국의 영향력을 극대화하는 전략을 갖고 있다. 즉, 중국은 미국의 영향력을 견제하고 일본과의 역내 패권경쟁에서 우위를 점하기 위해 아세안의 동아시아 경제통합체 형성의 주도권을 공식적으로 지지하는 대가로 ASEAN+3이 동아시아 경제공동체 형성의 주축임을 공고히 할 수 있었다. 물론 중국 역시 아시아−태평양 지역에서 논의되고 있는 중국 배제의 TPP에 대응하기 위해 표면적으로는 ASEAN+3, ASEAN+6, 또는 ASEAN+8(미국 및 러시아 포함)로의 외연적 확대에 찬성하고 있으나, 이는 전략적으로 광범위한 형태의 동아시아 역내 경제통합체의 출범 자체를 무의미하게 만들려는 의도임을 알 수 있다.[16]

15) 중국이 농업부문에서 많이 양보함으로써 조기 출범이 가능했던 ASEAN+중국 FTA가 중국의 아세안 중시 외교통상정책의 좋은 실례이다.

16) 배긍찬(2008), 김재철(2008) 참조.

❖ 일본의 입장

중국과 비교하여 우위에 있는 일본의 동남아시아 지역경제
와의 경제적 유대관계의 심도와 역사성에 비해 일본의 동남
아시아에서의 정치적 영향력은 잘못된 과거사와 일본의 우
월적 지위 표출로 인한 신뢰구축의 어려움으로 중국과의 리
더십 경쟁에서 우위를 점하지 못하고 있다. 이러한 리더십
부재로 일본 역시 아세안의 동아시아 경제통합체 형성 논의
의 주도권을 용인하고 있는 실정이다. 즉, ASEAN+3 형태
의 동아시아 경제통합체가 출범할 경우 예상되는 중국의 동
아시아 지역에서의 지배력을 견제하고 전통적 우방인 미국
등의 참여 가능성을 제고하기 위한 동아시아 경제공동체의
ASEAN+6 또는 ASEAN+8로의 외연 확대에 대한 아세안의
지원을 얻어내는 대가로 아세안 중심주의의 동아시아로의 적
용을 인정하고 있는 것이다.

 제5절 요약 및 결론

본 장에서는 동아시아 역내 동시다발적 그리고 경쟁적으
로 진행되고 있는 다양한 형태의 지역무역협정 체결 동향을
아세안의 관점에서 비교 평가함으로써 동남아시아의 아세
안 10개 회원국과 동북아시아의 한·중·일 3국을 포함하는
ASEAN+3 동아시아 경제통합체의 출범에 대한 아세안의 입
장 및 참여 가능성을 진단해 보았다. 또한, 동아시아 경제통
합의 또 다른 주요 축인 한·중·일 3국의 ASEAN+3 형성
과정에서 아세안의 역할에 대한 입장을 살펴보았다.

1967년 아세안 출범 이후 아세안의 통상전략은 아세안 중
심주의 원칙하에 추진되어 왔으며, 20세기 말 한국이 제안하
여 논의가 시작된 ASEAN+3 동아시아 경제통합에 주도적으
로 관심을 표명하고 이를 적극적으로 추진하는 모습을 보여
왔다. 동아시아 경제공동체 형성 논의에 있어 아세안의 주도
적 역할론은 중국과 일본의 지역 내 패권경쟁과 한국의 통상

정책의 잦은 변경으로 야기된 동아시아 역내 리더십 및 조정자 부재라는 힘의 공백상태로 기인하였다. 이에 정치, 경제, 사회 어느 면에서나 동북아시아 3국에 비해 역량이 부족한 아세안이 동아시아 역내 경제통합 논의에 주요 추진체가 되는 기현상이 초래되고 있다.

그러나 동북아시아 3국에 비해 경제규모가 작고 개도국 간 협력체로서의 취약성을 갖고 있는 아세안이 이러한 아세안 중심주의 원칙으로 동아시아 경제통합의 구체적인 실천방안을 제시하고 추진할 수 있을지는 회의적이다. 더욱이 동북아시아의 한·중·일이 주도적인 역할을 하고 있는 ASEAN+3 국가 간 금융협력이 동아시아의 복수 국가 간 치앙마이 이니셔티브(Chiangmai Initiative Multilateral)를 결성하는 등 구체적인 협력방안을 실현하고 있는 데 반해 아세안이 주도하고 있는 무역부문에서의 동아시아 경제협력은 그 가시적인 성과를 찾아보기 힘든 상황이다. 특히, 다양한 회원국으로 구성되어 있는 느슨한 협력체제인 아세안이 전원합의원칙이라는 아세안식 협의방식을 동아시아 경제통합에 적용할 경우 동아시아 경제통합의 조기 실현은 어려울 것으로 판단된다.

물론 아세안 역시 광의의 동아시아 자유무역지대 형성을 통한 경제통합체가 창출할 상당한 수준의 경제적 이득에 대해 잘 인지하고 있다. 그러나 단기적으로는 AFTA를 보다 강화하여 AEC를 실현하거나 아세안 허브전략을 유지하는 것이 아세안에 보다 바람직한 정책으로 평가되며, 동북아시아의 3국이 한·중·일 자유무역협정과 같은 독립적인 자유무역협정을 성사시킬 경우는 아세안에 가장 불리할 것으로 판단된다. 즉, 한·중·일이 광의의 동아시아 역내 자유무역협정에 우선하여 한·중·일 FTA를 추진할 경우 아세안 입장에서는 광의의 역내 자유무역협정을 적극 추진하는 통상정책을 차선책으로 받아들일 수밖에 없을 것으로 판단된다.

본 장은 아세안이 선호할 차선의 역내 자유무역협정으로 ASEAN+3보다는 RCEP가 더 우선시될 것으로 평가한다. 물론 엄밀한 의미에서 인도, 호주, 뉴질랜드를 포함하고 향후 역외 국가를 포함하여 확대 가능성이 큰 RCEP를 동아시아 역내 자유무역협정이라 정의하는 데는 한계가 있을 수 있으나, 아세안은 ASEAN+3 동아시아 경제통합의 순조로운 진행으로 상대적으로 대국인 동북아시아의 중국이나 일본에 동아시아 통상의 운전석을 넘겨줌으로써 아세안의 정체성이 약화되는 것을 크게 우려해 왔다. 이에 아세안은 이제까지 중국이 선호해 온 ASEAN+3 형태의 동아시아 경제통합체와 그리고 일본이 선호해 온 ASEAN+6 형태의 동아시아 경제통합체라는 두 가지 정책대안을 협상카드로 사용하면서 중·일 양국 모두로부터 중재자로서의 역할을 인정받아 왔다. 한국 역시 통상정책기조가 거대 국가와의 양자 간 경제협력에 집중되면서 ASEAN+3 또는 ASEAN+6 논의에 있어 수동적인 자세를 보여 왔으며, 자연스럽게 아세안의 주도권을 인정해 왔다. 그러나 2012년 11월 캄보디아의 프놈펜에서 개최된 동아시아 정상회의에서 ASEAN+6의 16개국 정상들은 2015년을 목표연도로 RCEP 협상 개시를 선언한바, 기존에 복수의 ASEAN+1 형태의 자유무역협정을 근간으로 ASEAN 중심의 광의의 역내 자유무역협정의 협상이 공식적으로 선언되어 ASEAN+3 자유무역협정 논의는 그 모멘텀을 RCEP에 넘겨준 형상이다.

결론적으로 아세안은 동북아시아 역내에 그들만의 독립적인 경제통합체(예: 한·중·일 FTA)가 형성되지 못하도록 현재 동북아시아의 한·중·일과 맺은 양자 간 자유무역지대의 허브 역할에 충실하면서 RCEP 출범에 적극 참여할 것으로 판단된다. 부연하면 아세안은 최근 아세안 중심주의에 기반하여 보다 유연하게 추진되고 있는 RCEP의 출범에 적극적인 모습을 보이면서 현재의 아세안 허브, 즉 다수의 ASEAN+1 경제통합체를 더욱 공고히 하는 데 통상정책을 집중할 것으로 판단된다. 이러한 아세안의 동아시아 통상허브전략은 그 내부 결속력의 결집이 우선되어야 할 것이며, 이는 2015년 아세안 경제공동체(AEC)의 성공적 출범으로 마련되어야 할 것이다.

참고문헌

김재철, 「중국과 동아시아 지역협력」, 『동아시아 공동체와 한국의 미래: 동북아를 넘어 동아시아로』, 동아시아공동체연구회 총서 01, 이매진, 2008, pp.133~160.

권율, 「ASEAN 경제통합의 확대와 동아시아 경제협력」, 『위기에서 협력으로: 동남아 지역협력의 확대와 심화』, 한국동남아연구소 연구총서 02, 이매진, 2008, pp.71~115.

권율 · 오쿠타 사토루 · 왕윤종 · 정재완, 「ASEAN+3 협력체제의 성과와 정책과제」, 대외경제정책연구원, 2005.

박번순, 『하나의 동아시아: 동아시아 경제공동체, 통합과 공존의 모색』, 삼성경제연구소, 2010.

박순찬, 「동아시아 경제통합의 경제적 효과」, 『동아시아 통합전략: 성장-안정-연대의 공동체 구축』, 연구보고서 2010-04, 한국개발연구원, 2010, pp.159~181.

배긍찬, 「동아시아 지역협력의 전개과정: ASEAN+3 협력체제를 중심으로」, 『동아시아 공동체와 한국의 미래: 동북아를 넘어 동아시아로』, 동아시아공동체연구회 총서 01, 이매진, 2008, pp.45~103.

신윤환, 「동아시아 지역통합과 한국의 선택」, 『동아시아 공동체와 한국의 미래: 동북아를 넘어 동아시아로』, 동아시아공동체연구회 총서 01, 이매진, 2008, pp.373~398.

이창재 · 방호경, 『동북아 경제협력에서 동아시아 경제통합까지: 동아시아 시대를 향하여』, 연구보고서 11-2, 대외경제정책연구원, 2011.

통상교섭본부, 「한 · 중 · 일 FTA 및 RCEP 추진방안」, 보도자료, 2012. 9. 13.

Capannelli, G., "Institutions for Economic and Financial Integration in Asia: Trends and Prospects," ADBI Working Paper, No. 308, Asian Development Bank

Institute, 2011.

Chia, Siow Yue, "Whither East Asian Regionalism? An ASEAN Perspective," *Asian Economic Papers*, Vol. 6, No. 3, 2007, pp.1~36.

Choi, Nakgyoon, Soon-chan Park, and Chang-soo Lee, "Analysis of the Trade Negotiation Options in the East Asian Context," *Policy Analysis*, Vol. 3, No. 2, Korea Institute for International Economic Policy, 2003.

Estrada, Gemma E. B., Donghyun Park, Innwon Park, and Soonchan Park, "China's Free Trade Agreements with ASEAN, Japan and Korea: A Comparative Analysis," *China & World Economy*, Vol. 20, No. 4, July~August 2012, pp.108~126.

Hastiadi, F. F., "The Determinants of East Asian Regionalism," *Finanzas y Política Económica*, Vol. 3, No. 2, 2011, pp.13~26.

Kawai, Masahiro and Ganeshan Wignaraja, "Regionalism as an Engine of Multilateralism: A Case for a Single East Asian FTA," Working Paper Series on Regional Economic Integration, No. 14, Asian Development Bank, 2008.

Kim, Shee Poon, "Building an East Asian Economic Community: ASEAN's Vision and Strategies," Unpublished paper, 2008.

Lee, Hiro, "Free Trade Agreements and Sectoral Adjustments in East Asia," Research Institute for Economics and Business Administration, Japan, 2005.

Lee, Hiro and Dominique van der Mensbrugghe, "Regional Integration, Sectoral Adjustments and Natural Groupings in East Asia," OSIPP Discussion Paper DP-2007-E-008, Japan: Osaka University, 2007.

Lee, Jong-Wha, Innwon Park, and Kwanho Shin, "Proliferating Regional Trade Arrangements: Why and Whither?" *The World Economy*, Vol. 31, No. 12, 2008, pp.1525~1557.

Mitsuyo, Ando, "Impacts of FTAs in East Asia: CGE Simulation Analysis," RIETI Discussion Paper Series 09-E-037, Japan: Research Institute of Economy, Trade & Industry, 2009.

Park, Innwon, "Regional Trade Agreements in East Asia: Will They Be Sustainable?" *Asian Economic Journal*, Vol. 23, No. 2, June 2009, pp.169~194.

Pasdilla, Gloria O., "East Asian Cooperation: The ASEAN View," PIDS Discussion Paper Series, No. 2004-27, Philippine Institute for Development Studies, August 2004.

Petri, Peter A., M. G. Plummer, and F. Zhai, "The Economics of the ASEAN Economic Community," Working paper, No. 13, Department of Economics and International Business School, USA: Brandeis University, 2010.

Prakash, Anita and Ikumo Isono, "ASEAN in the Global Economy-An Enhanced Economic and Political Role," *ERIA Policy Brief*, No. 2012-01, Economic Research Institute for ASEAN and East Asia, January 2012.

Urata, Shujiro, "The Shift from 'Market-led' to 'Institution-led' Regional Economic Integration in East Asia in the late 1990s," RIETI Discussion Paper Series 04-E-012, Research Institute of Economy, Trade and Industry, 2004.

Viner, Jacob, *The Customs Union Issue*, London: Stevens, 1950.

ASEAN Secretariat, Databank.

ASEAN Secretariat, ASEAN Community in Figures 2011.

IMF, Direction of Trade Statistics.

ITC(International Trade Centre) Trade Map.

UNCTAD, Handbook of Statistics 2011.

UNCTAD, World Investment Report 2011.

World Bank, World Databank.

http://stat.kita.net.

http://www.jetro.go.jp.

http://www.bilaterals.org.

http://www.wto.org/english/tratop_e/region_e/region_
     e.htm.

http://rtais.wto.org/ui/PublicAllRTAList.aspx.

4 동아시아 지역협력의 제도화

최원기(국립외교원)

　본 장의 목적은 국제협력의 제도화에 관한 이론적 논의와 동아시아 협력체의 제도적 특징을 분석함으로써 향후 동아시아 지역협력의 제도화의 추진방향에 대한 시사점을 도출하는 것이다. 동아시아 협력의 제도화의 궁극적인 목표는 동아시아 공동체(East Asian community)라고 할 수 있다.

　이를 위해서 제1절에서는 제도화의 특정한 형태로서의 국제협력의 법제화(legalization)에 대한 이론을 원용하여 동아시아 지역협력의 제도화에 대한 시사점을 얻고자 한다. 특히, 지역협력 제도화의 두 가지 경로에 대해서 살펴보고 어떠한 조건에서 비공식적 합의/협력이 법적 구속성을 가지는 공식적 합의/협약으로 전환/제도화될 수 있는지, 그리고 어떠한 조건에서 국가행위자들은 공식적 제도화와 비공식적 제도화 전략을 선택하는지 등에 대한 논의를 검토하고자 한다.

　제2절에서는 동아시아 지역협력체의 제도적 특징과 그 현황을 살펴본다. 먼저 지역협력체의 분포 현황 및 제도적 특징을 개관하고, 한·중·일 3국 협력, 동남아 국가연합(ASEAN), ASEAN+3 협력체, 동아시아 정상회의(EAS), 그리고 아시아·태평양 경제협력체(APEC)의 제도적 성격을 분석한다.

　마지막 제3절에서는 동아시아 통합을 위한 제도화의 전략적 방향에 대한 시사점을 도출하고자 한다. 동아시아 공동체 형성을 위한 제도화는 현재 다층적이고 중복적으로 존재하는 정부 간 협력프로세스를 점진적으로 제도화 하는 방향이 바람직한 것으로 판단되며, 각 협력이슈 분야별로 차별화된 제도화 전략을 구사하는 것이 필요하다는 점을 강조한다.

제1절 지역협력의 제도화: 제도화의 두 가지 경로

본 절에서는 제도화의 특정한 형태로서의 국제협력의 법제화(legalization)에 대한 이론을 원용하여 동아시아 지역협력의 제도화에 대한 분석을 하고자 한다.[1] 다음에서는 국제협력의 제도화의 두 가지 형태로 공식적(formal) 국제협약과 비공식적(informal) 합의를 제시하고, 동아시아 지역협력의 제도화는 비공식적 협력을 공식적 협력으로 전환하는 것임을 주장한다.

국제제도는 '국가행위자들의 기대, 이해, 행동에 영향을 미치는 지속적인 규칙, 규범, 의사 결정과정'이다(Krasner[1983]; Hasenclever et al.[1997]). 국제제도의 제도적 형태는 국가행위자들이 직면한 문제를 해결하고, 이를 통해 국가이익을 증진하기 위한 의도적 협상의 결과물이다. 국제규범이나 권력배분도 국제제도의 제도적 형태 및 제도화 수준에 영향을 미치는 중요한 변수이나, 국제제도의 형성 및 제도적 성격은 자국의 이익을 극대화하려는 국가 간 의도적인 협상전략에 크게 영향받는다. 이러한 점에서 국제제도의 제도적 특징은 그 제도의 형성에 주도적인 역할을 한 국가들의 이해관계를 반영하며, 국제제도의 구체적 형태와 내용은 국가들의 선택과 협상의 결과에 따라 다르게 나타난다(Koremenos, Lipson, and Snidal[2001]).

국제제도의 제도적 형태는 정보교환을 위한 단순한 비공식적 협의체, 비구속적인 정치적 합의를 목표로 하는 느슨한 형태의 포럼, 그리고 구속적 국제협약에 따라 회원국의 협약 준수 여부를 감시하고, 위반 시 제재를 가하는 공식적인 국제기구

1) 지역협력의 제도화에 대한 이론적 논의는 지역통합론, 국제제도론 분야에서 유럽통합의 역사적 사례에 대한 연구를 중심으로 한 방대한 문헌이 존재한다(Haas[1964]; Moravcsik[1998]; Mattli[1999]). 아울러 유럽통합의 경험에서 도출된 이론적 논의를 동아시아 지역협력에 적용하려는 연구 또한 다수 존재한다(Haggard[1997]; Hemmer and Katzenstein[2002]; 최영종[2003]; Pempel[2005]). 하지만 본 장에서는 최근 활발하게 논의되고 있는 국제협력의 법제화(legalization)에 대한 이론적 논의를 검토하고, 동아시아 지역협력의 제도화 전략을 도출하는 데 활용하고자 한다. 국제협력의 법제화 논의는 반드시 지역협력을 그 연구대상으로 하고 있는 것은 아니나, 법제화 논의에서 도출되는 제도화에 대한 이론적 논의가 본 장의 연구초점인 동아시아 지역협력의 제도화 이슈에 대해 매우 유용한 시사점을 제공한다는 필자의 판단에 따라 이를 논하고자 한다. 국제협력의 법제화 논의 및 이론적 유용성에 대해서는 Abbott et al.(2000)을 참조.

등 매우 다양하다. 국제적 합의는 국제법적 의무 이행을 위해 주권의 일부를 포기하도록 하는 강한 국제법적 구속력을 가지는 (formal) 국제협약에서부터 국제법적 의무의 구속력을 전혀 수반하지 않는(informal) 정치적 선언에 이르기까지 매우 다양한 국제법적·제도적 형태를 띠고 있다. 법적 구속력(legal commitment)을 가지는 국제협약의 경우 공식적 국제기구의 기초를 이루는 경우가 많으며, 법적 구속력은 없지만 정치적 선언(declaration) 또는 합의문(communique)의 형태로 발표되어 어느 정도의 정치적 구속력(political commitment)을 가지는 국제적 합의는 비공식적인 포럼의 기초를 이루는 경우가 많다(Lipson[1991]).

그렇다면 국가들은 어떠한 경우에 법적 구속력이 있는 국제협약과 비공식 합의 중에서 어느 것을 선택하는가? 또한, 어떠한 조건에서 비공식적 합의/협력이 법적 구속성을 가지는 공식적 합의/협약으로 전환/제도화될 수 있는가? 한·중·일 3국 협력과 같은 비공식적(informal) 국제협력이 어떠한 조건에서 공식적(formal) 제도로 전환 또는 제도화되는가? 이러한 질문에 대한 해답을 찾기 위해 국제정치의 법제화 논의를 살펴보고 시사점을 도출하고자 한다.[2]

법제화에 대한 이론적 논의에 의하면, 국가 간 합의가 법제화(legalization)되는 정도는 법적 구속력, 절차적 엄밀성, 그리고 해석·감시·이행의 제3자 위임 등 세 가지 기준에 의해 규정된다. 즉, 국제적 합의의 제도화의 한 형태로서 법제화는 구속성(obligation), 엄밀성(precision), 위임성(delegation)의 세 차원에서 규정되며, 이 세 차원에서의 변이(variation)에 따라 그 제도적 성격이 결정된다(Abbott et al.[2000], p.401).[3]

국제제도의 제도화를 분석함에 있어 법제화 논의의 유용성은 구속성, 엄밀성, 위임성의 세 가지 차원에서 진전 정도에 따라 국제제도의 다양한 제도화 형태를 구분할 수 있다는 점이다.[4] 즉, 구속성, 엄밀성, 위임성의 세 차원에서 모두 상당히 높은 수준의 진전을 보여주는 국제제도의 경우 제도화의

2) 법제화(legalization)에 대한 이하의 논의는 필자의 논문 「기후변화 대응 국제협력체제에 대한 국제법적 검토」, 「서울국제법연구」 제16권 제2호, 2009년 12월, pp.32~36 부분을 수정·보완하여 전재한 것임을 밝혀둔다.

3) 구속성은 국가들이 국제협약에 참여함에 따라 법적으로 구속되는 것, 즉 국제협약에 규정된 법적 규칙, 절차, 담화 등을 통해 스스로의 행동에 제약을 가하는 것을 의미한다. 엄밀성은 국제협약에 명시된 구속적 의무에 대한 규정이 구체적이고 명확하게 정의되어 있음을 의미한다. 즉, 국제협약의 준수를 위해서 국가들이 해야 할 행위와 하지 말아야 할 행위가 세분화된 규정을 통해 명확히 정의되어 있는 것을 의미한다. 위임성은 법적 규정의 이행, 해석, 적용, 새로운 규정의 제정 및 분쟁해결 등이 개별 국가의 자의적 판단에 따라 이루어지는 것이 아니라 독립된 기구나 위원회와 같은 제3자에게 위임되고, 개별 국가들은 제3자의 결정을 존중하고 따르는 것을 의미한다.

4) 국제제도의 제도적 특성 및 제도화는 법제화 이론에서 제시하는 세 가지 기준 외에도 다양한 기준에 따라 분류할 수 있다. 예를 들어, 국제제도의 합리적 디자인에 관한 이론은 회원국의 선정기준에 관한 멤버십 규칙(membership rules), 논의되는 이슈의 범위(scope of issues covered), 업무의 집중화 정도(centralization of tasks), 제도의 통제 규칙(rules for controlling the institutions), 협력의 유연성(flexibility of arrange— ments) 등 다섯 가지 기준에 따라 국제제도의

제도화를 분석한다(Koremenos, Lipson, and Snidal[2001]).

5) 법제화 논의에서는 이를 경성법제화(hard legalization)로 지칭한다(Abbott et al., 2000).

6) WTO 분쟁패널이나 유럽 재판소는 판결 결과가 매우 높은 수준의 법적 구속성을 가지고 있으며, 분쟁해결 및 결정 이행에 대한 매우 구체적이고 엄밀한 절차를 명시하고 있다. 또한, 분쟁해결 방법이 당사자 간 협상이 아니라 독립적인 제3의 기구에 위임되어 있다는 점에서 법제화의 수준이 매우 높다고 할 수 있다.

7) 이러한 경우 연성법제화(soft legalization)로 지칭된다. 구속성과 엄밀성은 강하지만 위임성은 매우 미약한 미·소 간 군축협정. 구속성은 강하나 엄밀성과 위임성은 약한 초기의 비엔나 오존협정(Vienna Ozone Convention) 등이 그 사례라고 할 수 있다(ibid.).

8) 국제정치는 국내정치와는 달리 국가 간 관계를 규율하는 상위의 권위체(world government)가 존재하지 않는다는 측면에서 무정부상태(anarchy)이며, 본질적으로 자구적 체제(self-help system)이다. 국제정치에서 원칙적으로 국가 간 약속이나 합의를 보증할 기제가 존재하지 않으며, '무정부상태에서의 국제협력 (cooperation under anarchy)'은 죄수의 딜레마(prisoner's dilemma)에 봉착하게 된다. 이를 해결하기 위해서는 국가 간 합의된 의무이행의 신뢰 (credible commitment) 확보가 핵심적인 문제가 된다. 이러한 측면에서 제도화는 국제협력에서 핵심적인 국가 간 신뢰 문제를 해결하는 주요한 기제를 제공한다.

수준이 매우 높다고 할 수 있다.[5] WTO의 분쟁해결기구나 유럽 재판소(ECJ)가 제도화의 수준이 매우 높은 국제제도의 대표적인 예라고 할 수 있다.[6] 반대로 특정 국제제도가 구속성, 엄밀성, 위임성의 세 차원 모두 또는 일부에서 진전 정도가 매우 낮다면 제도화의 수준은 상대적으로 낮다고 할 수 있다.[7]

국제제도의 제도화 수준이 상이한 것은 대부분의 경우 참여하는 국가들의 의도적(deliberate) 협상전략의 결과라고 할 수 있다. 국제제도의 제도화에 대한 국가의 선호, 즉 국가의 법제화 전략(legalization strategy) 및 이에 따른 국제제도의 제도화 수준은 국가들의 축적된 경험, 선호의 편차, 이익손실의 계산, 힘의 분포, 정보 취득 등의 변수에 의해 주로 영향을 받는다(Abbott and Snidal[2000]).

공식적인 국제협약을 지향하는 경성법제화, 즉 국제제도의 공식적 제도화는 국제합의에서 발생하는 의무 이행의 신뢰성을 제고하고 국가 간 거래비용을 현저히 감소시키는 장점을 지니고 있다.[8] 예를 들어, 국가 간 합의사항 이행 여부의 감시와 해석을 제3의 독립적 국제기구에 위임하는 것은 특정 국가의 합의사항 이행을 자기편의적으로 해석하는 것을 방지함으로써 합의 이행의 집행능력을 강화할 수 있다. 또한, 합의사항 이행의 절차적 규정을 엄밀하게 규정하는 것은 법적 의무위반의 결과를 명확히 규정함으로써 사전에 의무위반의 유인(incentives)을 약화시키고 의무를 위반하는 경우 그 비용을 증가시키는 효과를 가진다. 국제조약과 같이 의무 이행의 국제법적 구속력이 있는 협약에 가입하게 되면 대부분의 경우는 시행법안의 마련 등 이행을 위한 국내적 차원의 법적 조치를 수반하게 된다. 이를 통해 해당 국가의 국제적 의무 이행의 신뢰성은 국내법 체계를 통해 보다 제고된다.[9]

또한, 경성법제화를 통한 제도화는 제도적 장치가 마련된 이후 국가 간 의무 이행의 거래비용(post-agreement transaction costs)을 감소시키는 효과를 가지고 있다. 국제사법재판소와 같은 국제기구에 국제적 합의의 해석과 적용을 위임함으로써 당사국 간 자의적 해석과 분쟁을 방지하여 의무 이행의 제도적 거래비

용을 줄일 수 있다.[10]

국제법적 구속력을 가지는 국제협약(treaties)은 국제적 합의의 가장 정교하고 정밀한 형태이다. 대부분의 공식적인(formal) 국제제도는 국제법적 구속력을 가지는 국제협약에 기초하고 있다. 그러나 국제적 합의가 경성법적 성격을 띠는 공식적 제도화가 될수록, 즉 법적 구속력, 절차적 엄밀성, 그리고 제3자 위임의 성격을 지닌 제도적 성격이 강해질수록 합의를 이끌어내기 위한 협상비용도 증가한다(Goldstein *et al.*[2000], p.398). 공식적 제도화는 국제적 합의의 형성 이후 그에 따른 의무 이행의 관리 및 집행의 비용을 낮추어 준다는 장점이 있으나, 높은 수준의 법적 구속력을 가진 국제적 합의를 이루어내기는 매우 어렵다. 국제협약이 구체적 효력을 가지기 위한 과정은 비공식적 합의에 비해 상대적으로 복잡하며 시간이 오래 걸린다. 합의 도출을 위한 협상이 종결된 후에도 합의가 실질적인 법적 효력을 가지기 위해서는 복잡한 국내적(정치적·법적) 비준과정을 거쳐야 한다.[11] 즉, 국제협약을 지향하는 공식적 제도화는 일반적으로 높은 '계약비용(contracting costs)'을 수반한다. 대부분의 국제적 합의를 이루어내기 위해서는 어느 정도의 협상비용(negotiation costs)이 수반되기 마련이지만, 구속적 의무를 수반하는 국제적 합의의 경우는 특히 협상비용이 매우 높다(Downs, Rocke, and Barsoom[1996]).[12]

경성법적 성격을 갖는 공식적 제도화와 달리 제도화 수준이 낮은 비공식적 제도화는 '계약비용(contracting costs)'이 상대적으로 낮다는 특징이 있다. 법적 구속력을 가진 경성법적 합의를 이끌어내기 어려운 경우 낮은 수준의 법제화, 즉 비공식적 제도화 전략이 선호되는 경우가 많다.[13]

연성법적 성격이 강한 비공식적 제도화는 주권상실비용(sovereignty costs)이 높은 경우 선호된다. 주권상실비용은 국제적 합의에 따라 원하지 않은 결과를 수용하게 되거나, 정책결정 권한을 상실하게 되거나, 국가주권 자체를 행사하지 못하게 되는 경우에 발생한다(Abbott and Snidal[2000]).[14] 법적 합의의 결과가 불명확하여 법적 구속성을 지닌 협정이

9) 무역이나 투자 분야와 같이 국가 간 협력의 이익은 높지만 동시에 약속위반의 가능성 또한 높은 경우, 국가들은 법적 구속력을 가진 협정을 체결하여 약속 위반의 비용을 증가시킴으로써 협력의 가능성을 높이려 한다. 반면, 군비통제와 같이 약속위반을 감시하기 어려운 경우, 국가들은 제3의 기구를 설립하여 감시기능을 수행케 하는 경우가 많다. EU나 NATO와 같이 국제적 합의 이행 의지와 진정성이 강한 국가들 간 '클럽'을 설립하는 경우, 강한 법적 구속력을 가진 조약의 체결을 통해 신뢰의 문제를 해결하는 경우가 많다.

10) 예를 들어, WTO의 무역분쟁해결제도는 무역분쟁이 발생할 경우, 이를 해결하기 위한 매우 엄격하고 세밀한 절차적 규정을 제시하고 있다. 이러한 세밀한 절차적 규정을 통해 특정 이슈에서의 무역분쟁이 당사국 간의 전면적인 경제마찰로 확대되는 것을 막는 데 유용한 기제를 제공해 준다.

11) 특히, 행정부에 대한 입법부의 견제기능이 상대적으로 강하게 나타나는 여소야대의 국내정치적 조건이나, 복수의 정당들이 연합하여 구성한 연립정부의 경우, 국제합의에 대한 국내 비준과정은 상대적으로 시간소모적인 경우가 많다. 특히 국내정치적 논란을 야기할 가능성이 높은 국제적 합의의 경우, 국내 비준과정은 매우 느려지고 상당한 국내정치적 대립을 촉발할 수도 있다. 상대적으로 논란의 여지가 적은 국제적 합의의 경우에도 국내적 절차의 문제로 비준과정이 지연될 수도 있다.

12) 예를 들어, 국제노동기구 (ILO)와 같은 높은 법적의 무를 수반하는 국제조약의 경우, 일단 비준을 하면 ILO가 규정하는 노동 관련 기준을 준수해야 하기 때문에 개도국들의 가입률이 매우 낮고, 가입을 위한 협상과정이 매우 길어지기 마련이다. 이에 따라 ILO는 최근 들어 개도국들의 ILO 가입을 강조하기보다는 법적 구속력이 없는 ILO 노동 관련 가이드라인이나 행동강령의 준수를 더욱 강조하고 있다(Abbott and Snidal[2000]).

13) 예를 들어, 예외조항(escape clause)을 마련하거나, 의무이행에 관한 절차와 규정을 모호하게 하거나, 엄격한 법적 위임보다는 '정치적 위임'을 통해 제도화에 수반되는 계약비용과 위험을 줄이는 경우가 많다(Lipson[1991]). 즉, 국제적 합의의 계약비용이 높은 경우 경성법적 접근법보다는 연성법적 접근법이 더 많이 선호되는 경향이 있다.

14) 국가안보와 관련된 국제합의의 경우 경성법제화로부터 발생하는 주권상실비용이 매우 높기 때문에 대부분의 안보 관련 국제합의는 그 법제화의 수준이 매우 낮다. 예를 들어, 가장 제도화된 동맹조직인 NATO의 경우에도 제도적 위임의 정도는 매우 낮다. 제도적 통합의 수준이 매우 높은 EU의 경우도 안보 영역에서의 제도화는 매우 낮다.

가져다줄 비용과 이익에 대한 확고한 판단이 어렵거나, 특정 국제 이슈에 대한 국내적 합의가 이루어지지 않는 경우에도 공식적 제도화보다는 연성법적 법제화를 통한 비공식적 제도화가 더욱 선호된다. 아울러 새로운 환경문제와 전염병의 확산과 같이 구체적 협력을 이루어내기에는 축적된 지식이 별로 없는 새로운 국제이슈의 경우 상호 정보교류, 공감대의 확산 및 학습(learning)을 위한 느슨한 형태의 포럼과 같은 연성법적 협의체를 구성하기도 한다. 또한, 다자협상에서 협상 당사국 간 입장차이가 매우 큰 경우에도 협상의 실패를 막기 위해 원칙적이고 선언적 의미를 지닌 합의문 수준에서 국제적 합의가 이루어지는 경우도 많다(Lipson[1991]).

국내법적으로 그리고 국내정치적으로 허용된다면, 대부분의 국가는 입법부의 간섭이나 동의를 받는 절차를 거치지 않는 비공식적 제도화를 선호한다. 또한, 비공식적 합의는 조약과 같은 공식적 협약보다 쉽게 재협상할 수 있고, 파기 내지 불이행 시 그 비용이 적다는 면에서 선호된다. 특히, 비공식적 합의의 유연성은 특정한 국제적 합의에서 발생하는 미래의 이득이 명확하지 않을 때 매우 유용하다.[15] 따라서 장기적이고 경직된 합의보다는 일정한 시한을 설정하여 미래의 불확실성에서 오는 위험을 차단하는 단기적인 합의가 선호된다.

이상의 국제협력의 법제화에 대한 이론적 논의를 통해서 다음과 같은 시사점을 도출할 수 있다. 첫째, 지역협력의 제도화는 경성법적 성격을 띠는 공식적 제도화(formal institutionalization)와 연성법적 성격을 띠는 비공식적 제도화(informal institutionalization)의 두 가지 경로가 있다. 국제협력의 제도화 경로는 국가행위자들이 국가이익을 극대화하고자 의도적으로 선택한 결과이며, 이러한 선택은 축적된 경험, 선호의 편차, 이익손실의 계산, 정보 취득 등의 변수에 영향을 받는다.

둘째, 의무의 구속성, 절차의 엄밀성 및 의무위반에 대한 감시 및 감독의 위임성이 상대적으로 높은 공식적 제도화는 협력의 거래비용을 감소시키고, 의무위반의 비용을 증가시킴으로써 국가 간 협력을 촉진하는 장점을 가지고 있다. 하지만 공식적 제도화는 참여 국가의 정책적 자율성을 상당히 제약함으로써 높은 '계약비용'을 수반한다. 지역협력의 제도화 수준을 강화하기 위해서는 공식적 제도화 전략이 바람직하지만, 협력의 불확실성이 높거나 주권상실비용이 높은 경우 공식적 제도화 전략의 현실적 적용 가능성은 낮아진다.

셋째, 의무의 구속성, 절차의 엄밀성 및 의무위반에 대한 감시 및 감독의 위임성이 상대적으로 낮은 비공식적 제도화는 협력을 이루기 위한 계약비용이 상대적으로 낮다는 장점이 있으나, 협력의 수준을 제고할 수 있는 기제를 결여하고 있다. 즉, 비공식적 제도화는 상대적으로 낮은 정치적·경제적 비용을 통해 국제적 합의나 협력을 가능케 하지만, 협력의 수준을 더욱 강화하고 제도화하도록 강제할 수 있는 제도적 기제는 결여하고 있다. 따라서 지역협력의 제도화 수준을 강화하기 위해서는 비공식적 제도화에서 공식적 제도화로 전환하는 것이 필요하나, 이는 후술하는 바와 같이 주어진 협력이슈의 성격에 따라 전환 가능 여부가 달라진다.

제2절 동아시아 지역협력체의 제도화 현황 분석

1. 동아시아 지역협력체의 제도화 특징[16]

동아시아는 유럽에 비해 제도적 발전의 폭과 깊이가 상대적으로 약하다는 것이 일반적인 평가이지만, 역내 지역협력체의 밀도는 결코 낮지 않다(ADB[2010]). 최근 아시아개발은행의 연구 결과에 의하면, 아시아·태평양 지역에는 포괄범위와 구조가 다양한 약 40개의 지역협력체가 존재한다.[17] 아태지역에 있는 지역협력체의 주요 특징을 살펴보면 다음과 같다(ADB [2011]).

첫째, [그림 4-1]에서 나타나듯이 대부분 지역협력체의 제도화 수준은 높지 않지만, 협력체의 지역적 배열구조는 매우

15) 특히, 경제 분야에서 시장 상황의 변동 및 환율변동과 같은 경제적 조건의 변화로 인해 경제적 합의로부터 발생하는 미래의 득실 판단이 불명확할 경우, 법적 구속력이 있는 협약보다는 언제든지 폐기할 수 있는 비공식 합의가 더 선호된다.

16) 제2절 1의 동아시아 지역협력체의 제도화 특징은 필자의 논문, 「동아시아 다자협력과 한중일 3국협력: 평가와 추진방향」, 『2011년 정책연구과제 2』, 외교안보연구원, 2012. 2. pp.91~95의 내용을 전재한 것임을 밝혀둔다.

17) 동아시아 지역협력체의 역사적 변천 및 최근의 현황에 대한 국내 연구로는 제주평화연구원(2011)을 참조.

중층적이고, 중복적이며 지역적 분포 밀도는 매우 높다고 할
수 있다. 제도적인 '스파게티 보울(spaghetti bowl)' 또는 '누
들 보울(noodle bowl)'이라고 불릴 정도로 다양한 기능, 지역
적 범위, 정치적 수준(정상급, 장관급 또는 실무자급)의 협의
체들이 복잡하게 얽혀 있다.

이와 같이 동아시아 지역의 협력체들이 전반적으로 제도화
의 수준이 낮고 중층적으로 존재하는 것은 아시아에서 지역
협의체의 발생 경로가 유럽과는 달리 그랜드 디자인에 의해
서가 아니라, 그때그때의 특정한 요구에 대한 대응 차원에서
아래로부터(bottom-up)의 과정을 통해서 만들어진 것이 다
수이기 때문이다.

[그림 4-1] 아태지역의 지역협의체 현황

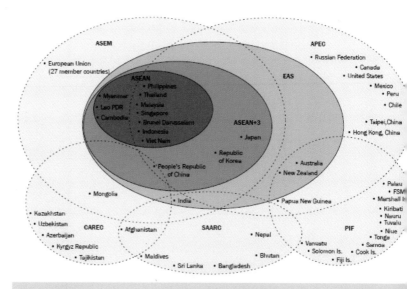

APEC = Asia-Pacific Economic Cooperation; ASEAN = Association of Southeast Asean Nations; ASEAN+3 = ASEAN plus three countries, as shown; ASEM = Asia-Europe Meeting; CAREC = Central Asia Regional Economic Cooperation; EAS = East Asia Summit; FSM = Federated States of Micronesia; Lao PDR = Lao People's Democratic Republic; PIF = Pacific Islands Forum; SAARC = South Asian Association for Regional Cooperation.
Notes:
ASEM includes also the European Commission as a member.
For CAREC, the People's Republic of China's membership is focused on the Xinjiang Uygur Autonomous Region.

자료: Asian Development Bank, *Institutions for Regional Integration: Towards an Asian Economic Commur*
Manila: Asian Development Bank, 2010, p.10.

둘째, 역내 지역협력체의 배열구조를 분석해 보면 아세안이 그 중심에 서 있다. 동아시아 지역협력의 제도적 배열구조가 아세안을 중심으로 형성되어 있는 것은 아세안이 최소한 동아시아 지역에서 지역협력의 구심점 역할을 하였기 때문이다. 동아시아 지역에서 상대적으로 약소국인 아세안이 지역협력의 구심점이 된 것은 냉전시기 미국의 양자동맹 중심 전략(hub-and-spoke strategy), 중국이나 일본과 같은 역내 강대국 간 역내 지역협력의 주도권을 둘러싼 경쟁, 유럽과 달리 민족주의적 갈등과 긴장이 여전히 상존하고 있다는 점 등에 기인한다고 볼 수 있다(Hemmer and Katzenstein[2002]).

〈표 4-1〉 동아시아 주요 다자협의체의 제도적 특징*

		형태	수준	목적/작동방식	규칙	의사결정	위임	사무국	분쟁해결절차
지역 간 제도	ASEM	협력 기본틀	정상급	정치적 자문	비구속적	합의제	최소	제한적	부재
	APEC	선언	정상급, 장관급	정치적 자문	비구속적	합의제	최소	제한적	부재
	ARF	선언	정상급, 실무자급	정책제언	비구속적	합의제	미약	존재	부재
	SCO	헌장	정상급, 실무자급	정치적 자문	비구속적	합의제	최소	제한적	부재
지역 내 제도	ASEAN+3	선언	정상급, 장관급, 실무자급	정치적 자문 프로세스 지향	비구속적	유연한 합의제	최소	제한적	부재
	EAS	선언	정상급	정치적 자문	비구속적	합의제	최소	제한적	부재
소 지 역 제 도	서 남 아 SAARC	헌장	정상급, 장관급, 실무자급	정치적 자문	비구속적	합의제	최소	제한적	존재 (남아시아 FTA 内)
	SASEC	프로 그램	정상급, 실무자급	정책적 자문	비구속적	다수결제, 합의제	최소	존재	부재
	동 남 아 ASEAN	헌장	정상급, 장관급, 실무자급	정치적 자문, 제도적 능력 제고 개발 중	구속적 (AEC 청사진)	유연한 합의제	최소	존재	존재
	동 북 아 TS	선언	정상급, 장관급, 실무자급	정치적 자문, 제도적 개발 능력 잠재적	비구속적	합의제	최소	존재	부재

주: * 원래의 표를 부분 수정하여 인용함.
　　ASEM: Asia-Europe Meeting; APEC: Asia-Pacific Economic Cooperation; ARF: ASEAN Regional Forum; SCO: Shanghai Cooperation Organization; EAS: East Asian Summit; SAARC: South Asian Association for Regional Cooperation; SASEC: South Asia Subregional Economic Cooperation; TS: Trilateral Summit(한·중·일 3국 정상회의).
자료: Asian Development Bank, *Institutions for Regional Integration: Towards an Asian Economic Community*, Manila: Asian Development Bank, 2010, pp.117~120, Table 4.1, 4.2.

아세안의 지역협력방식은 '아세안 방식(ASEAN Way)'으로 불리는 주권존중, 합의제, 비공식적 제도화 등의 특징을 보여주고 있다. 이에 따라 아세안이 중심이 되어 발전한 아세안지역안보포럼(ASEAN Regional Forum: ARF), ASEAN+3, 동아시아 정상회의 등은 아세안 중심 지역협력의 파생물이라 할 수 있다. 이러한 이유로 이들 역내 포괄적 협의체는 '아세안 방식'의 제도적 성격에 기초해 있고, 그 결과 의사결정방식도 구속적이기보다는 느슨한 비공식적 합의제의 성격을 띠는 경향이 강하다.

〈표 4-1〉에서 보는 바와 같이 동아시아 지역협력체의 제도적 구조(institutional architecture)의 특징은 복합적이면서 동시에 낮은 수준의 제도화라고 할 수 있다. 동아시아 역내 지역협력체들은 독자적인 제3의 지역기구에 정책결정권을 위임하는 초국가적(supranational) 성격보다는 정부 간(intergovernmental) 협의체적 성격을 띠고 있다. 또한, 기능, 성격 및 지역적 범위에서 중층적이고 때로는 중복적 협의체들이 다수 존재하면서 제도적 밀도가 상대적으로 높다. 대부분의 역내 협력체들은 또한 기능에 있어서 유연하고, 비공식적 제도를 바탕으로 하고 있고, 의사결정방식도 명확한 규칙보다는 참여국들 간 느슨한 합의제에 기초하고 있는 경우가 많다.

이러한 이유로 동아시아 지역협력체들은 그 자체로 지역통합의 기제로 작용하는 측면보다는 향후의 심화된 지역 협력 및 통합의 기초를 다지기 위한 상호신뢰 구축기제로서의 역할을 하는 측면이 매우 강하다.

셋째, 최근 미국과 러시아가 동아시아 정상회의에 가입함으로써 동아시아 정상회의는 지역적 범위에서 그 명칭과 달리 동아시아를 넘어서 아태지역의 주요국이 모두 참여하는 다자협의체로 확대되었다. 이를 구체적으로 살펴보면 1997년 ASEAN+3의 태동, 2005년 기존의 ASEAN+3 국가들에 더하여 인도, 호주, 뉴질랜드의 가입을 계기로 동아시아 정상회의의 발족으로 ASEAN+6로의 확대, 그리고 2011년 기존의

ASEAN+6에 미국과 러시아가 참여함으로써 동아시아 정상회의가 ASEAN+8로 다시 확대되고 있다. 즉, 동아시아 지역협력의 범위가 아세안을 중심으로 'ASEAN 더하기 α'로 확대되는 양상을 보여주고 있다. 이는 동아시아 지역협력 구도가 주요 강대국들의 참여 확대로 인해 점점 더 복잡해지고 있음을 보여준다.

넷째, 후술하는 바와 같이 ASEAN+3을 계기로 발전하기 시작한 한·중·일 3국의 독자적인 정상회의 정례화 및 한·중·일 3국 간 협력의 제도적 발전은 ASEAN+3 중심의 지역협력 범위를 벗어나 점차 독자적인 형태로 진행되는 양상을 보여주고 있다.

동아시아 지역협력체는 다루는 이슈의 범위에 따라서 포괄적 협력체, 기능적 협력체, 그리고 촉진적 협력체의 세 가지로 나누어 볼 수 있다.

첫째, 아시아·태평양 경제협력체(Asia Pacific Economic Cooperation: APEC), ASEAN+3, 동아시아 정상회의, 아시아·유럽 정상회의(Asia-Europe Meeting: ASEM)와 같은 포괄적 협력체는 매우 다양한 이슈를 다루는 엄브렐라 협의체로서 지역경제통합, 지역단일시장, 지역공동체 또는 지역 간 협력체의 창설이라는 비전을 토대로 형성되었다. 이들 포괄적 협력체는 정상급 회의와 분야별 장관급 회의를 정기적으로 개최하면서, 지역통합을 위한 토대를 제공하는 정치적·선언적 기본 협력틀(framework)로서의 기능을 수행한다는 특징이 있다.

또한, 이들 포괄적 협력체는 다수결제와 같은 공식적이고 명확히 규정된 의사결정방식보다는 합의제에 따라 정책결정을 내리는 정부 간 협의체의 성격을 가지고 있다. 포괄적 협의체의 주요 임무와 작동방식은 회원국의 행동에 대해 국제법적인 구속을 가하는 규제적 기구의 성격을 띠기보다는 국제법적 효력을 가지지 않으면서 회원국 간 협력방향을 제시하는 정치적 자문기구에 가깝다. 이들 포괄적 협력체에는 분쟁해결절차가 존재하지 않으며, 대개는 정상회의를 위한 연락사무소(liaison)의 역할을 하는 간소한 조직의 사무국이 있다(ADB[2010]).

둘째, 기능적 협력체는 상대적으로 협소하고 때로는 기술적인 분야에서의 협력을 도모하기 위해 형성되는 경향이 많다. 기능적 협력체는 동아시아 역내 안보 현안을 주로 논의하는 아세안지역포럼(ASEAN Regional Forum: ARF)과 같이 특정 분야에서의 협력 및 정책조율을 위한 경우가 많으며, 대개는 특정 문제에 관심을 가진 국가들이 주로 참여한다. 기능적 협력체는 일반적인 지역협력체와 같이 특정 지역에서의 '지역공동체' 실현이라는 비전보다는 안보, 금융, 통상 등 특정 분야에서의 문제 해결 또는 상호이익 실현을 위한 신뢰구축 및 협력방안을 모색하기 위해 형성되는 경우가 많다.

셋째, 촉진적 협력체는 정책적, 행정적, 기술적, 그리고 재정적 지원을 제공함으로써 지역 협력 및 통합을 촉진하기 위해 형성되는 경우가 많다. 이러한 측면에서 촉진적 협력체는 지역협력과 통합을 위한 '서비스 제공자'의 역할을 한다. 아시아 · 태평양 경제사회위원회(Economic and Social Commission for Asia and Pacific: ESCAP)나 아시아개발은행(Asia Development Bank: ADB)과 같은 기구가 대표적인 촉진적 협력체라 할 수 있는데, 이들 기구는 주로 지역협력을 위한 공공재(public goods)를 제공하는 역할을 한다.

2. 주요 동아시아 지역협력체의 특징 분석

다음에서는 한 · 중 · 일 3국 협력, 동남아국가연합(ASEAN), ASEAN+3 협력체, 동아시아 정상회의(EAS), 그리고 아시아 · 태평양 경제협력체(APEC) 등 5개 지역협력체의 제도적 특징을 보다 구체적으로 살펴보고자 한다. 본 항에서 상기 5개의 지역협력체를 선택한 주요 이유는, 이들 지역협력체가 복합적이고 중층적으로 존재하는 동아시아 지역협력체들 중에서 본 연구가 중점을 두고 있는 지역협력의 제도적 디자인의 변이(variation)를 검토하기 위한 제도적 다양성을 보여주고 있기 때문이다. 앞서 지적한 바와 같이 동남아국가연합은 동아시아 지역협력의 중심에 위치하고 있으며, 최근 공식적 제도화가 활발하게 진전되고 있다. ASEAN+3 협력과 동아시아 정상회의는 아세안이 주축이 된 지역협력체로서 동아시아 지역 전체를 포괄하는 협력체로서의 의미가 있으며, 한·중·일 3국 협력은 ASEAN+3 정상회의를 계기로 형성된 동북아 3국 간 협력체로서 한국이 주도적으로 참여하고 있으며, 최근 10년 동안 괄목할 만한 성장을 해왔다. 마지막으로 아시아·태평양 경제협력체(APEC)는 지역적으로는 아태지역을 포괄하고, 미국이 주도하여 형성된 주요한 지역협력체라는 의의가 있다. 이들 5개 지역협력체의 제도적 특징과 현황을 살펴봄으로써 향후 동아시아 지역협력의 제도화 추진전략에 대한 시사점을 얻고자 한다.

∴ 한·중·일 3국 협력(Trilateral Cooperation)

1999년 ASEAN+3 정상회의 조찬모임을 계기로 시작된 한·중·일 3국 협력은 2012년 5월 현재 정상회의, 장관급 회의, 고위 실무자급 회의, 국장급 회의 및 실무자급 회의를 포함하여 모두 58개의 정부 간 협의체로 확대·발전되었고, 2011년 9월 서울에서 한·중·일 3국 협력사무국(Trilateral Cooperation Secretariat: TCS)이 정식으로 출범하였다(외교통상부[2012]).

3국 정부 간 협의체가 포괄하는 협력 분야도 북한 핵문제를 포함하여 지역 및 국제 정세 등을 논의하는 정무 분야, FTA를 포함하여 무역·투자·산업, 금융 및 거시경제, 그리고 농업·어업·임업 분야의 협력의제를 논의하는 경제 분야, 에너지 및 환경 분야, 관광·문화·교육·운송 등 사회문화교류 분야 그리고 과학기술·통신·보건·재난 분야 등 다양한 협력 분야로 확대되어 왔다.[18]

한·중·일 3국 협력에서 중요한 것은 정상회의를 중심으로 한 외교장관회의 등 정치외교 분야의 정부 간 협의체의 역할이다. 특히, 외교장관회의는 새로운 협력사업의 발굴, 기

18) 한·중·일 3국 협력의 전개과정에 대한 상세한 분석은 최원기(2011) 참조.

추진사업의 점검 및 이행보고서 작성 등을 주로 담당하고 있다. 특히, 3국 외교장관을 수석대표로 하는 한·중·일 3자 위원회는 3국 간 공동선언상의 협력활동을 연구·계획·조정·감시하는 역할을 함으로써 3국 정상 간 합의사항의 이행 현황을 점검하고, 3국 정상회의에 보고하는 역할을 함으로써 실질적으로 3국 정부 간 협력의 실무 '컨트롤타워' 역할을 수행하며 한·중·일 3국 협력의 구심체 역할을 해왔다.

한·중·일 3국 협력은 정상회의를 통한 정치적 동력의 제공이라는 탑다운(top-down) 방식으로 발전해 왔다고 할 수 있다. 한·중·일 3국 협력은 3국 간 정상회의를 통해 협력의 지를 확인하고, 협력의 정치적 비용이 상대적으로 낮은 분야에서 협력의제를 발굴하여, 이를 각 분야별 정부 간 협의체 구성을 통해 추진하는 방식으로 진행되어 왔다(최원기[2011]).

지난 10년간 진행되어 온 한·중·일 3국 협력의 제도화 과정의 특징은 비공식적 제도화로 규정할 수 있다. 이는 3국 협력의 장애요인으로 작용할 수 있는 정치적 비용을 최소화하면서 협력의 범위를 확대하고자 하는 3국의 전략적 선택 결과라고 할 수 있다. 한·중·일 3국 협력은 각국의 정책주권과 상호 이해관계를 최대한 침해하지 않는 범위에서 협력사업을 발굴하고 추진함으로써 여전히 정부 간 '계약'이 아닌 '합의' 수준에 머물러 있다. 또한, 3국 간 다양한 수준과 분야별로 설치된 정부 간 상설협의체는 연 1회 정기적으로 개최되는 회의체에 불과하고 각 분야별로 협력을 강화하기 위한 상설기구 및 제도적 장치들은 미비하다. 2011년 9월 서울에 한·중·일 3국 협력사무국이 출범하여 3국 협력의 제도화의 본격적인 기틀이 마련되었으나, 아직은 그 역량이 매우 미약하다. 아울러 3국 협력은 상대적으로 정치적 비용이 낮고 경제적 효과가 높은 분야를 중심으로 각국의 주권적 자율성을 침해하지 않는 기능적 협력 위주의 사업을 추진해 왔다(최원기[2011]).

각 분야별 한·중·일 3국 협력의 제도화 수준은 상이하다. 상대적으로 협력의 정치적 비용이 낮고 경제적 효과가 큰 분야는 정부 간 협의체가 확대 발전된 반면, 정치적 비용이 높은 외교안보 분야나 경제적 비용이 높은 에너지·환경 분야의 정부 간 협력의 제도화 수준은 상대적으로 매우 낮다고 할 수 있다.

3국 간 협력활동이 가장 활발한 무역·투자·산업 분야 등 경제협력 분야는 가장 먼저 협력이 시작된 분야이면서 가장 다양한 협력사업들이 진행되고 있는데, 이는 협력사업의 정치·경제적 비용은 상대적으로 낮고 효용은 매우 높기 때문인 것으로 평가된다. 환경 분야 또한 3국 정부 간 협력이 매우 활발하지만 협력사업은 정보교환, 황사 모니터링 공조 등 초보적인 수준에 머물러 있다. 그 주된 이유는 환경 분야에서 3국 협력의 필요성은 매우 높으나, 제도적 협력의 비용 또한 매우 높기 때문이다. 3국 협력의 진전이 가장 뒤진 분야는 외교안보 분야와 에너지 분야라 할 수 있다. 외교안보 분야는 3국 간 다양한 갈등요인으로 인해 협력의 정치적 비용이 높기 때문에, 단순한 의견교환이나 입장 확인 등 초보적인 협력수준에 머물러 있다. 에너지 분야는 3국이 모두 주요 에너지 소비국이라는 점에서 협력의 필요성이 높지만, 3국 모두 에너지자원 확보를 위한 경쟁관계에 있기 때문에 실질적인 협력을 이끌어내기는 매우 어려운 것이 현실이다(최원기[2011]).

2011년 9월 서울에 설치된 한·중·일 3국 협력사무국(TCS)은 한·중·일 3국 협력의 제도화를 위한 물리적 토대로서 중요한 의미가 있다. 3국 협력사무국은 3국 간 사무국 설립협정에 근거하여 설립되었기 때문에 법적으로는 국제기구적 성격을 띠고 있다. 3국 협력사무국의 의사결정방식은 사무총장 및 사무차장 2인(중국 및 일본) 등 총 3인의 합의제로 운영되고 있다. 3국 협력사무국 설립협정은 3국 협력사무국의 기능을 3국 정부 간 다양한 협의체 운영지원, 기존 협력사업의 활성화 및 새로운 협력사업 발굴, 3국 협력의 이해 증진을 위한 활동, 그리고 3국 협력에 관한 연구수행 및 자료 데이터베이스 구축 등으로 규정하고 있다(한중일 3국 협력사무국[2012]).

19) 필자 인터뷰, 마츠가와 루
이 3국 협력사무국의 일본
측 사무차장, 2012. 9. 25.

3국 협력사무국은 설립협정에 근거하여 독립적인 법적 지위를 가지고 있으며, 3국 협력에 대한 매우 광범위하고 포괄적인 역할을 위임받고 있어서 3국 정부로부터 상대적으로 독립된 입장에서 독자적으로 사업을 전개하고 있다.[19] 3국 협력사무국은 3국 정상회담 및 외무장관회담에 사무총장이 옵서버(observer)의 자격으로 참여하고 있으며, 3국 협력의 진전에 관해 독자적인 보고서를 작성하고 있다. 3국 협력사무국은 그 활동과 사업에 있어서 독립기관으로서 자리매김하려고 노력하고 있으며, 3국 협력사무국의 제도적 기억(institutional memory)을 체계화하는 기능을 하고 있다. 이러한 점에서 3국 협력사무국은 회원국 중심의 협력사업을 전개했던 초기의 아세안 사무국에 비해 상대적 자율성이 높다고 할 수 있다.[20]

20) 필자 인터뷰.

3국 협력사무국의 지도부(사무국장 및 사무차장)는 설립협정에 따라 정치외교 이슈와 같이 3국의 이해관계가 첨예하게 부딪히는 고위정치(high politics)에 관한 업무보다는, 구체적이고 기능적인 협력사업에 대한 기술적 서비스를 제공하는 것을 주 업무로 인식하고 있다. 이러한 이유로 3국 협력사무국의 지도부는 3국 간 영토 및 역사 문제로 인해 외교관계가 냉각된다 하더라도 3국 협력사무국의 업무와 활동은 3국 외교관계의 악화로부터 크게 제약받지 않아야 한다는 인식을 가지고 있다. 즉, 3국 협력사무국은 초기의 설립논의에서부터 3국 간 정치외교적인 갈등과 문제로부터 일정한 거리를 두고 3국 협력의 모멘텀을 유지하고 이어나가는 것을 핵심 임무로 부여받았기 때문에 일종의 3국 협력의 피난처(sanctuary) 역할을 해야 한다는 것이다.[21] 이러한 점에서 3국 협력사무국은 3국 간 정치외교적 갈등요인들이 3국 협력에 미치는 부정적 영향을 최소화하고 협력의 모멘텀을 유지/확대하는 중요한 제도적 기제로서 역할을 할 가능성을 가지고 있다.

21) 필자 인터뷰.

하지만 3국 협력사무국은 아직 설립 초기로 여러 가지 제도적 약점들을 지니고 있다. 첫째, 3국 협력사무국의 역할과 기능이 아직은 매우 모호하게 규정되어 있다. 즉, 3국 협력사무국의 가장 큰 문제는 설립된 지 1년밖에 되지 않아서 그 활동범위와 역할 및 임무가 정확히 설정되어 있지 않다는 점이다. 역할과 기능에 대한 명확한 규정이 미비하고, 또한 설립협정으로부터 위임된 임무가 매우 포괄적으로 규정되어 있기 때문에, 현재 3국 협력사무국은 3국 협력의 촉진자로서 기능하기 위한 적절한 제도적 역할을 찾고 있는 단계라고 할 수 있다.

둘째, 3국 협력사무국과 3국 내 관련 부처와의 유기적 협력체제 구축이 아직은 미비하다. 3국 협력사무국은 3국 외교부 주도로 설립되었고, 업무연락도 외교부를 주된 대상으로 하고 있어서 3국의 다른 부처들은 3국 협력사무국의 역할과 임무에 대한 이해가 매우 낮고 인식이 부족한 상황이다. 따라서 3국 간 다양한 협력사업 추진에 있어서 3국의 다른 부처들과의 업무협의가 그다지 원활하게 진행되고 있지 못하며, 다른 부처와의 적극적인 협력이 어려운 상황이다.

셋째, 3국 협력사무국의 예산과 인력 확충이 시급하다. 현재 3국 협력사무국은 총 20명의 직원이 있으며, 그중 7명이 3국 외교부로부터 파견된 직원이고, 13명은 서울 현지에서 고용된 상시직원으로 이루어져 있다. 한국의 국내법에 따라 3국 협력사무국의 직원에 대한 고용이 이루어지고 있고, 법적으로 상시직원은 55세까지 근무할 수 있으나, 현재로서는 내부승진에 대한 보장이 없어서 유능한 전문인력 확보에 장애요인으로 작용하고 있다. 3국 협력사무국 내부 전문인력의 승진과 인센티브 제도를 구축하여 유능한 전문인력을 확충할 필요가 있다. 또한, 3국 협력사무국의 재정이 매우 제한적이어서 사업역량 강화에 중요한 제약요인으로 작용하고 있다. 3국 협력사무국의 재정은 3국이 각각 갹출하는 기여금으로 운영되고 있는데, 기여금의 절반 정도는 3국 협력사무국 운영에 필요한 비용(사무실 운영 및 인건비)으로 사용되고, 전체 예산의 절반 정도를 3국 협력사무국의 활동 및 사업비로 사용하고 있는 실정이다. 사무국의 예산이 충분하지 않아서 아직은 다양한 사업을 하기에는 역부족이며 향후 적정한 예산 확보를 통한 사업영역의 확대가 필요한 실정이다.

∴ 동남아국가연합(ASEAN)

인도네시아, 말레이시아, 필리핀, 싱가포르, 태국 등 동남아 5개국을 창립회원국으로 하여 1967년에 설립된 동남아국가연합(ASEAN, 이하 아세안)은 아시아 국가들로만 구성된 최초의 아시아 지역 내 지역협력기구이며, 개도국의 지역협력기구로서는 가장 성공적이라 할 수 있다. 아세안의 제도적 특성을 규정하는 가장 중요한 원칙은 주권존중, 합의제, 내정불간섭 등의 원칙에 기초한 비공식적인 제도화를 지향하는 '아세안 방식(ASEAN Way)'이었다. 하지만 아세안은 최근, 아직은 잠정적이고 불완전하기는 하지만, 보다 규칙에 근거한 공식적 제도화의 노력을 보이고 있다. 또한, 아세안 경제공동체(ASEAN Economic Community), 아세안 정치안보공동체(ASEAN Political-Security Community) 및 아세안 사회문화 공동체(ASEAN Socio-Cultural Community) 등 세 가지 축을 중심으로 2020년까지 아세안 공동체(ASEAN Community)의 출범을 목표로 보다 공식적이고 제도화된 지역통합을 추구하고 있다. 2005년에 논의가 시작되어 2008년에 발효된 아세안 헌장(ASEAN Charter)은 매년 2회의 정상회의를 정례화하였고, 아세안 인권기구의 설립, 분쟁해결절차의 마련, 아세안 상주 대표부 체제의 확립 및 아세안 사무국에 법인격을 부여하는 등 그동안의 비공식적 제도화를 넘어서서 공식적 제도화를 위한 노력을 강화하고 있다. 이에 따라 아세안은 회원국의 아세안 차원의 합의 및 결정 사항 이행에 대해 보다 강력한 국제법적 구속력을 부여하고 있다. 이러한 변화로 인해 아세안은 정치적 대화에 기초한 비공식적 기구에서 구속적 의무를 수반하는 국제법적 성격을 띠는 기구로 점차 진화하고 있다.

아세안의 제도적 기초를 이루고 있는 것은 1971년의 동남아 평화자유중립지대 선언(Declaration on Southeast Asia as a Zone of Peace, Freedom, and Neutrality: ZOPFAN) 및 이

를 바탕으로 한 아세안 우호협력조약(Treaty of Amity and Cooperation: TAC)으로 아세안 회원국 간 관계를 규정하는 규범과 원칙 및 역외 국가와의 관계를 규정하고 있다.

1976년 아세안 외무장관회의를 통해 자카르타에 세워진 아세안 사무국은 회원국들의 아세안 협력에 관한 아무런 제도적 권한도 위임받지 않음으로써 처음에는 매우 제한되었으나, 이후 점차적으로 상설인원의 확대 및 업무범위가 늘어남에 따라 이전보다는 사무국의 권한도 확대되었다. 하지만 아세안의 주요한 결정들은 정상회의와 각 분야의 고위급 회담에서 결정되기 때문에 사무국은 주요 사안에 대한 실질적 결정권한을 보유하지는 못하고 있다.

아세안의 분쟁해결방식은 매우 비공식적인 방식으로 규정되어 있다. 아세안 설립의 기초가 되었던 1967년의 방콕선언(Bangkok Declaration)은 분쟁해결을 위한 제도적 장치에 대한 언급은 없지만, 1971년의 동남아 평화자유중립지대 선언(ZOPFAN)에서는 분쟁해결에 관한 내용이 최초로 등장하였고, 1976년 아세안 정상회의에서 도출된 아세안 화합 선언(Declaration of ASEAN Concord)에서는 회원국들이 지역 내 분쟁 및 갈등을 반드시 평화적 절차를 통해서 해결하는 데 합의한다고 명시하였다. 1976년의 아세안 우호협력조약(TAC)은 회원국 간 내부 문제를 각료급으로 구성된 고위급 협의회를 통해 해결한다는 조항을 규정하였다. 2001년에 아세안은 회원국과 분쟁의 소지가 있는 비회원국도 아세안 우호협력조약(TAC)에 참여하면 고위급 협의회에 참여할 수 있는 새로운 절차를 도입한 바 있다. 이에 따라 중국은 2003년, 프랑스는 2007년, 그리고 미국은 2009년에 아세안 우호협력조약을 비준하였다. 중국과 동남아 국가 간 해양영토 분쟁에 관한 남지나해에 대한 아세안 선언(1992년)과 남지나해 당사국 행동에 관한 아세안 선언(2002년) 또한 평화적 방법과 상호 자제에 의한 분쟁해결을 강조하고 있다.

하지만 아세안 회원국들은 아세안의 제도적 절차로 명시된 분쟁해결절차에 의거하여 문제를 해결한 적은 없다. 그 대신 세계무역기구(WTO)나 국제사법재판소(ICJ)와 같은 국제기구의 분쟁해결절차를 활용하고자 하는 모습을 보여 왔다. 예를 들어, 아세안 국가들은 인도네시아와 말레이시아 간 시파단 및 리기탄(Sipadan and Ligitan) 지역에 관한 영토분쟁(2002년), 그리고 말레이시아와 싱가포르 간 풀라우 바투 푸테(Pulau Batu Puteh) 지역에 관한 영토분쟁(2008년)에 대해 국제사법재판소의 중재를 요청한 바 있다. 2004년 도입된 분쟁해결제도에 관한 아세안 규약(ASEAN Protocol on Enhanced Dispute Settlement)과 2007년 공포된 아세안 헌장이 경제 분야의 분쟁해결을 위한 제도적 근거를 제공하고 있는데, 특히 아세안 헌장은 분쟁해결을 위한 포괄적 프레임을 제시하고 있다. 아세안 헌장은 분쟁해결에 관한 아세안 우호협력조약 규정을 보다 강화하여 분쟁이 발생할 경우 아세안 의장국 또는 사무국장에 분쟁 당사국 간의 타협을 위한 중재권한을 부여하고 있다. 이러한 절차를 통해서 해결되지 않은 분쟁이나 분쟁중재 결과에 대해 당사국이 수용하지 않을 때는 아세안 정상회의에서 논의하여 해결하도록 하고 있다.

아세안 협력사업은 주로 경제 분야에 집중되어 왔지만, 아세안 차원의 경제협력은 아세안 국가 간 경제통합에는 거의 영향을 미치지 못할 정도로 미미한 수준을 벗어나지 못했다. 오히려 아세안 국가 간 경제통합은 역외 선진국으로부터의 FDI 유입과 무역자유화정책에 의해 추동되었다. 아세안의 협력은 캄보디아 분쟁의 해결 등 정치안보 분야에서 훨씬 성공적 성과를 내왔는데, 특히 아세안지역포럼(ASEAN Regional Forum: ARF)에 주요 역외국들의 참여를 유도함으로써 역내 안보이슈에 대한 논의를 활성화하는 데 기여해 왔다(Severino[2009]).

2007년 11월에 도입되어 2008년 12월에 효력을 발휘한 아세안 헌장은 아세안의 제도화에 특히 중요한 의미를 가지고 있다. 왜냐하면 아세안 헌장은 아세안 사무국에 법인격을 부여하고, 회원국에 대해서는 법적 구속력을 갖는 의무조항들을 도입함으로써 아세안을 명시적 규칙에 근거한 국제법적 조직으로 변모시키고 있기 때문이다. 아세안 헌장은 2015년까지 단일한 시장통합을 위한 아세안 경제공동체를 실현시킨다는 목표 아래 회원국의 아세안 차원의 합의 및 결정 사항에 대한 준수 여부를 모니터하는 새로운 제도를 도입하였다. 이에 따라 아세안 사무국은 요청이 있을 시 분쟁 당사국 간 중재 및 분쟁해결 결과에 대한 회원국의 수용 여부를 감시하고, 이를 아세안 정상회의에 보고하는 권한을 부여받게 되었다. 또한, 이와는 별도로 아세안 회원국의 경제장관들에게는 시장통합을 위한 국내적 조치를 독려하고 경제 분야의 합의와 결정 사항에 대한 준수 여부를 지속적으로 기록하는 평가표(scorecard)의 작성권한을 부여함으로써 아세안 회원국에 대한 상호 감시 및 압력(peer pressure) 체제를 강화하였다.

또한, 아세안 헌장에 따라 각 회원국 정부와 합의 및 결정 사항 이행을 조율하고 동시에 사무국과 관련 기구들의 업무를 지휘하고 보조하는 역할을 하는 상주대표위원회(Committee of Permanent Representatives)를 새롭게 구성하도록 하였다. 아울러 아세안 헌장은 아세안 차원의 의사결정절차도 더욱 명확히 하였는데, 하위급 수준에서 합의제 방식에 따라 해결되지 못한 분쟁 이슈들에 대한 최종적인 권한과 책임을 아세안 정상회의에서 투표방식을 포함하여 최종적으로 처리하도록 명시하였다. 아세안 상주대표위원회가 구성·운영되면 아세안 사무국의 일상적인 업무와 의사결정절차는 보다 신속하게 처리될 것으로 보인다.

이러한 아세안의 제도화 진전에도 불구하고 아직은 많은 장애요인들이 앞을 가로막고 있다. 먼저 회원국의 합의사항 이행을 위해 아세안 사무국의 역할과 기능이 강화되었지만 개별 회원국이 의무사항을 충실히 이행할 수 있는 여건은 아직 성숙되지 못하였다. 특히, 캄보디아, 라오스, 미얀마, 베트남 등 후발 회원국(CLMV)들이 2015년까지 국내 제도정비를 완수하는 데 많은 어려움이 있으며, 아세안이 목표로 하는 경제공동체가 2015년에 성공적으로 출범할지에 대해서 회의적인 시각이 다수 존재하는 것이 사실이다.

아울러 아세안의 전반적인 제도화 수준은 강화되었지만, 아직 많은 제도적 미비점들이 존재한다. 예를 들어, 아세안 사무국 사무총장에게 회원국의 합의사항 이행에 대한 감시권한이 부여되었지만, 사무총장은 연임이 불가능하고 회원국들이 순환적으로 수임하게 되어 있다. 사무국의 운영재정 확보 문제도 심각한데 회원국들이 공평하게 동일한 금액을 분담한다는 원칙에 따라 모든 회원국이 경제규모가 가장 빈약한 국가와 동일하게 분담금을 부담하고 있어, 사무국 재정운용의 확대가 현실적으로 어려운 실정이다. 의사결정방식과 분쟁해결절차의 도입 등 혁신적 제도개혁에도 불구하고 합의제 방식이 여전히 가장 중요한 의사결정방식으로 작동하고 있어서, 각 회원국들의 국익에 대한 개별적 인식이 아세안 전체의 합의사항 도출에 가장 중요한 요인으로 작용하고 있다.

하지만 내정불간섭 및 합의제 존중 등 비공식적 제도화를 기본원칙으로 역내 협력을 추진해 온 아세안의 궤적에 비추어 볼 때, 아세안 헌장의 도입을 통한 역내 협력의 제도화 노력은 매우 고무적인 것이 사실이다.

❖ ASEAN+3 협력체

ASEAN+3은 아세안 10개국과 한·중·일 3국이 참여하는 동아시아 지역의 가장 대표적인 역내 지역협의체이며, 금융분야의 치앙마이 이니셔티브(Chiang Mai Initiative: CMI)를 포함하여 20여 개 이상의 경제협력사업을 진행하고 있다. 하지만 제도화의 관점에서 보면 ASEAN+3 협력 프로세스는 독자적인 사무국을 구성하지 않고 아세안 사무국에서 ASEAN+3 협력업무를 관장하는 등 제도화의 수준이 매우 미약하다.

아세안 10개국 및 한·중·일 3국을 포괄하는 동아시아 국가들만의 지역협력체에 대한 아이디어는 동아시아 경제그룹(East Asian Economic Group: EAEG), 동아시아 경제코커스(East Asian Economic Caucus: EAEC) 등을 통해 제시되었으나 실현되지 못했다. 동아시아 차원의 지역협력체 형성 가능성은 아시아·유럽 정상회의(Asia-Europe Meeting: ASEM) 준비과정에서 한·중·일 3국과 동남아 10개국 간 입장조율의 경험을 통해 보다 가시화되었다. 1997년 동아시아 경제위기의 경험은 아시아 국가들로 하여금 역내 금융협력의 중요성, 지역적 유대의 강화 및 이를 통한 동아시아의 국제적 발언권의 강화 필요성을 절감하게 되었고, 이를 계기로 1999년부터 동북아 3국이 아세안 정상회의에 초대되는 형식으로 본격화되었다.

ASEAN+3 협력 프로세스를 통해서 경제 분야를 중심으로 다양한 협력사업들이 추진되었다. 그중에서도 주목할 만한 것은 금융 분야의 협력사업들로, 특히 치앙마이 이니셔티브(Chiang Mai Initiative: CMI)와 역내 거시경제조사기구(ASEAN+3 Macroeconomic Research Office: AMRO)가 다른 사업들에 비해 협력의 진전 속도와 수준이 상대적으로 높다고 할 수 있다.

동아시아 금융협력의 제도적 추진체계는 1999년에 출범한 ASEAN+3 재무장관회의 프로세스에 기반하고 있다. 아시아 개발은행 연례 총회 시 개최되는 ASEAN+3 재무장관회의는 연 3회의 차관회의 및 수시로 개최되는 3개 실무협의그룹의 논의를 기반으로 하여 상향식 의사결정방식을 통해 금융협력 논의를 진행해 왔다(Sussangkam[2010]; Henning[2011]).

초기의 3대 실무그룹은 (i) 위기 시 상호자금 지원체계(CMI), (ii) 역내의 채권시장 활성화를 통한 자금선순환(Asian Bond Market Initiative: ABMI), (iii) 상호 경험 공유 및 민관연구협력(Research Group)으로 이루어졌다.

1999년 11월 마닐라에서 개최된 ASEAN+3 제3차 정상회의는 동아시아 내에서 포괄적인 금융협력을 강화해 나갈 것을 천명하고, 동아시아 역내 긴급 유동성 지원메커니즘의 수립 등을 주요 내용으로 하는 금융협력의 큰 틀에 합의함으로써 치앙마이 이니셔티브(CMI) 출범을 위한 토대를 마련하였다. 특히, 2000년 5월에 열린 ASEAN+3 재무장관회의는 기존의 아세안 통화스왑협정을 확대하고, 한·중·일 3국이 참여하는 양자 간 통화스왑협정을 별도로 체결하는 방식으로, 1997년 아시아 금융위기 직후 일본이 제안했던 아시아통화기금(Asian Monetary Fund: AMF)과 같은 기구의 창설 없이 유동성을 지원하는 장치를 만들기로 합의함으로써 치앙마이 이니셔티브가 공식 출범하게 되었다(최원기[2009]).

[그림 4-2] ASEAN+3 금융협력 추진체계

자료: 최원기(2009), p.23.

치앙마이 이니셔티브(CMI)는 초기에 두 개의 요소로 구성되었는데, 하나는 기존의 아세안 스왑협정(ASEAN Swap Arrangement: ASA)을 확대 개편하는 것이었고, 다른 하나는 아세안과 한·중·일 3개국을 포함한 양자스왑협정(Bilateral Swap Arrangement: BSA)을 체결하여 느슨한 형태의 스왑네트워크를 구성하는 것이었다. 자금규모나 실효성 면에서 아세안 스왑협정의 확대·개편보다는 양자스왑협정의 확대·발전이 치앙마이 이니셔티브(CMI)의 핵심 요소라고 할 수 있다.[22]

양자스왑협정의 발동에 있어서 스왑자금 규모의 90%는 국제통화기금(IMF) 프로그램과 연계되어 있고, 국제통화기금이 요구하는 경제구조조정의 조건(IMF Conditionality)의 이행을 전제로 제공하기로 하였는데, IMF 연계(IMF link)는 2005년에 80%로 축소되었고, 2012년 5월 ASEAN+3 재무장관회의에서 70%로 축소하고, 2014년에는 60%로 축소하는 것을 검토하기로 합의하였다. 이에 따라 IMF 연계 비중은 2014년 60%로 축소되고 국제통화기금 비연계 비중이 40%

22) BSA의 기본원칙은 전 회원국 공동으로 결정하고, 개별 스왑협정은 기본원칙의 테두리 내에서 양자 교섭을 통해 체결하는 것이다. 예를 들어, 차입국의 통화와 공여국 보유의 국제통화(달러, 엔, 유로 등)를 스왑하는 경우 기간, 이자, 갱신조건, 발동조건 등의 일반원칙은 회원국 전체 회의에서 공동으로 결정하여 각 협정에 적용한다(Sussangkam [2010]).

로 확대될 전망이다(기획재정부[2012]). IMF 연계를 설정한 이유는 치앙마이 이니셔티브에 효과적인 모니터링 및 감시 장치가 마련되어 있지 않기 때문이며, 자금지원은 국제통화기금으로부터 자금지원이 확정되거나 자금지원이 있을 것으로 기대되는 경우에 가능하다. 따라서 초기 단계의 치앙마이 이니셔티브는 국제통화기금으로부터 자금지원의 부속적 성격이 강하였다(최원기[2009]).

2007년 5월 5일 도쿄에서 개최된 제10차 ASEAN+3 재무장관회의는 치앙마이 이니셔티브를 보다 결속력 있는 단일의 공동펀드로 만드는 치앙마이 이니셔티브 다자화(Chiang Mai Initiative Multilateralization: CMIM)에 관한 기본방향에 합의하였다. 기존 치앙마이 이니셔티브의 양자 간 통화스왑 계약은 위기 시 자국통화를 상대국에게 맡기고 외국통화(주로 미 달러)를 단기 차입할 것을 약정하는 중앙은행 간 계약이었으나, 동 회의에서 공동펀드의 재원조달 형태를 회원국이 외환보유고를 출자하되, 해당 출자금은 각국 중앙은행이 직접 관리 · 운영하는 방식(self-managed reserve pooling)으로 전환하기로 합의하였다.

기존의 양자 간 통화스왑계약은 자금지원 약속만 하는 느슨한 형태의 협력이었으나, 치앙마이 이니셔티브 다자화(CMIM)를 통해 법적 구속력을 갖는 단일의 다자간 협약으로 발전시켜 모든 참여국들에 법적 구속력이 적용되도록 하여 자금지원의 확실성을 확보하고자 하였다. 또한, 법적 구속력의 근거를 확보하고 자금수혜국의 도덕적 해이(moral hazard)를 방지하기 위해 역내 금융감시체제를 더욱 강화하자는 데 합의하였다.[23]

동아시아 국가들은 2009년 5월 3일 인도네시아 발리에서 제12차 ASEAN+3 재무장관회의를 개최하여, 치앙마이 이니셔티브(CMI) 다자화의 주요 쟁점에 최종 합의하였다. 그동안 가장 큰 쟁점이 되었던 분담금 배분에 관해서는 한국 16%, 중국 32%, 일본 32%, 아세안 20%씩 분담키로 합의하였다. 위기 시 인출가능금액은 '분담금 × 인출배수(borrowing

23) 2008년 5월 4일에 개최된 제11차 ASEAN+3 재무장관회의에서 CMI 다자화의 구체적 방안에 합의하였다. 공동펀드의 총규모(800억 달러 이상)와 아세안과 한 · 중 · 일 간 분담비율(20:80), 자금지원조건 및 실행체계 등 구체적인 내용에 대해 논의하고 보다 신뢰성 높은 역내 경제 점검시스템을 구축하자는 데에 합의하였다. 이를 위해, ASEAN+3 차관들로 이루어지는 경제동향 감시 및 정책공조 활동을 강화하고, 각국 간 정보제공을 표준화하기로 하였다. 또한, 그동안의 CMI 2단계 논의를 토대로 CMI 다자화를 조속히 완료하기 위해 합의되지 않은 이슈(국별 분담금, 차입한도, 자금지원을 위한 의사결정방식, 세부적인 계약조건 등)들에 대한 논의를 가속화하기로 하였다.

24) 아세안 Big 5는 태국, 말
레이시아, 인도네시아, 싱
가포르, 필리핀 등 5개국
을 지칭하고, Small 5는
베트남, 캄보디아, 라오스,
미얀마, 브루나이 등 5개
국을 지칭한다.

multiple)'로 하기로 결정하였는데, 분담금 대비 인출배수는
중국과 일본이 각각 0.5, 한국 1.0, 아세안 Big 5국가 2.5,
Small 5국가 5.0으로 결정하였다.[24] 이에 따라 한국의 경우
16%를 분담하고 위기 시에 기금의 16%까지 인출이 가능하게
되었다. 의사결정 방법은 근본적인 사안인 경우에는 합의제
로 결정하고, 자금지원 관련 사안인 경우에는 다수결방식을
도입하기로 하였다(기획재정부[2009]).

〈표 4-2〉 CMIM 2배 확대에 따른 회원국별 분담금 규모

	한국	중국	일본	아세안[2]	계
분담금 규모 (비중)	384억 달러 (16%)	768억 달러 (32%)	768억 달러 (32%)	480억 달러 (20%)	2,400억 달러 (100%)
분담금 대비 인출배수[1]	1.0	0.5	0.5	(Big 5) 2.5 (Small 5) 5.0	–

주: 1) 위기 시 인출가능금액=분담금×인출배수(Borrowing Multiple).
  2) 아세안 Big 5: 태국, 말레이시아, 인도네시아, 싱가포르, 필리핀; Small 5: 베트남, 캄보디
    아, 라오스, 미얀마, 브루나이.
자료: 기획재정부, 「박재완 장관, 금년 ASEAN+3 재무장관·중앙은행총재회의 의장으로서
    ASEAN+3 금융협력 역사상 최대 성과 도출」, 보도자료, 2012. 5. 3.

[그림 4-3] CMIM 2배 확대에 따른 회원국별 분담금 규모

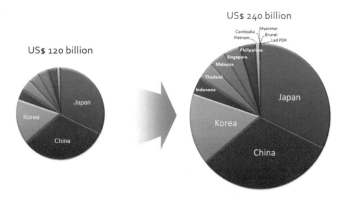

자료: 기획재정부, 「박재완 장관, 금년 ASEAN+3 재무장관·중앙은행총재회의 의장으로서
    ASEAN+3 금융협력 역사상 최대 성과 도출」, 보도자료, 2012. 5. 3.

치앙마이 이니셔티브(CMI) 다자화 기금 규모는 초기의 800억 달러에서 다자화하면서 1,200억 달러로 50% 확대되었고, 이어서 2012년 5월 ASEAN+3 재무장관회의에서 다시 100%인 2,400억 달러로 증액하기로 합의하였다(기획재정부[2012]). 이는 유로존 위기가 장기화되는 등 동아시아 역내 금융안전망 강화가 필요하다는 공감대하에 치앙마이 이니셔티브(CMI) 다자화 기금을 대폭적으로 신속하게 확대하자는 데 합의함으로써 이루어졌다. 회원국의 분담비율과 인출배수는 기존과 동일하게 유지하기로 하였고, 한국은 기존의 분담비율인 총 기금의 16%, 384억 달러를 분담하고, 위기 시에 384억 달러까지 인출할 수 있게 되었다(기획재정부[2012]).

치앙마이 이니셔티브(CMI)의 다자화와 더불어 금융 분야에서 ASEAN+3 협력 프로세스의 중요한 제도화의 성과는 동아시아 역내 거시경제조사기구(ASEAN+3 Macroeconomic Research Office: AMRO)의 설치라고 할 수 있다. 역내 거시경제조사기구(AMRO)는 치앙마이 이니셔티브(CMI) 다자화 기금의 운영에 있어서 필수적인 제도이지만, 동아시아 금융협력의 틀에서 설립된 독자적인 역내 거시경제 모니터링 기구라는 점에서 ASEAN+3 금융협력의 중요한 제도화 성과로서 의미가 있다. 역내 거시경제조사기구(AMRO)는 2010년 5월 ASEAN+3 재무장관회의에서 합의되었고, 2011년 5월부터 활동을 시작하였다(ADB[2010]).

역내 거시경제조사기구(AMRO)는 ASEAN+3 국가들의 금융위기 시 치앙마이 이니셔티브(CMI) 다자화 기금으로부터 달러 유동성 지원에 필요한 감시·분석 기능을 수행하여 치앙마이 이니셔티브(CMI) 다자화 기금 운영에서 발생할 수 있는 도덕적 해이(moral hazard) 행위를 방지하고자 설립되었다. 싱가포르에 설치된 역내 거시경제조사기구(AMRO)는 평상시 역내 거시상황을 점검하고 정책권고 활동을 하다가 위기 시 회원국의 자금지원 요청이 들어오면 치앙마이 이니셔티브(CMI) 다자화 기금을 집행하는 데 필요한 자금지원 규모와 조건 등을 판단할 근거를 제공하는 역할을 담당한다. 역내 거시경제조사기구(AMRO)의 최고 실무책임자인 사무국장의 첫 임기 3년은 중국과 일본이 1년, 2년씩 번갈아 맡기로 하였다.

역내 거시경제조사기구(AMRO)는 크게 세 가지 기능을 부여받았는데, 첫 번째는 ASEAN+3 회원국의 거시경제상황과 금융시장의 건전성을 감시·평가하고 분기별 보고서를 발간하는 것이다. 두 번째 역내 거시경제조사기구(AMRO)의 기능은 ASEAN+3 회원국 중 거시경제 및 금융시장의 취약성이 높은 국가의 상황을 평가하고, 필요하다고 판단되는 경우에 신속하게 위험요인을 극복할 수 있는 정책방안을 마련하여 해당 국가에 적절한 방식으로 권고하는 것이다. 역내 거시경제조사기구(AMRO)의 세 번째 기능은 스왑을 요청하는 회원국이 치앙마이 이니셔티브(CMI) 다자화 기금의 협약상 명시된 유동성 제공 관련 규정을 준수하도록 하는 것이다 (Sussangkam[2011], p.9).

역내 거시경제조사기구(AMRO) 사무국이 수행하는 회원국의 거시경제 조사·감시 및 치앙마이 이니셔티브(CMI) 다자화 기금 운영업무에 관한 정확한 절차와 방식은 현재 역내 거시경제조사기구(AMRO) 사무국장을 중심으로 마련되고 있는데, 역내 거시경제조사기구(AMRO)와 기존의 ASEAN+3 차원의 거시경제 리뷰제도인 경제분석 및 정책대화(Economic Review and Policy Dialogue: ERPD) 제도가 어떻게 업무를 조율하고 분담할지는 향후에 보다 명확하게 마련될 것으로 보인다. 아울러 역내 거시경제조사기구(AMRO)와 아시아개발은행(ADB)과의 업무협조방식 및 국제통화기금(IMF)의 회원국 거시경제 감시 기능과의 관계 설정 등도 향후에 보다 명확히 규정되어야 할 것으로 지적되고 있다(Henning[2011]). 역내 거시경제조사기구(AMRO) 사무국은 이제 막 출범하였기 때문에 인적·제도적 자원 및 전문성이 국제통화기금(IMF)에 비해 상당히 빈약한 수준이며, 이에 따라 당분간은 역내 거시경제조사기구(AMRO)의 기술적 능력 향상을 위해서는 국제통화기금(IMF)으로부터 협조와 지원을 받아야 하는 상황으로 평가된다(Sussangkam[2011]).

역내 거시경제조사기구(AMRO)는 치앙마이 이니셔티브 (CMI) 다자화 기금의 운용에 절대적으로 필요한 회원국의 거시경제 상황에 대한 분석과 평가를 국제통화기금(IMF) 등 역외 기관에 전적으로 의존하던 상황을 타개하고 ASEAN+3 차원의 독자적 거시경제 감시 및 조사연구 업무를 수행할 것으로 기대되고 있다. 하지만 역내 거시경제조사기구(AMRO)가 국제통화기금(IMF)의 기능을 완전히 대체하는 것은 아니다. 역내 거시경제조사기구(AMRO)는 국제통화기금(IMF)의 거시경제 조사 및 평가에 더하여 회원국의 경제상황에 대한 모니터링 기능을 강화함으로써 치앙마이 이니셔티브(CMI) 다자화 기금에서 국제통화기금(IMF)의 대출조건(conditionality)과 연계되지 않는 단기 유동성(2012년 현재 국가별 인출쿼터의 30%)의 운용을 활성화하는 기능을 할 것으로 예상되고 있다(ADB[2010], p.76). 이러한 점을 고려하여 2012년 5월에 개최된 ASEAN+3 재무장관회의는 치앙마이 이니셔티브(CMI) 다자화 기금의 위기예방기능을 강화하기 위해 역내 거시경제조사기구(AMRO)의 조직역량을 강화하고 향후에 국제기구화를 적극 추진하기로 합의한 바 있다(기획재정부 [2012]).

ASEAN+3 차원에서 진행된 금융협력, 특히 치앙마이 이니셔티브(CMI) 다자화 기금과 역내 거시경제조사기구 (AMRO)는 금융 분야에서 지역협력 제도화의 중요한 진전을 의미한다. 치앙마이 이니셔티브(CMI) 다자화 기금의 제도화 과정은 무역, 투자 및 금융 감독과 규제 등 다른 분야에서의 역내 협력을 위한 대화를 더욱 활성화하는 촉매로 작용하고 있다.

∴ 동아시아 정상회의(East Asian Summit: EAS)

동아시아 정상회의는 2005년 ASEAN+3 협력에 참여하는 동아시아 13개국과 호주, 뉴질랜드, 인도가 참여하여 결성된 보다 확대된 형태(ASEAN+6)의 '동아시아' 협력 프로세스이다. 동아시아 정상회의는 구체적 결과를 산출하는 의사결정 및 행동-지향적 협의체라기보다는 참여국 간 주요 현안에 대한 상호입장을 파악하고 합의를 통해 선언적이고 느슨한 형태의 공동 입장을 도출하는 과정-지향적 지역협력기구의 제도적 특징을 가지고 있다.

동아시아 정상회의는 자체적인 사무국을 구비하고 있지 않고, 아세안 사무국을 통해 연례 정상회의를 위한 협의를 진행해 왔다. 동아시아 정상회의는 초기부터 참여국 정상 간 역내 전략적 이슈를 논의하는 대화 프로세스를 지향하고 있기 때문에, ASEAN+3와 같이 정상회의 전후로 후속 협력사업 추진을 위한 장관급 및 하위 실무자급 회의체를 두지 않고 있다. 동아시아 정상회의의 의제는 초기 전략적 이슈에서 에너지, 무역, 기후변화 등으로 점차 확대되어 왔다. 2010년에는 미국과 러시아가 동아시아 정상회의의 회원국으로 가입함으로써 동아시아 정상회의는 미·중·러를 포함하여 세계 주요 국들이 참여하는 지역협력체로서 정치적 위상이 강화되었다.

동아시아 정상회의를 구성하고 있는 ASEAN+6 국가들은 2012년 11월 동아시아 정상회의에서 아세안 주도로 실질적인 FTA인 역내 포괄적 경제동반자협정(Regional Comprehensive Economic Partnership: RCEP)을 추진하기로 합의하였다. 포괄적 경제동반자협정은 동아시아 지역협력과 경제통합 과정에서 아세안의 주도적 역할(ASEAN Centrality)을 자임해 온 아세안이 미국이 주도하고 있는 환태평양경제동반자협정(Trans-Pacific Partnership Agreement: TPP)에 대해 전략적으로 대응하기 위해 제안한 측면이 크다고 할 수 있지만, ASEAN+6 범위에서 진행되어 온 동아시아 정상회의의 협력 프로세스를 기반으로 하고 있다는 점에서 의의가 있다.

특히, 미국이 2010년부터 동아시아 정상회의에 참가함으로써 동아시아 지역협력은 새로운 국면에 진입했다. 동아시아에 대한 전략적 재균형(Pivot to Asia)을 추진하고 있는 오바마 행정부는 동아시아 정상회의를 역내 주요 정치안보 이슈를 다루는 핵심 포럼으로 발전시키겠다는 입장을 견지하고 있다. 미국의 동아시아 지역협력에 대한 입장은 1990년대 초기의 '명시적 거부' 입장에서 '수동적 관망' 그리고 '암묵적 용인'으로 점진적으로 변화되어 왔는데, 이러한 미국의 적극적 입장 변화는 동아시아 지역협력의 새로운 변수로 작용하고 있다.[25] EAS 가입을 계기로 본격화된 오바마 정부의 동아시아 지역협력정책의 전환배경은 중국의 역내 영향력 강화, 초국가적 안보문제의 대두 등 동아시아 협력 강화의 필요성, 그리고 동아시아 지역협력에 대한 인식 전환 등의 세 가지 주요 요인에 의해 추동되었다고 평가된다.[26]

∴ 아시아 · 태평양 경제협력체(APEC)

1989년 창립 이래로 아시아 · 태평양 경제협력체(Asia Pacific Economic Cooperation: APEC)는 아시아 · 태평양 지역의 경제협력, 무역 및 투자를 촉진하기 위한 정부 간 포럼으로 기능해 왔다. APEC의 운영방식은 자발성, 비구속성 및 합의지향성 등의 원칙에 기초하고 있다. 아시아 · 태평양 경제협력체(APEC)가 지향했던 무역 및 투자 자유화 합의는 회원국의 비구속적 자발적 행동에 기초하고 있는데, 이는 창설 초기 아태지역의 개도국들이 역내 선진국과 같이 무역과 투자 자유화를 급속히 추진할 경우, 선진국에 비해 막대한 경제적 비용을 감당할 수 없다는 우려로 아시아 · 태평양 경제협력체(APEC) 가입을 주저하였기 때문이었다. 이에 따라 아시아 · 태평양 경제협력체(APEC)를 주도한 선진국들은 개도국들의 참여를 유도하기 위하여 아시아 · 태평양 경제협력체(APEC)의 운영방식을 회원국의 정책 자율성을 침해하지 않도록 구속적 원칙이나 제도화의 조건을 부과하지 않았다.

설립 초기에 아시아 · 태평양 경제협력체(APEC)는 아태지역의 경제통합이라는 원대한 비전을 가지고 출범하였다. 아태지역의 경제공동체 형성을 위해서 아시아 · 태평양 경제협력체(APEC)는 정상회의와 함께 분야별 위원회와 실무그룹을 통해서 다양한 분야의 경제협력을 추진하였다. 아시아 · 태평양 경제협력체(APEC) 사무국은 싱가포르에 위치하고 있는데, 회원국 간 정책조율 및 기술적 · 정책적 지원기능을 수행하고 있다.

25) 1990년대 초 미국은 동아시아 국가들의 다양한 지역협의체 제안에 대해서 단호한 거부 입장을 보였다. 1990년대 초 아세안 확대외무장관회의(ASEAN PMC)를 역내 다자안보 대화체로 활용하자는 일본의 제안, 1990년대 중반 말레이시아 마하티르 수상의 동아시아 경제협의회(East Asian Economic Caucus: EAEC) 창설 제안, 그리고 1997년 동아시아 외환위기 이후 일본의 아시아통화기금(Asian Monetary Fund: AMF) 제안 등 지역 차원의 다양한 정치 및 경제 협의체 설립에 대해 미국은 일관되게 반대의 입장을 견지하였다. 1990년대 미국은 동아시아 국가들의 독자적인 지역협력이 미국을 배제한 지역단위 협력체의 등장으로 이어질 경우, 세계 유일의 초강대국으로서 미국의 역내 지위와 역할을 약화시킬 수 있다는 점을 우려하여 동아시아 역내 국가들의 독자적인 경제공동체 구상이나 지역협의체 설립에 대해 지속적이고 일관되게 거부 내지 반대의 입장을 견지해 왔다.

26) 동아시아 지역협력에 대한 중국, 일본 및 미국 등 주요국의 입장에 대한 자세한 분석은 전홍택 · 박명호(2011), pp.92~104 참조.

아시아 · 태평양 경제협력체(APEC)는 1993년 시애틀 정상
회의를 통해 무역 및 투자 자유화와 원활화(facilitation)를 주
된 목표로 설정하였고, 1994년 보고르 선언을 통해서 2020
년까지 아태지역의 무역 및 투자 자유화를 실현한다는 목표
(Free Trade Areas of Asia Pacific: FTAAP)를 제시하였다.
하지만 1997년에 발생한 동아시아 경제위기로 인해 아시아 ·
태평양 경제협력체(APEC)의 무역 및 투자 자유화 합의 이행
은 현실적으로 어렵게 되었다. 우루과이라운드(UR)를 통해
서 아시아 · 태평양 경제협력체(APEC) 회원국의 전체적인 무
역자유화 수준은 높아졌지만, 다자 무역자유화를 넘어서는
개별 국가 차원의 보다 높은 수준의 무역자유화는 이루어지
지 못했다. 아태지역에서의 무역 및 투자 자유화 추진이 모멘
텀을 상실하자 아시아 · 태평양 경제협력체(APEC)는 협력의
초점을 무역 원활화, 능력배양 및 회원국의 규제개혁 등의 이
슈로 전환하였다(ADB[2010], pp.148~151).

아시아 · 태평양 경제협력체(APEC)는 2000년대 중반 이
후 실무그룹의 재정비, 사무국의 기능 강화, 정책지원부서
(Policy Support Unit)의 신설, 모니터링의 강화 등 제도적
개혁을 통해 초기의 자발성에 기초한 운영절차를 넘어서는
제도화를 추진하고 있다. 특히, 무역과 투자 관련 규범에 대
해 선언적 합의를 넘어서서 회원국의 이행 여부를 모니터링
하고 동료압력(peer pressure) 기제를 보다 강화하고 있다.

아울러 2011년 하와이 정상회의에서 합의된 2015년까지
환경상품에 대해 5%의 관세를 부과하고 회원국으로 하여금
환경상품 목록을 제출하도록 하는 등 보다 강화된 무역규범
을 도입하는 데 성공하는 등 초기의 자발적 동의에 기초한 무
역자유화의 수준을 넘어서는 새로운 조치들을 도입하고 있
다. 또한, 아시아 · 태평양 경제협력체(APEC)는 환경, 노동,
고용 창출, 규제 조화, 경쟁, 공공기업, 혁신과 같은 새로운
분야에서 무역규범 도입에 주도적인 역할을 함으로써 무역의
원활화를 위한 기준을 새롭게 설정하는 역할을 수행하고 있
다(강선주[2012]).

제3절 동아시아 협력의 제도화 전략

동아시아 통합의 제도화의 궁극적인 목표는 동아시아 공동체(East Asian community)라고 할 수 있다. 동아시아 공동체의 개념은 참여국의 범위, 제도적 통합 형태 및 성격을 둘러싸고 매우 다양한 논쟁이 존재한다. 하지만 동아시아 공동체를 둘러싼 논쟁은 대부분 개념적 정합성과 명료성을 핵심 쟁점으로 전개함으로써 실천적 통합전략을 도출하는 데 한계를 노정하고 있다. 중요한 점은 개념적 완결체로서 동아시아 공동체가 아니라 현실적 실천전략으로서의 통합을 위한 제도화 전략이다.

동아시아 협력의 제도화에 영향을 미치는 변수는 무엇보다도 국가 간 선호(preference)의 분포라고 할 수 있다. 동아시아 지역협력의 가장 성공적인 사례라고 할 수 있는 치앙마이 이니셔티브(CMI) 다자화 기금의 경우, 역내 주도권을 두고 경쟁해 온 일본과 중국의 금융협력에 대한 선호가 수렴하였기 때문에 가능했다고 할 수 있다. 일본과 중국은 지역협력의 주요 이슈에 대해 대립적 입장을 견지해 왔지만 치앙마이 이니셔티브(CMI)의 다자화를 통한 제도화에 대해서는 협력적 자세를 견지했다. 일본은 1997년의 아시아통화기금(AMF) 구상 및 1998년의 신 미야자와 구상을 제안한 바 있고, 치앙마이 이니셔티브(CMI)의 확대 발전을 적극적으로 지원하는 등 동아시아 금융협력의 진전에 적극적인 기여를 해왔다. 이러한 일본의 적극적 태도는 중국의 경제적 부상에 따른 중국과의 역내 주도권 경쟁에 대한 대응 차원 및 엔의 국제화를 통한 역내 경제적 영향력의 확대를 도모하고자 하는 의도에 기인하고 있다. 일본은 중국이 상대적으로 열세인 금융 분야에서 자국의 발달된 금융시스템을 활용하여 금융협력을 주도함으로써 주도권 경쟁에서 우위를 확보할 수 있다는 점에 주목하고 있다.

중국은 일본의 엔의 국제화를 통한 역내 금융주도권을 염려하여 1997년의 아시아통화기금(AMF) 구상에 반대하였으나, 치앙마이 이니셔티브(CMI)를 중심으로 한 금융협력은 적극적으로 지지하여 왔다. 이러한 중국의 입장은 2001년 WTO 가입 이후 중국경제의 국제경제시스템으로의 본격적 진입에 따른 점증하는 금융시장 개방도 및 이에 따른 금융불안의 대응 차원에 기인한다. 또한, 중국은 일본의 금융 분야에서의 역할 확대를 견제하는 것도 중요하지만 그보다는 미국이 참여하지 않는 역내 금융협력의 제도화를 적극 지지하여 동아시아에서 미국의 영향력을 견제하는 것을 더욱더 중요시한다. 또한, 역내 금융협력의 확대가 일본의 영향력을 제고시키는 측면이 있기는 하지만, 중국 또한 이를 통해 아세안 제국 등에 대한 자국의 영향력을 확대하고 경제적 · 외교안보적 이익을 추구할 수 있다는 측면에서 역내 금융협력에 대한 긍정적 태도(positive-sum)를 견지해 왔다.

아시아통화기금(AMF) 구상에 대해 강력히 반대하였던 미국은 실질적으로 아시아통화기금(AMF)의 모습으로 발전하고 있는 치앙마이 이니셔티브(CMI)에 대해서는 어떠한 명시적 반대나 거부의 입장을 표명하지 않았다. 이러한 미국의 치앙마이 이니셔티브(CMI)에 대한 온건한 태도는 동아시아 국가들이 치앙마이 이니셔티브(CMI)에 국제통화기금 연계(IMF link)를 설정하는 등 국제통화기금(IMF)을 대체하기보다는 보완하는 역할을 하도록 추진하겠다고 명시하는 등의 온건한 입장에서 치앙마이 이니셔티브(CMI)의 확대 발전을 추진함으로써 미국이 명시적으로 반대할 명분을 가질 수 없었다는 점에 기인한다. 또한, 치앙마이 이니셔티브(CMI)의 확대 발전을 둘러싸고 전통적으로 동아시아 정상회의 등의 지역협력 제도화 과정에서 대립했던 일본과 중국이 협력하는 모습을 보임으로써, 미국이 반대할 수 있는 유인이 강하지 않았다. 치앙마이 이니셔티브(CMI)를 통한 동아시아 국가들의 독자적 발언권의 강화 가능성에 직면하여, 미국은 반대하기보다는 국제통화기금(IMF)의 지분 확대를 요구하는 동아시아 국가들의 요구를 수용함으로써 오히려 동아시아 국가들의 치앙마이 이니셔티브(CMI) 추진 동력을 약화시키려는 모습을 보였다(최원기[2009]). 요컨대, 동아시아 통합을 위한 협력의 제도화는 참여국들의 정책 선호가 수렴하는 분야와 이슈를 고려하여 전략적으로 의제화하는 것이 바람직해 보인다.

둘째, 동아시아 지역협력의 제도화에 영향을 미치는 변수로서 협력이슈의 정치경제적 비용 및 편익·효과가 중요한 역할을 한다. 한·중·일 3국 협력의 사례는 상대적으로 협력의 정치적 비용이 낮고 경제적 효과가 큰 분야를 중심으로 협력이 활성화되고 제도화의 상대적 진전이 크다는 점을 보여준다. 이 점은 동아시아 지역협력의 제도화 전략이 거시적인 제도적 프레임워크를 마련하기보다는 분야별로 특화된 형태의 제도화를 통해 보다 용이하게 추진될 수 있음을 시사한다. 물론 아세안 헌장과 같은 거시적 제도 프레임워크는 합의가 된다면 추후의 협력기반을 제공한다는 측면에서 바람직하나 합의를 이끌어내기 위한 협상의 정치적 비용이 상대적으로 높고, 합의 도출에 오랜 시일이 소요된다는 점에서 현실적 제도화 전략으로서의 유효성은 상대적으로 낮을 수 있다.

또한, 한·중·일 3국 협력사무국의 사례는 3국 협력에 대한 매우 광범위하고 포괄적인 역할을 위임받고 있어서 3국 정부로부터 상대적으로 독립된 입장에서 독자적으로 사업을 추진할 수 있는 자율성을 확보하고 있다는 점을 시사한다. 이로 인해 3국 협력사무국은 이해 당사국인 3국 간 정치·외교적 갈등이 있더라도 이러한 갈등으로부터 발생하는 부정적인 정치적 효과를 최소화할 수 있는 제도적 완충기제로서의 역할을 할 수 있는 가능성을 보여주고 있다.

마지막으로 동아시아 통합을 위한 협력의 수준을 어떻게 설정하는가 하는 점이 제도화에 영향을 미치는 주요 변수로서 매우 중요하다. 동아시아 지역협력은 정부 간 협력의 수준(inter-governmental level cooperation)에서 점진적으로 추진되는 것이 바람직하다. 동아시아 통합을 위한 제도적 여건은 역내 국가들의 정치적 다양성, 정책선호의 차이, 경제적 발전수준의 차이 등으로 인해 유럽과 같은 초국가주의적 통합경로와는 상이한 궤적(trajectory)을 밟아 왔다(Solingen[2005]). 동아시아의 통합을 위한 여건은 유럽과 같이 로마조약, 리스본조약 그리고 마스트리흐트조약과 같은 거시제도적 협상을 통해 초국가적 수준(supranational level cooperation)의 제도화를 추진하기는 어렵다. 동아시아 지역협력은 주권적 정책자율권을 제약하는 법적 의무를 부과하고, 초국가적 기구에 정책결정권을 위임하는 유럽통합의 제도적 특징과는 상이한 주권존중과 비공식적 합의를 중시하는 제도화 경향을 보여 왔다. 그 이유는 민족주의적 갈등, 정치안보적 불확실성의 존재 및 이에 따른 높은 '주권상실' 비용 등 지역협력의 정치적 비용을 증가시키는 정치경제적 제약요인에 기인한다(Solingen[2005]). 이러한 점을 고려한다면, 향후 동아시아 지역협력의 제도화 전략은 중층적이고 중복적인 동아시아 지역협력체의 제도적 자원을 보다 효과적으로 활용하면서 점진적 제도화의 수준을 제고시켜 나가는 방향이 바람직하다.

상기 논의에 기초하여 다음과 같은 동아시아 협력의 제도화에 관한 전략적 방향을 추진할 필요가 있다.

첫째, 동아시아 협력의 제도적 디자인은 정부 간 협력(inter-governmental cooperation)을 강화시키는 방향으로 추진하는 것이 현실적이다. 특히, ASEAN+3 또는 ASEAN+6 차원의 동아시아 지역협력을 강화하기 위한 주요 기제로서 한·중·일 3국 협력의 제도화가 중요하다. 한국은 한·중·일 3국 협력사무국의 기능과 역할을 확대할 수 있는 협력의제의 적극적 발굴을 추진할 필요가 있다. 한·중·일 협력사무국이 새로운 협력의제의 발굴, 정보 제공 등 3국 내 관련 정부부처 간 연락관(liaison) 역할을 강화한다면, 3국 협력 분야의 잠재적인 불확실성을 감소시키고, 협력의 거래비용을 낮추는 협력의 촉진자(facilitator)로서의 기능이 강화될 것이다. 영토·역사 문제, 북핵에 대한 입장 차이, 배타적 민족주의적 감정의 격화 등 한·중·일 3국 간 협력의 정치적 비용을 증가시키는 요인들이 상존하는 상황에서 단기간 내 협력의 제도화를 높이기는 어렵다. 이러한 점에서 전통적 안보 분야보다는 재난관리, 인도적 구호, 환경문제 등 안보 외의 분야에서 3국 간 협력을 강화시키는 전략이 필요하다.

둘째, 경제 분야에서는 한·중·일 3국이 역내 경제협력을 통해 내수시장을 확대하기 위한 공동노력을 강화할 필요가 있다. 한·중·일 3국은 수출지향적 경제전략에 따라 역외 시장에 대한 의존도는 상대적으로 높으나, 3국 간 역내 교역비중은 유럽 및 북미에 비해 상대적으로 낮다. 한·중 FTA 및 한·중·일 FTA 논의를 촉진하여 동북아 3국 간 시장통합의 수준을 높여 나가는 것이 한·중·일 3국 협력 제도화의 물질적 기초로서 매우 중요하다.

한·중·일 3국 협력의 강화는 ASEAN+3, 그리고 최근 미국과 러시아의 동아시아 정상회의 가입으로 형성된 ASEAN+8(ASEAN+6과 미국 및 러시아) 차원의 협력의 제도화를 위해서도 매우 중요하다.[27] ASEAN+3 협력 프로세스에서 파생된 한·중·일 3국 협력은 2005년부터 ASEAN+3 협력과는 독자적으로 협력의 폭과 깊이를 제고해 왔다(최원기[2011]). 하지만 ASEAN+3 및 동아시아 정상회의(EAS)에서 한·중·일 3국은 하나의 독자적 행위자로서 행동하지 못하고 있다. ASEAN+3 정상회의 차원의 동아시아 지역협력 프로세스에서 한·중·일 3국이 지역협력의 제도화에 기여하기 위해서는 협력의제에 대한 사전적 공감대를 형성하고 주도해 나가는 것이 필요하다. 이를 위해서 ASEAN+3 정상회의 개최에 앞서 한·중·일 3국이 사전 준비회의를 함으로써 공동의 의제를 발굴하고 입장을 조율하는 것을 고려해볼 수 있다. 한·중·일 3국 협력 프로세스가 ASEAN+3 정상회의에서 전통적으로 노정되어 왔던 중국과 일본의 주도권 경쟁을 순화시키는 기제로서 작동하도록 한다면, 동아시아 지역협력 제도화의 주요한 정치적 제약요인을 약화시키는 결과를 낳을 수도 있다. 아울러 한·중·일 3국 협력 프로세스가 미·중 간 지역협력에 대한 공통분모를 확대하는 기제로서 작용하도록 한다면, 향후 강화될 것으로 전망되는 중국과 미국의 동아시아 지역협력과정에서의 전략적 갈등을 약화시

27) 이러한 점은 전술한 바와 같이 한·중·일 3국 간 입장 조율 및 공동보조가 ASEAN+3 협력의 가장 성공적인 사례라고 할 수 있는 치앙마이 이니셔티브의 다자화의 실현에 가장 중요한 요인이라는 점에서도 명확히 드러난다.

키는 역할을 할 수도 있을 것이다.

셋째, 향후의 제도화 전략은 동아시아 공동체를 목표로 하여 기존에 존재하는 다양한 지역협력체들의 제도화 수준을 점진적으로 높여 나가는 점진적 제도화(incremental institutionalization)를 추구해야 한다. 동아시아 협력의 제도적 분포의 특징은 매우 낮은 수준으로 제도화된 지역협력체들이 중복적이고 중층적으로 존재하고 있다는 점이다. 이러한 측면에서 각 이슈 협력 분야별로 상이한 제도화 전략을 구사할 필요가 있다. 앞서 이론적 분석 논의에서 제시한 바와 같이 이슈 분야별로 제도화의 구체적 전략을 차별화하여 추진할 필요가 있다. 상대적으로 협상비용이 낮고 기대되는 경제적 효과가 큰 분야인 무역, 투자와 같은 협력 분야에서는 제도화의 초점을 합의사항의 법적 구속성을 높이는 전략을 구사하는 것이 바람직하다.

이러한 점에서 치앙마이 이니셔티브(CMI) 다자화 기금의 역내 금융기구화를 적극 추진할 필요가 있다. 무역 및 투자 활성화를 위한 역내 경제통합의 제도적 수준을 제고하기 위해서도 치앙마이 이니셔티브(CMI) 다자화 기금을 통한 금융협력을 강화해야 한다. 이를 위해서 치앙마이 이니셔티브(CMI) 다자화 기금의 확대 운용을 위해 필수적인 역내 거시경제조사기구(AMRO)의 역할을 확대하여 치앙마이 이니셔티브(CMI) 다자화 기금의 법적 구속성을 높이는 것이 필요하다. 아울러 치앙마이 이니셔티브(CMI) 다자화 기금과 같은 동아시아 차원의 금융협력의 주요 재원을 확대하기 위한 차원에서 한·중·일 3국 간 공동기금의 설립·운용과 같은 한·중·일 3국 차원의 금융협력을 강화해야 한다. 금융 분야에서 이러한 동아시아 차원의 지역협력 노력을 강화하여 제도화의 수준을 높여 나간다면, 1997/98년 동아시아 금융위기로 그 논의가 촉발되었지만 실현되지 못했던 아시아 지역의 독자적인 금융협력기구, 즉 아시아통화기금(Asian Monetary Fund)의 실질적인 창설로 이어질 수 있다.

참고문헌

강선주, 「APEC의 부상: 아시아 지역통합과 글로벌 무역레짐에의
  함의」, 주요국제문제분석 2012-30, 외교안보연구원, 2012.
  10. 19.

기획재정부, 「제12차 ASEAN+3 재무장관회의 결과」, 보도자료,
  2009. 5. 3.

기획재정부, 「박재완 장관, 금년 ASEAN+3 재무장관·중앙은
  행총재회의 의장으로서 ASEAN+3 금융협력 역사상 최
  대 성과 도출」, 보도자료, 2012. 5. 3.

외교통상부, 『한중일 협력개황』, 2012. 5.

전홍택·박명호 편, 『동아시아 통합전략: 성장-안정-연대의 공
  동체 구축』, 연구보고서 2010-04, 한국개발연구원, 2010.

전홍택·박명호 편, 『동아시아 통합전략(Ⅱ): 한·중·일을 중심
  으로』, 연구보고서 2011-07, 한국개발연구원, 2011.

제주평화연구원 편, 『동아시아 다자협력의 제도화』, 오름, 2011.

최영종, 『동아시아 지역통합과 한국의 선택』, 고려대 아세아연구
  소 출판부, 2003.

최원기, 「동아시아 금융협력의 다자화 방안: 치앙마이 이니셔티
  브를 중심으로」, 『아시아 경제협력의 다자화 연구』, 연구
  사업보고서 09-02, 제주평화연구원, 2009.

최원기, 「한중일 정부 간 협력현황 및 정치외교 분야 협력」, 전홍
  택·박명호 편, 『동아시아 통합전략(Ⅱ): 한·중·일을 중심
  으로』, KDI 연구보고서 2011-07, 한국개발연구원, 2011.

최원기, 『동아시아 다자협력과 한중일 3국 협력: 평가와 추진방
  향』, 2011년 정책연구과제 2, 외교안보연구원, 2012.

한중일 3국 협력사무국, 「평화와 공동번영의 동북아시대를 위하
  여」, 2012.

Abbott, Kenneth W. and Duncan Snidal, "Hard and Soft
  Law in International Governance," *International
  Organization*, Vol. 54, No. 3, August 2000,

pp.421~456.

Abbott, Kenneth W., Robert Keohane, Andrew Moravcsik, Anne-Marie Slaughter, and Duncan Snidal, "The Concept of Legalization," *International Organization*, Vol. 54, No. 3, August 2000.

Asian Development Bank, *Institutions for Regional Integration: Toward an Asian Economic Community*, Manila, The Philippines: Asian Development Bank, 2010.

Downs, George, David Rocke, and Peter Barsoom, "Is the Good News about Compliance Good News about Cooperation?" *International Organization*, Vol. 50, No. 3, 1996, pp.379~406.

Goldstein, Judith, Miles Kahler, Robert O. Keohane, and Anne-Marie Slaughter, "Legalization and World Politics," Special Issue, *International Organization*, Vol. 54, No. 3, August 2000.

Hasenclever, Andreas, Peter Mayer, and Volker Rittberger, *Theories of International Regimes*, New York: Cambridge University Press, 1997.

Haas, Ernst B., *Beyond the Nation State: Functionalism and International Organization*, Stanford: Stanford University Press, 1964.

Haggard, Stephan, "Regionalism in Asia and the Americas," in Edward D. Mansfield and Helen V. Milner (eds.), *The Political Economy of Regionalism*, New York: Columbia University Press, 1997.

Hemmer, Christopher, and Peter J. Katzenstein, "Why is There No NATO in Asia? Collective Identity, Regionalism, and the Origins of Multilateralism," *International Organization*, Vol. 56, No. 3, 2002.

Henning, Randall C., "Coordinating Regional and Multilateral Financial Institutions," Working Paper 11-9, Washington D.C.: Peterson Institute of International Economics, 2011.

Koremenos, Barbara, Charles Lipson, and Duncal Snidal, "The Rational Design of International Institutions," Special Issue, *International Organization*, Vol. 55, No. 4, Autumn 2001.

Krasner, Stephen D. (ed.), *International Regimes*, Ithaca, NY: Cornell University Press, 1983.

Lipson, Charles, "Why Are Some International Agreements Informal?" *International Organization*, Vol. 45, No. 4, Autumn 1991, pp.495~538.

Mattli, Walter, *The Logic of Regional Integration: Europe and Beyond*, New York: Cambridge University Press, 1999.

Moravcsik, Andrew, *The Choice for Europe: Social Purpose and State Power from Messina to Maastricht*, Ithaca, NY: Cornell University Press, 1998.

Pempel, T. J. (ed.), *Remapping East Asia*, Ithaca: Cornell University Press, 2005.

Reus-Smit, Christian, "Politics and International Legal Obligation," *European Journal of International Relations*, Vol. 9, No. 4, 2003, pp.591~625.

Severino, Rodolfo C., "Regional Institutions in Southeast Asia: The First Movers and Their Challenges," paper prepared for the Asian Development Bank project, Institutions for Regionalism: Enhancing Economic Cooperation and Integration in Asia and the Pacific, presented at a workshop in Jakarta on 9~10 June 2009.

Solingen, Etel, "East Asian Regional Institutions:
Characteristics, Sources, Distinctiveness," in
Pempel (ed.), *Remapping East Asia*, Ithaca: Cornell
University Press, 2005.

Sussangkam, Chalongphob, "The Chiang Mai Initiative
Multilateralization: Origin, Development and
Outlook," ADB Working Paper, No. 230. Manila,
The Philippines: Asian Development Bank, 2010.

Sussangkam, Chalongphob, "Institution Building for
Macroeconomic and Financial Cooperation in East
Asia," Thailand Development Research Institute,
2011.

제Ⅲ부

동아시아 통합과
새로운 도전

Asia
Svobodny
Iturup
Kunashir
(Rus. occup.)
Hokkaido
Honshu
JAPAN
Tokyo
KOREA
Osaka
Bonin
Islands
Shanghai
Taipei
TAIWAN
PHILIPPINE
SEA
Luzon
Guam
Yap

5 세계경제의 시나리오와 한국의 대응

박성훈(고려대학교)

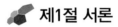 제1절 서론

1970년대 초반 비교적 약하게 나타났다가 한동안 뜸한 현상을 보이던 지역주의[1] 추세는 1990년대 초반 지지부진한 우루과이라운드 협상에 실망한 일부 국가들의 자유무역협정 체결, 동구권 국가들의 체제 전환 및 이에 따른 유럽연합과의 특혜무역협정 증가 등의 요인에 따라 매우 강한 제2차 지역주의의 모습으로 부활하였다. 그런데 이 새로운 지역주의 추세는 1990년대 말부터 지속적으로 증가하고 있는 동아시아 국가들의 지역주의화 경향에 따라 그 강도가 점점 더해지고 있는 실정이다. 최근 들어서는 다자간 무역자유화 협상인 도하개발 어젠다가 지지부진함에 따라 나타나는 피로감이 적지 않은 국가들을 지역주의 경향으로 유도하는 등 지역주의는 지난 20년간 세계경제를 규정하는 하나의 커다란 흐름으로 자리매김하고 있다.

이처럼 지난 20년 동안 확산일로에 있는 지역주의의 최근 움직임에서 가장 눈에 띄는 새로운 변화는 앞 장에서도 많이 언급되었듯이 동아시아 국가들의 지역주의에 대한 적극적인 참여 현상이라고 할 수 있다. 1990년대 중반까지 지역주의의 불모지로 불리던 동아시아의 많은 나라들이 지난 10여 년

간 100개 이상의 지역무역협정을 체결했다는 사실은 동아시아 지역주의의 빠른 확산 속도를 짐작하게 한다. 이러한 연유로 많은 관측자들은 1990년대 말부터 지역주의와 다자간 무역질서가 공존해 나갈 것이라는 전망을 발표하기도 하였다.

세계경제의 지역주의화에 의해 촉발된 또 하나의 파급효과는 지역 차원의 통합 움직임을 넘어서 지역 간·대륙 간 연계가 강화되고 있다는 점이다. 전통적으로 강한 정치·경제적 유대관계를 유지해 오던 미국과 유럽 사이의 범대서양 경제파트너십(Transatlantic Economic Partnership: TEP)에 추가하여 1990년대 초반부터는 미국과 유럽이 각각 아시아 지역과의 협력 강화를 위한 새로운 연계를 추진하고 있다. 미국과 아시아를 연결하는 아시아·태평양 경제협력체(Asia-Pacific Economic Cooperation: APEC)와 유럽과 아시아를 연결하는 아시아·유럽 정상회의(Asia-Europe Meeting: ASEM)가 바로 이러한 대륙 간 협력의 대표적인 사례라고 할 수 있다. 아태 자유무역지대(Free Trade Area of the Asia-Pacific: FTAAP) 또는 범태평양 동반자협정(Trans-pacific Partnership) 등 여기에서 파생된 몇 가지 구상들은 세계경제의 지역주의화를 더욱 심화시키는 잠재적 요인이 될 수도 있다.

이러한 배경요인하에 본 장에서는 동아시아 지역주의의 확산으로 대표되는 최근 세계경제의 지역주의화 현상에 따라 나타나는 다양한 파급효과를 분석하고(제2절), 향후 전개방향을 예상하는 한편(제3절), 이에 대응하는 한국의 전략적 선택을 논의하고자 한다(제4절).

제2절 지역주의 확산과 세계경제에 대한 파급효과

본 절에서는 지역주의 확산에 따라 변화하고 있는 세계경제의 현주소를 분석하고자 한다. 여기서 논의하고자 하는 지역주의의 파급효과는 (ⅰ) 다자주의와 지역주의의 공존현상과 (ⅱ) 지역 간·대륙 간 지역주의의 대두 가능성 등 두 가지 현상으로 집약할 수 있다.

1. 지역주의와 다자주의의 공존

지역주의의 발흥과 함께 2000년대 초반까지만 해도 지역주의와 한동안 공존할 것으로 예상되었던(박성훈[2001]; Mansfield and Reinhardt[2003]) 다자주의는 그 영향력이 지속적으로 약화되어 왔다. 2001년에 개시된 DDA가 10년이 지난 지금까지도 아직 지지부진하다는 점은 이를 반증하고 있다. 특히, 이에는 빠른 속도로 증가한 WTO 회원국 수와 확대일로에 있는 신흥시장 국가들(Emerging Market Economies)의 영향력 등이 원인으로 작용한 것으로 평가된다. 또한, 무역분쟁 등에서 협상력(negotiation leverage)을 제고하고자 하는 WTO 회원국들이 지역주의에 적극적으로 참여하면서 다자주의에 대한 관심이 약해진 것도 그 원인 중의 하나이다(Mansfield and Reinhardt[2003]). 그러나 이러한 지역주의의 득세에도 불구하고, WTO체제를 중심으로 한 다자간 무역질서는 지속적으로 세계경제의 중요한 핵심 변수로 작용할 것이라는 점에 대해 대부분의 연구자들이 일치된 의견을 보이고 있는 것도 사실이다. 이러한 맥락에서 본 소절에서는 지역주의와 다자주의의 공존현상 현황과 둘 사이의 관계를 규명함으로써 다음 장에서 중점적으로 논의하게 될 세계경제의 향후 전개방향을 예측하는 데 기초자료로 활용하기로 한다.

∴ 현황

세계경제의 지역주의화 추세가 가져온 첫 번째 파급효과는 다자주의와 지역주의의 공존현상이다. 다자주의란 1948년에 출범한 GATT체제와 이를 이어받아 1995년에 출범한 WTO체제로 대표된다. 즉, 다자주의는 지난 60여 년의 기간 동안 (ⅰ) 무차별성(non-discrimination), (ⅱ) 공정하고 자유로운 무역(fair and free trade), (ⅲ) 경제개발과 개혁의 지원(supporting economic development and reform)이라는 세 가지의 중요한 핵심 원칙하에 지속적인 무역자유화를 통해 세계경제의 성장을 견인해 온 체제로 인정받고 있다. GATT체제하에서 진행된 여덟 차례의 다자간 무역자유화 협상은 이를 실천하는 가장 중요한 수단으로서의 의의를 가지고 있다. 지역주의는 GATT 제24조에서 규정하듯이 다자주의체제의 중요한 원칙 중 하나인 무차별원칙에 대한 예외를 인정하는 것이라고 하겠다. 즉, 몇 가지의 전제조건[2]을 충족시킬 경우 지역주의는 다자주의가 지향하는 글로벌 차원의 무역자유화에 위배되지 않는 범위 내에서 허용되고 있는 것이다.

제2차 대전 이후의 세계경제에서 지역주의의 움직임은 대체로 두 차례 나타났던 것으로 분석된다. [그림 5-1]에서 보듯이 제1차 지역주의 움직임은 1970년대 초반에 나타났다가 곧바로 약화되었는데, 이때에는 유럽통합의 움직임에 영향을 받은 아프리카, 중남미의 개도국들이 서로 간의 자유무역협정을 체결하는 사례가 주를 이루고 있었다. 이들은 지도력 있는 국가의 부재에 따른 관측 가능한 경제적 이익의 미비로 대다수가 실패로 돌아갔다는 평가를 받고 있다.

제2차 지역주의 움직임은 1990년대 초반 이후 생겨나 지금까지도 지속되고 있는 현상이다. 제2차 지역주의는 그 당시 진행되던 다자간 무역자유화 제8차 협상인 우루과이라운드 협상이 지지부진함에 따라 나타난 다자주의의 피로감에 지친 다수의 GATT 회원국들이 지역주의에 더욱 관심을 갖게 된 것과 냉전 종식에 따라 동구권 국가들이 서둘러 유럽연합과의 관계 개선을 위해 준회원국 협정(Association Agreement)을 맺기 시작한 것 등 두 요인의 영향을 받았던 것으로 이해할 수 있다. 그런데 이 움직임이 더 커다란 탄력을 받게 된 것은 1990년대 말에 발생한 아시아 금융위기에 기인하는 바가 큰 것으로 평가된다. 많은 아시아 국가들이 그때까지 다자주의를 선호하는 정책을 취하고 있었기 때문에 아시아는 지역주의의 불모지로 불리고 있었는데(Park[2005]), 아시아 금융위기 이후 아시아 국가들은 강도 높은 지역주의를 시도하기

2) GATT 제24조는 자유무역지대와 관세동맹이 (ⅰ) 회원국 사이의 거의 모든 무역을 자유화하고, (ⅱ) 이전의 무역장벽보다 높은 장벽을 설치하지 않으며, (ⅲ) 합리적인 기간(10년) 내에 완결되어야 하며, (ⅳ) 즉각적으로 다자체제에 통보되어야 한다고 규정하고 있다.

시작한 것이다. 아시아 국가들의 지역주의 추세는 최근 들어 더욱 가속화되고 있다. 특히, 아시아의 대표적인 국가들인 한국, 중국, 일본은 각각 10개 이상의 국가 또는 지역무역협정들과 자유무역협정을 체결하고 있다. 2000년대 초반 이 3개국이 지역무역협정에 전혀 참여하지 않고 있었던 상황과 비교하면 이러한 변화는 매우 주목되는 현상이라고 하겠다.

[그림 5-1] GATT/WTO에 통보된 지역무역협정 추이(1948~2011년)

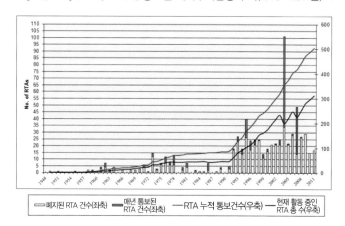

자료: WTO.

이상에서의 논의를 종합하면, 1990년대 초반 이후의 세계경제는 세력이 크게 약화되기는 하였으나, 여전히 국제무역의 규정 제정자로서의 역할을 담당하고 있는 다자주의와 지속적으로 영역을 확장하고 있는 지역주의라는 두 가지의 거대한 흐름이 공존하는 현상을 겪고 있다. 특히, Fiorentino et al.(2006)이 분석하였듯이 2000년대 중반 지역무역협정 내에서 이루어지는 무역규모가 이미 세계 전체 무역규모의 50% 이상을 차지하고 있었으며, 최근 들어서도 이러한 추세가 더욱 심화되고 있다는 사실은 지역주의가 일견 다자주의와 대등한 정도의 영향력을 행사하고 있음을 반증하는 징표라고 하겠다.

∴ 다자주의와 지역주의의 관계

지역주의와 다자주의가 1990년대 초반 이후 지속적으로 공존하는 현상이 나타나면서, 1980년대 말까지 세계경제성장의 견인차 역할을 담당했던 다자주의에 어떠한 영향을 미치고 있으며, 또 이러한 새로운 변화에 다자주의가 어떻게 적응해야 하는가는 학계에서는 물론이고 정책담당자들에게도 매우 의미 있는 연구대상으로 대두되었다. 본 소절에서는 다음 절에서 논의하게 될 세계경제의 향후 전개방향을 예측하는 기초자료로서 다자주의와 지역주의의 관계를 이론적으로 논의하는 한편, 그 변화의 현황과 향후 발전방향을 논의해 본다.

지역주의와 다자주의 간의 관계를 이론적으로 규명하는 학자들 사이에는 지역주의가 기본적으로 다자주의에 걸림돌(stumbling block)로 작용해 왔다는(그리고 향후에도 그럴 것이라는) 시각과 지역주의가 다자주의를 보다 강화하는 디딤돌(building block)의 역할을 담당해 왔다는(그리고 향후에도 그럴 것이라는) 시각이 대립되고 있다.

전자의 시각, 즉 지역주의가 다자주의의 성취에 걸림돌로 작용해 왔다는 시각은 특히 Bhagwati(1993) 및 Bhagwati and Panagariya(1999)에 잘 요약되어 있다. 이들은 지역주의가 다자주의 세계교역 질서에 특히 다음과 같은 세 가지의 폐해를 초래함으로써 다자주의체제가 추구하는 세계경제의 통합화를 방해하는 요인이 되고 있다고 주장한다. 우선, 지역주의는 특혜무역협정(PTA)을 의미하는 것으로서 기본적으로 관세장벽뿐만 아니라 원산지규정, 역내조달의무 등의 비관세장벽에 있어서도 회원국과 비회원국을 차별함에 따라 무역전환(trade diversion)효과를 발생시킨다는 것이다. 특히, 이러한 무역전환효과는 동시에 발생하는 무역창출(trade creation)효과를 능가하며, 이에 따라 세계경제 전체로 보아 생산요소의 효율적인 배분을 저해하게 된다고 지적한다.

둘째, 지역 차원의 경제통합을 강화할 경우 이에 관여된 국가들은 최선이라고 할 수 있는 다자주의적 교역질서의 강화를 위한 노력을 등한시하고, 지역주의에만 관심을 집중시키게 된다

3) 필자들은 이를 'interest diversion'이라고 칭하고, 그 예로서 1980년대 중반 이후 관찰할 수 있는 미국의 지역주의에 대한 관심 강화를 지적하였다.

는 점이 지적되고 있다. [3]

셋째, 다자주의를 선호하는 학자들은 지역주의의 강화 및 확산이 역사적으로 볼 때 지역 간 또는 국가 간 매우 심각한 정치적·군사적 갈등관계로 귀결되기도 하였다는 사례를 들어, 최근 나타나는 지역주의 확산 현상도 지나칠 정도로 심화될 경우 장기적으로 이러한 부정적인 지정학적 영향(negative geopolitical impact)을 초래할 수도 있다는 점을 우려하고 있다.

4) Bergsten(1996) 참조.

그러나 지역주의의 긍정적인 효과를 강조하는 측도 만만치 않은 논리로 이를 반박하고 있는 점이 이채롭다. [4] 우선, 지역주의가 다자주의를 위한 디딤돌로 작용한다고 주장하는 학자들은 지역주의를 통해 '보다 자유로운 무역'의 분위기를 확산시킬 수 있으며, 이는 궁극적으로 다자주의의 강화로 연결될 수 있음을 강조한다. 즉, 무역전환효과가 무역창출효과를 능가한다는 전자와는 달리, 무역창출효과가 무역전환효과를 능가한다는 연구 결과를 지지하고 있다.

둘째, 이들은 또한 지역주의의 경험을 통해 특히 개발도상국들의 경우 경제발전에 필수적으로 요구되는 내부적 개혁(domestic reforms)을 지속적으로 추진할 수 있는 외부적 통제장치를 제공받음으로써 경제발전에도 도움이 될 수 있음을 지적한다.

셋째, 경험적으로 보더라도 지역경제블록에서 창안된 중요한 자유화조치들이 일반화되어 다자주의적 자유교역질서를 강화하는 데 도움이 된 사례가 적지 않음을 지적하고 있다. 이의 좋은 사례로 유럽연합에서 먼저 시작한 서비스산업 자유화가 우루과이라운드의 공식 협상의제로 채택되어 결국에는 '서비스무역에 관한 일반협정(General Agreement on Trade in Services: GATS)'으로 발전한 분출효과(Spillover Effect)를 들 수 있다.

넷째, 지역 차원에서 이루어지는 자유화의 실시는 관료, 정부, 국민 등 해당국의 광범위한 경제주체들에게 일종의 '시위효과(demonstration effects)'를 보여줌으로써 보다 용이하게 자유화조치들을 채택할 수 있는 환경을 제공해 줄 것이라는 점이 지적되고 있다.

끝으로, 특히 EU(독일 vs. 프랑스), MERCOSUR(아르헨티나 vs. 브라질), APEC(일본 vs. 중국+동아시아) 등의 사례를 통해 보더라도, 제2차 대전 이후에 추진되었던 중요한 지역주의의 사례들은 주로 정치-군사적인 긴장완화를 위한 목적으로 형성되었거나, 결과적으로는 이와 동일한 효과를 가져왔다는 점을 강조하면서, 지역주의에 의한 지정학적인 긴장고조의 우려를 반박하고 있다.

이러한 찬반론 중에서 어느 것이 옳은가에 대해서 확정적인 평가를 내리기는 아직 이른 것으로 판단된다. 그러나 기본적으로 다자주의적 자유교역질서가 지역적으로 분할된 교역체제보다는 세계경제 전체로 보아 보다 긍정적이라는 데는 거의 모든 학자와 정책담당자들이 동의하고 있다(Wei and Frankel[1998]; Winters[1996]). 또한, 지역주의의 긍정적인 효과를 강조하는 측도 다자주의를 강화하는 차원에서의 지역주의의 역할을 강조하고 있는 것이지 지역주의를 절대적으로 추구해야 한다는 의미는 아니라는 것이 일반적인 평가이다. 5) 종합적으로 판단하건대, 향후 지역주의와 다자주의가 어떤 형태로 공존해 나갈 것인가를 현시점에서 예측하기는 쉽지 않으나, 경험적으로 보아 다자간 무역협상이 성공적으로 추진될 경우 지역주의가 약화되어 소위 spaghetti-bowl 효과 또는 domino 효과 등이 제어될 수도 있다는 희망적인 전망도 가능할 것으로 판단된다.

2. 지역 간 · 대륙 간 통합 움직임의 대두

세계경제의 지역주의화 현상은 EU 또는 NAFTA와 같이 특정 지역 또는 대륙 차원의 지역주의를 강화하는 형태를 띠기도 했지만, 다른 한편에서는 대륙 간-지역 간 지역주의 또는 협력프로젝트의 강화라는 또 다른 파급효과를 가져왔다. 본 소절에서는 이러한 새로운 움직임의 현황과 동인을 심도 있게 논의하기로 한다.

5) 이와 관련하여 WTO(1995), OECD(1995)는 공히 지금까지의 지역주의가 다자주의에 대해 보완적인 관계를 유지할 수 있었다는 분석 결과를 발표하였다.

∴ 현황

1) 초기의 지역 간·대륙 간 통합노력

Park(2003)은 아시아와 미주 사이의 협력채널이라 할 수 있는 아시아·태평양 경제협력체(Asia-Pacific Economic Cooperation: APEC), 아시아와 유럽 사이에 정상회의 형태로 진행되고 있는 아시아·유럽 정상회의(Asia-Europe Meeting: ASEM) 등을 이러한 지역 간·대륙 간 통합 움직임의 대표적인 사례로 들고 있다.

APEC은 UR 협상이 지지부진하게 진행되던 1989년 미국, 호주, 일본, 한국 등 주요 아시아 국가들과 태평양 연안국가들이 12개 회원국으로 출범시킨 경제협력체이다. 1994년에 채택한 보고르목표(Bogor Goals)와 이를 변형하여 2006년부터 본격적으로 추진하기 시작한 아태자유무역지대(Free Trade Area of the Asia-Pacific: FTAAP)를 가장 중요한 협력 및 통합 기제로 채택하고 있다. 출범 초기부터 다자주의에 부담을 주지 않는다는 목적으로 개방적 지역주의(Open Regionalism)를 채택하여 실천해 나가고 있지만, 특히 1990년대 말에 발발한 아시아 금융위기와 보고르목표의 성취가 불투명하게 전개되면서 최근 들어 협력의 동력이 많이 약화되었다.[6] 뒤에 상세하게 소개되듯이, APEC은 FTAAP를 통해 회원국 모두를 아우르는 자유무역을 성취함으로써 보고르목표를 달성하겠다는 의지를 보이고는 있으나, 동아시아의 많은 국가들이 지역주의 전략을 본격적으로 추진하기 시작하면서 그 한계이익에 대한 회의감 등 장애요인들을 극복하기 쉽지 않은 상황이다.[7] APEC은 가장 최근에 미국이 협상에 참여하면서 그 영향력을 확대하고 있는 범대서양 경제동반자협정(Transpacific Economic Partnership: TPP)을 FTAAP를 달성하는 하나의 경로(pathway)로 활용한다는 전략을 추구하기 시작하였다.[8]

ASEM은 미국의 주도로 출범한 APEC에 자극받아 유럽연합이 1994년에 채택한 적극적인 대아시아 신전략(New Asia

6) Park and Lee(2009)는 APEC이 정체성위기와 신뢰성위기 등 두 가지의 위기상황에 처해 있어 그 활로를 모색해야 할 중대한 상황에 있음을 지적하고 있다.

7) FTAAP를 포함하여 APEC이 향후 추구할 수 있는 전략적 방향에 관해서는 Park(2008) 참조.

8) Asia-Pacific Economic Cooperation, "Leaders' Declaration," Honolulu, 2011.

Strategy)의 결과로 1996년에 발족한 아시아와 유럽 사이의 정상회담이다. 출범 초기에는 EU 15개 회원국과 ASEAN 7개 회원국 및 한·중·일 3국을 합하여 25개 회원국과 EU 집행위원회 등 26개 회원으로 구성되어 있었으나, 최근에는 동구 및 지중해 연안의 10개 국가들이 EU 가입과 함께 ASEM 회원국 자격을 확보하였고, 아시아에서도 여러 국가들이 참여하여 총 51개 회원국으로 확대되었다. 경제협력에 주력하는 APEC과 달리 ASEM은 정치, 경제, 사회문화 등 광범위한 분야에서의 양 대륙 간 협력을 추구하고 있다.

APEC과 ASEM 등의 초기에 나타난 대륙 간 협력/통합 움직임들은 다자주의와의 관계설정에 있어서 매우 조심스러운 접근방법을 채택하였고, 그 기조를 대체로 지금까지도 유지하고 있다.[9] 특히, APEC이 먼저 채택했던 개방적 지역주의 원칙은 ASEM에도 그대로 전수되었으며, Wei and Frankel (1998)이 개방적 지역주의의 필요성에 관한 논의를 통해 주장하였듯이 다자주의에 대한 커다란 위협요인으로 작용하지는 않았다는 분석이 가능하다. 즉, 지역주의의 발흥과는 달리 지역 간·대륙 간 통합 움직임들은 애초부터 다자주의와의 조화로운 관계설정을 하나의 목표로 채택하고 있었다고 하겠다.

2) 지역 간·대륙 간 통합의 새로운 움직임

다자주의에 부담을 주지 않으려는 초기의 지역 간·대륙 간 통합노력들이 시간이 지나면서 자체적인 동력에 의해 점차 무역협정으로 진화되고 있는 현상이 나타나고 있다. ASEM의 경우 이러한 현상이 아직은 강하게 나타나지 않고 있으나, APEC 회원국들 내에서는 두드러지게 나타나고 있다. 여기에서는 특히 FTAAP와 TPP를 향한 다양한 움직임들을 분석해 볼 필요가 있는 것으로 사료된다.

가) 아시아·태평양 자유무역지대(FTAAP)

FTAAP는 오랫동안 개방적 지역주의를 견지해 오던 APEC이 이 원칙을 본격적으로 포기하기 시작한 하나의 중요한 첫

9) APEC이 현재 추진하고 있는 FTAAP는 그 예외로 볼 수 있다.

걸음으로 기록될 수 있다. 이러한 변화의 근저에는 앞에서 간략하게 언급되었듯이 APEC이 겪고 있는 두 가지의 위기상황이 자리하고 있는 것으로 평가된다. 특히, '보고르목표'라는 표제하에 2010/2020년을 목표연도로 해서 추진해 오던 역내 무역투자자유화 노력이 성공하지 못하여 APEC 협력의 신뢰성에 커다란 손상이 가게 된 점과 아시아 국가들이 적극적으로 지역주의 전략을 구사하면서 아태지역의 협력에 관심을 잃어가는 현상이 발생한 점이 APEC이 FTAAP를 추진하게 된 중요한 계기로 작용한 것으로 이해할 수 있다.[10]

10) Scollay(2005).

Sheng(2007) 및 Scollay(2005)의 분석에 따르면, FTAAP는 APEC의 공식의제로 채택되기 전인 2004년 아태지역의 기업들에 의해 이미 제안되기 시작했다. 또한, Bergsten(1996)은 1990년대 중반에 벌써 FTAAP라고 지칭하지는 않았지만 그와 유사한 지역주의가 필요하다는 인식을 가지고 있었던 것으로 보인다.

FTAAP를 보는 각국의 시각은 매우 다양하다고 할 수 있다. 특히, 아시아 국가들의 경우 제각기 다양한 지역주의를 형성하려는 노력을 기울이고 있기 때문에 FTAAP에 대한 접근이 비교적 우호적인 것으로 평가된다. 다만, APEC 회원국이 경제개발수준, 소득수준, 경제개방도, 국가규모 등에서 매우 다양하다는 점과 자유무역협정의 형태를 가지게 될 FTAAP를 정치외교적인 시각에서 접근하려는 시도도 감지되고 있다는 점에서 그 성사 가능성이 아직은 불투명한 것으로 판단된다.[11] 특히, 아시아 지역에서 ASEAN이 주도하여 야심차게 추진하고 있는 포괄적 지역경제동반자협정(Regional Comprehensive Economic Partnership: RCEP) 뒤에서 논의하는 범태평양 경제동반자협정(TPP) 등이 FTAAP와 제도적 경쟁관계에 있는 구상들이라고 하겠다.[12]

11) 예를 들어, Sheng(2007)은 FTAAP가 경제적인 관점에서는 중국에 적지 않은 이익을 가져다주지만, 중미관계, 자유화의 수준과 민감품목에 대한 처리방식 등 다양한 정치경제학적인 요소들을 고려할 필요가 있다고 주장하였다.

12) 필자의 시각과는 달리 2010년 APEC 정상선언문에서는 FTAAP를 달성하는 경로(Pathway)를 예시하고 있는데, 특히 ASEAN+3, ASEAN+6과 함께 TPP도 그 경로의 하나로 언급되고 있다.

현재 APEC 내에서는 FTAAP를 추진하기 위한 다양한 정책적 노력이 기울여지고 있다. FTAAP의 경제효과에 대한 분석이 2007년에 실시되었으며, 2009년부터는 APEC 역내에서 체결된 FTA들이 수렴하는지(convergence), 보다 다양화되고(divergence) 있는지 등에 관한 다년간 연구가 진행되고 있다.

나) 범태평양 경제동반자협정(TPP)

TPP는 칠레, 싱가포르, 뉴질랜드, 브루나이 등 APEC 회원국 중에서 대표적인 소규모 개방국가 4개국이 이미 결성하고 있던 수준 높은 FTA에서 출발한 것이다. 출범 후 최근까지도 소국들의 FTA이기 때문에 다른 국가들에 미치는 파급효과가 크지 않아 크게 주목받지 못하고 있었으나, 2009년 미국이 전격적으로 TPP 참여의지를 밝히면서 현재 아시아-태평양 지역에서 가장 영향력 있는 지역무역협정의 하나로 급부상하였다.[13] 미국이 참여를 선언한 이후[14] 협상에 참여하고 있는 국가의 수가 11개로 크게 확대되었다.[15]

TPP는 매우 높은 수준의 무역자유화는 물론이고 (i) 환경, (ii) 노동, (iii) 규제시스템, (iv) 투자자유화 및 (v) 국영기업 등 무역 이외의 분야에서도 매우 높은 수준의 개방화를 요구하고 있다는 점에서 아시아-태평양 지역뿐만 아니라, 세계경제 전반에 걸쳐 적지 않은 파급효과를 가져올 것으로 예상해 볼 수 있다. USTR(2012)는 특히 이러한 협상 결과에 따라 참여국들의 국내 제도들이 미국 기업들이 영업활동을 영위하는 데 도움이 되는 방향으로 개선될 것을 기대하고 있다. TPP 회원국들은 2012년 12월 현재까지 총 15차례의 협상을 진행해 왔으며, 최근에는 캐나다와 멕시코도 협상에 참여하도록 초청되었다.

TPP의 세계경제에 대한 파급효과와 관련하여 주목을 끄는 것은 일본과 중국의 거취이다. 우선, 일본의 경우 2011년 11월 노다 총리가 "TPP 협상에 참여할 목적으로 회원국들과의 협의를 시작하기로 결정했다"[16]고 천명하면서 종래와는 매우 다른 적극적인 참여의사를 밝힌 바 있다. 그런데 거의 같은 시기에 TPP 가입을 희망한 멕시코와 캐나다는 협상에 참여시키기로 결정한 반면, 일본은 아직 협상에 참여하지 못하고 있는 사실은 보다 심층적인 분석을 요하는 사항이라 하겠다.

13) Zhang(2012).

14) Bergsten and Schott (2010)은 TPP를 통해 미국은 동아시아 국가들의 지역통합이 진전됨에 따라 발생한 미국 수출의 왜곡 현상을 회복하는 경제적 이익이 기대된다고 주장하였다.

15) 소위 P-4라고 불리는 4개국 외에 미국, 페루, 호주, 베트남, 말레이시아, 캐나다, 멕시코 등이 협상에 참여하고 있다.

16) 노다 총리의 천명은 "I have decided to enter into consultations toward participating in the Trans-Pacific Partnership negotiations with the countries concerned"로 모호하게 표현되어 있어 진정한 의도가 무엇인지 의문시되기도 한다.

특히, 경쟁국인 한국이 미국, EU와의 FTA 체결을 성사시켜 시장접근을 강화하는 가운데, 일본정부는 매우 치열하게 강대국을 대상으로 FTA 체결을 원하고 있으나, 미국과 EU가 공히 아직은 유보적인 자세를 취하고 있는 것으로 평가된다.

중국의 TPP에 대한 접근은 매우 조심스러운 것으로 판단된다. 일각에서는 미국이 TPP 협상을 진행하면서 국영기업에 대한 보조금 문제, 경쟁정책 등을 협상의제로 채택하고 매우 수준 높은 자유화를 지향하는 점이 중국을 견제하기 위한 목적이라고 주장하기도 한다.[17] 중국도 APEC 정상회의 등을 통해 FTAAP를 달성하는 하나의 경로로 TPP를 인정하는 등 공식적인 차원에서는 미국의 TPP 전략에 대해 무관심한 것처럼 행동하고 있으나, 실제로 일부 정책담당자들과 학자들은 TPP에 참여하는 미국의 전략이 TPP를 동아시아에서 점차 영향력을 확대하고 있는 중국을 견제하는 수단으로 활용하기 위한 것이라는 인식을 가지고 있는 것으로 판단된다.[18]

종합적으로 보건대, 일본과 중국의 TPP 참여 여부는 TPP 그 자체의 세력 확장 가능성에만 국한되지 않고 매우 광범위한 파급효과를 가질 것으로 예상된다. 우선, 일본의 TPP 참여가 조기에 결정될 경우 중국이 가지고 있는 TPP에 대한 유보적 태도가 크게 강화될 가능성이 큰 것으로 판단된다. 즉, 중국은 미국이 전통적인 우방국인 일본의 참여를 통해 아태 지역에 '반중국 국가군'을 형성하고 있다는 인식을 얻게 될 가능성이 크다. 이 경우 중국은 자신들과 상대적으로 경제협력 관계가 가까운 아세안 국가들과의 보다 긴밀한 통합을 위한 강화된 노력을 기울일 가능성이 크다고 하겠다. 이러한 시나리오가 전개될 경우 동아시아의 지역통합은 실현 가능성이 크지 않고, 아세안의 회원국들도 TPP와 중국 중에서 보다 중점적인 협력상대를 선택해야 하는 기로에 서게 될 가능성도 있다. 동아시아의 입장에서 보아 그리 바람직하지 못한 시나리오인 것이다.

그러나 만약 중국이 미국과의 관계개선 등을 통해 TPP에 전향적인 자세를 가지게 된다면 아시아-태평양 지역의 경제통합은 비교적 순조롭게 진행될 가능성이 크다. 즉, APEC에서 추구하고 있듯이 TPP를 중간 경로로 하여 APEC의 모든 회원국을 대상으로 FTAAP를 지향하는 새로운 움직임이 나타날 가능성이 커진다고 하겠다. 말하자면, 중국과 미국이 글로벌 파워경쟁을 지양하고 지역통합을 위해 협력하는 매우 바람직한 시나리오가 전개되는 것이다.

이 시나리오가 실현될 경우 아세안과 일본은 주변화될 가능성이 매우 커진다. 아세안은 지난 수 세기 동안 중국과 일본의 경쟁구도가 심화되면서 나타난 동아시아 지역통합을 위한 리더십 부재에 따라 위임받았던 아세안중심주의(ASEAN-centrality) 역할을 상실하게 될 가능성이 큰 것이다. 중요하고 의미 있는 경제적 이익이 TPP/FTAAP를 통해 얻어지기 때문에 이러한 공공재를 제공하지 못하는 아세안에 대한 신뢰 및 소속감이 크게 약화될 것으로 예상해 볼 수 있기 때문이다. 일본의 경우 전통적인 미국의 우방으로서의 지위가 중국과 미국의 적대관계 내지는 경쟁관계하에서 보다 뚜렷하게 나타났다면, 이 시나리오에서처럼 중국과 미국이 협력과 공조체제를 강화해 나가는 환경하에서는 일본이 중요한 역할을 담당할 입지가 크게 축소될 수밖에 없을 것으로 예상된다.

이러한 주요국들의 복잡한 전략적 이해관계에 추가하여 협상에 참여하고 있는 베트남, 말레이시아, 페루 등 개도국들의 입장도 TPP의 성공적 정착에 중요한 변수로 작용할 가능성이 크다. 특히, 위에서 언급하였듯이 환경, 노동, 규제시스템, 국영기업 등의 분야에서 이들이 선진국과 유사한 정도의 개방화 및 자유화를 할 능력이 있는지는 여전히 의문시되기 때문이다. WTO 협상이 회원국의 다양성 확대와 협상 분야의 확대에 따른 이해관계의 복잡성 증대로 커다란 어려움을 겪고 있음을 고려할 필요가 있다.

∴ 동인

지역 간·대륙 간 통합 움직임이 나타나게 된 배경에는 기본적으로 (ⅰ) 미국의 경우 성장동력 약화에 따른 다른 지역(국가)으로의 시장접근 강화 필요성, (ⅱ) EU의 경우 1980년대 후반부터 1990년대 초반까지 진행되었던 유럽통합 프로그램(즉, 단일유럽시장 프로그램)과 UR 협상이 마무리된 후 주요 지역에 대한 통상정책 강화의 필요성 대두 및 (ⅲ) 1970~80년대에 걸쳐 지속적인 고도성장으로 전략적인 가치가 크게 확대된 아시아의 대두라는 세 가지 요인이 맞물려 있는 것으로 판단된다.

1) 미국의 시장접근 강화 움직임

WTO(2008)는 1947년에 출범한 GATT체제의 60주년을 맞이하여 지난 제2차 대전 이후 국제무역체제의 판도 변화를 분석하면서, 세계 주요 국가 및 지역들의 무역동향을 검토하였다. 여기에서 한 가지 흥미로운 사실은 세계경제에서 차지하는 주요 지역의 무역비중에서 북미-중남미-아프리카 지역의 비중 축소와 유럽-아시아 지역의 비중 확대가 뚜렷하게 나타났다는 점이다. [그림 5-2]에서 볼 수 있듯이 WTO(2012)는 이러한 추세가 지속되고 있음을 재차 확인하고 있다.

[그림 5-2] 주요 지역의 무역비중 변화(1948~2011년)

(단위: %)

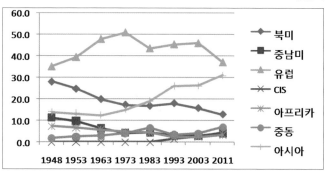

즉, 그림을 통해 알 수 있듯이, 1948년에 대략 28.1%(미국의 경우 21.7%)의 무역비중을 차지하고 있던 북미지역은 2011년 현재 그 비중이 12.8%(미국의 경우 8.3%)에 불과한 것으로 나타났다. 이러한 비중 하락 추세는 아프리카, 중남미 등의 지역에서도 공통적으로 나타나는 현상임을 알 수 있다. 이에 반하여 아시아와 유럽의 세계 무역에서 차지하는 역할은 증대하였는데, 특히 아시아 지역의 비중 확대 추세는 괄목할 만한 것으로 분석된다. 아시아는 제2차 대전 직후인 1948년에 14% 정도의 비중밖에 차지하지 못하였으나, 2011년에는 31.1%를 차지하여 유럽 다음으로 가장 중요한 역할을 하고 있는 것으로 나타났다.

이러한 미국의 경제적 영향력 약화는 미국의 기업가 및 정책담당자들에게 시장확대전략의 필요성을 일깨워 주었으며, 그 결과로 나타난 것이 미국이 제시한 거대신흥시장(Big Emerging Markets: BEMs) 전략이라고 할 수 있다. 미국정부는 1994년에 미국이 중요한 시장접근 확대 대상국으로 삼아야 할 17개의 거대 신흥시장을 지정했는데, 그중에서 12개가 아시아 국가들이었다는 사실은 뒤에서 설명할 아시아 지역의 확대된 전략적 가치를 잘 설명해 주고 있다.

미국의 시장접근 확대를 위한 노력은 여러 가지 형태로 나타났는데, 그중에서 본 장의 맥락과 일치하는 것이 아시아 지역에 대한 미국의 접근 강화 일환으로 1989년에 출범한 아태경제협력체(Asia-Pacific Economic Cooper-ation: APEC)라고 할 수 있다. 물론 APEC이 그 당시 지지부진하게 진행되던 UR협상에서 농산물시장 개방 등 중요한 이슈에 관해 대척점에 있던 EU에 대한 대항세력을 규합하는 의미도 작지 않았지만, 미국이 지속적인 성장을 통해 구매력이 급증하고 있던 동아시아 국가들에 대한 시장접근 확대의 수단으로서 APEC을 활용하려는 의도를 가졌던 것도 부인할 수 없다. APEC이 여러 차례 자체적인 시장개방에는 실패했으나, 2007년부터는 아태자유무역지대(FTAAP) 그리고 가장 최근에는 범태평양 경제동반자협정(TPP) 등의 형태로 무역자유화를 위한 수단으로 활용되고 있음은 이를 반증한다고 하겠다.

2) 유럽의 아시아에 대한 접근 강화

미국이 주도하는 APEC 결성은 1980년대 중반 이후 단일 유럽시장의 출범이라는 역내 통합과 UR 협상이라는 글로벌 차원의 통상전략에 주력함으로써 지역 차원의 통상전략에 상대적으로 많은 관심을 기울이지 않았던 EU에는 새로운 지역 통상전략을 추진하는 중요한 계기를 제공하였다. 전통적으로 아시아 지역은 EU의 대외전략에서 그 중요성이 그리 높지 않았는데, 1990년대 초중반부터는 매우 중요한 시장접근 대상지역으로 부상하였다. 여기에는 1994년에 처음 발표된 EU의 '대아시아 신전략(New Asia- Strategy: NAS 전략)' 보고서가 매우 중요한 역할을 담당한 것으로 평가된다.[19] 특히, 주목할 만한 점은 EU가 1993년부터 지속적으로 '한국관계검토보고서'(1993년), '대아시아신전략보고서'(1994년), '대일본관계보고서'(1995년), '대중국관계보고서'(1995년) 및 '대ASEAN보고서'(1996년) 등을 발표하면서 아시아에 대한 관심을 확대하고 있었다는 사실이다.

이러한 일련의 EU의 정책활동은 1996년 아시아 · 유럽 정상회의(Asia- Europe Meeting: ASEM)의 출범으로 이어졌다. ASEM은 처음에는 당시 EU의 15개 회원국과 동아시아의 10개국(당시의 ASEAN 7개 회원국+한 · 중 · 일 3개국)을 회원국으로 하여 출범하였으나, EU의 회원국 확대 및 아시아 회원국의 지속적인 영입을 통해 2012년 현재 51개 회원(국)을 보유하는 거대한 지역 간 협력체로 발전하였다.[20] 이러한 회원국 확대는 특히 당초 EU 회원국, ASEAN 회원국 및 한 · 중 · 일로 구성되어 있었으나, 여러 차례의 회원국 확대를 거치면서 스위스, 노르웨이, 러시아 등 유럽의 비EU회원국들도 참여하게 되었으며, 아시아에서도 몽고, 호주, 뉴질랜드 등의 국가들에도 문호가 개방되었기 때문에 가능하였다. 49개 국가들과 EU집행위원회, ASEAN 사무국이 참여하는 ASEM은 2011년 현재 세계 인구의 60.3%, 세계 GDP의

19) 1994년에 발표된 제차 대아시아 신전략보고서는 2001년 보다 강화된 내용으로 업데이트되었다. European Commission(1994) 및 European Commission(2001) 각각 참조.

20) ASEM의 회원(국) 구성에서 특이한 점으로 49개 국가 외에도 EU집행위원회와 ASEAN사무국도 정회원으로 참여하고 있음을 들 수 있다.

55.5%, 세계 무역의 63.2%를 차지하고 있다.

경제통상협력을 주요 현안으로 논의하는 APEC과는 달리 ASEM은 경제, 정치외교, 사회문화 등 다양한 분야들에 대한 협력 강화를 목적으로 출범하였기 때문에, 지역주의의 관점에서는 '매우 느슨한' 형태의 지역 간 협력체라고 평가할 수 있다. 그럼에도 불구하고 최근 수년간 EU가 추진하고 있는 새로운 통상전략을 고려할 때, EU 또한 집단적은 아니더라도 아시아의 주요 국가들과 FTA 체결을 위한 중요한 발판으로 ASEM을 활용하고 있다는 평가도 가능하다. 예를 들면, EU가 2006년부터 추진하고 있는 Global Europe 전략은 한국, 아세안, 인도를 중요한 FTA 대상국으로 지정하였다. 물론 지금까지는 한국과의 FTA만 성사된 상태이나, 다른 두 나라와의 FTA도 지속적으로 협상 중에 있으며, 그리고 최근 일본 또한 EU와의 FTA 협상에 커다란 관심을 보이기 시작한 점에 비추어 보면, EU가 아시아에 대한 시장접근전략을 더한층 강화하고 있다는 사실을 간파할 수 있다. 유럽 외의 국가들 특히 중국, 인도 및 브라질 등 아시아를 중심으로 펼쳐지고 있는 신흥시장의 대두를 우려하고, 이들에 대한 시장접근 강화 및 이들과의 협력관계 구축이 필요하다는 인식은 EU의 무역총국(Directorate General for Trade)이 2010년에 실시한 서베이[21]에서도 잘 나타나고 있다. 또한, European Commission(2010b)은 최근 발표한 EU의 새로운 통상전략 보고서를 통해, "…… 특히 동아시아와 남아시아 국가들에서 나타나는 고성장의 기회를 충분히 활용해야 한다"고 주장하면서 아시아 국가들과의 협력강화를 강조한 바 있다.

3) 아시아의 전략적 가치 확대

앞에서 논의되었듯이, 미국과 EU의 아시아에 대한 접근 강화는 세계경제가 향후 대륙 간 협력 및 통합의 방향으로 움직일 것이라는 점을 예고하고 있다. 아직까지는 미주의 모든 국가와 유럽의 모든 국가들이 다른 지역, 특히 아시아와의 집단적인 협력체 또는 통합체 결정을 지향하는 움직임이 나타

21) 이 서베이의 주요 내용은 European Commission (2010a) 참조.

나지는 않고 있으나, 미국이 캐나다, 멕시코와 함께 동아시아 국가들과 진행하고 있는 TPP 협상이나, EU가 한국과의 FTA 협상 성공을 바탕으로 하여 인도, 아세안과 FTA 협상을 이미 진행하고 있으며, 일본과의 FTA 협상을 위한 사전조사를 진행하고 있다는 사실은 머지않은 장래에 대륙 간의 통합체가 등장할 가능성을 배제할 수 없는 배경요인이 되고 있다. 물론 이를 위해서는 아시아, 특히 동아시아에서의 경제통합체가 성공적으로 정착되는 것이 필수적인 전제조건인 것은 사실이다.

미국과 EU의 대아시아 접근전략 강화, 즉 대륙 간 협력 및 통합 움직임의 또 하나의 중요한 동인은 바로 아시아의 전략적 가치 확대 현상이라고 하겠다. 앞서 [그림 5-2]는 이를 상징적으로 보여주고 있다. 즉, 아시아는 지난 60여 년의 개방적이고 자유로운 다자간 무역체제에 편승하여 세계 무역에서 차지하는 비중을 지속적으로 확대해 왔다. 특히, 이의 이면에는 중국의 급속한 부상이 자리하고 있는 것으로 분석된다. [그림 5-2]의 원자료를 살펴보면, 동아시아 내에서도 적지 않은 판도 변화가 나타났는데, 특히 이는 일본의 비중 약화와 중국의 영향력 확대로 상징적으로 표현할 수 있다. 일본의 경우 1948년 세계시장 점유율 0.4%에서 1993년에는 9.9%로 그 비중을 확대하였으나, 그 이후 지속적으로 축소되어 2011년에는 4.6%를 기록하고 있다. 그에 반해 중국은 1948년 0.9%에서 오랫동안 정체되어 1983년 1.2%밖에 되지 않았으나, 개혁개방정책의 결과 2011년에는 10.7%까지 시장점유율을 확대한 바 있다. WTO(2012)는 일본/중국/인도를 제외하고 국제경쟁력이 강한 동아시아 국가들을 6대 동아시아 무역국(Six East Asian Traders)으로 분류하고 있는데, 이들은 자신들의 세계 무역에서의 비중을 1948년 3.5%에서 2011년에는 9.8%로 거의 3배로 확대하는 성공적인 전략을 펼쳐온 것이다.

이러한 동아시아 국가들의 시장점유율 확대는 특히 1980년대 중반 이후부터 지속적으로 관찰되고 있는 현상으로서, 동

지역의 전략적 가치가 지속적으로 확대되고 있음을 의미한다. 전술한 바와 같이 EU 집행위원회가 1990년대 중반 이후 European Commission(1994; 2001; 2010b)을 통해 동아시아와 남아시아의 성장에 따른 기회 확대를 적극적으로 활용해야 한다는 정책방향의 설정이나, 미국이 최근 들어 다시 동아시아에 대한 관심을 고조시키고 있는 점들은 이러한 동아시아의 전략적 가치 확대에 대한 주요 선진국들의 아시아에 대한 접근전략이 보다 강화된 형태로 진행될 것이라는 점을 짐작하게 해 준다.

앞에서 간략하게 언급했듯이, 이러한 세 가지 동인들은 동아시아의 지역주의가 심화되면서 세계경제에서 지역 간·대륙 간 협력 및 통합 움직임이 보다 강하게 진행될 수도 있음을 시사한다고 하겠다. 특히, 동아시아가 통합되면 될수록 지역통합체 사이의 대륙 간 협력 및 통합 움직임이, 그리고 동아시아의 지역주의화가 부진하면, 개별 동아시아 국가들을 대상으로 한 협력 및 통합 움직임이 보다 강화될 것으로 예상해 볼 수 있다.

제3절 지역주의 심화에 따른 세계경제의 시나리오

본 절에서는 세계경제, 특히 동아시아에서의 지역주의 추세가 심화되면서 나타나는 세계경제의 시나리오를 점검해 보기로 한다. 특히, 본 절에서는 세계경제의 삼극을 이루고 있는 미주, 유럽, 동아시아를 중심으로 각 지역의 역학관계 및 판도 변화를 점쳐 보면서, 앞 절들에서 논의한 내용에 기초하여 앞으로 전개될 세계경제의 향배를 전망해 본다.

1. 시나리오 설정을 위한 기본 가정

지역주의 확산과 관련한 세계경제의 시나리오를 전망함에

있어서 다음과 같은 세 가지 가정하에서 출발하고자 한다. 우선, 동아시아의 향후 전개와 관련하여 동아시아 지역에서의 지역주의는 향후 일정 기간 동안 강화될 것으로 예상되나, 그 지향점에 있어서는 아직 확정되기 쉽지 않다는 가정에서 출발한다. 즉, 동아시아 지역주의의 지향점이 일정 기간 동안은 유동적(fluid)인 상황으로 전개될 것으로 예상된다는 점이다. 그 이유는 동아시아는 유럽통합 또는 NAFTA 출범 등에서 관찰되었던 역내 국가들의 강한 리더십 활용과는 달리 (ⅰ) 역내에서의 리더십 체제가 아직 확정되지 않았고, (ⅱ) 이에 따라 역외 이해당사국들(stakeholders)이 여전히 강한 영향력을 행사하고 있기 때문이다. 미국은 일본, 한국 등 전통적인 우방국가들과 아직도 강한 협력관계를 유지하고 있으며, 필리핀, 태국 등 동남아시아의 몇몇 국가들에 대해서도 적지 않은 영향력을 행사하고 있다. 특히, 새로이 강대국으로 부상한 중국은 미국과 G2의 일원으로서 글로벌한 영향력을 행사하기 시작했기 때문에 동아시아 지역주의는 미·중 관계의 전개에 의해 적지 않은 파급효과를 겪게 될 것으로 예상해 볼 수 있다.

둘째, 이러한 동아시아의 지역주의 추이에 대한 미국과 EU의 전략은 한편에서는 동아시아와의 협력 강화를 위한 접근 전략을 시도할 것이라는 점에서 같은 방향으로의 움직임을 예측해 볼 수 있으나, 다른 한편에서는 동아시아에 대한 접근 강화의 방식에 있어서는 차이를 보일 것이라는 가정을 해 볼 수 있다. 우선, 미국의 경우 미국이 참여하는 다양한 형태의 협력 및 통합 구도가 형성되어 있기 때문에 되도록이면 이 기제(mechanism)들을 활용하는 방식으로 동아시아에 대한 접근을 강화하려는 움직임을 보일 것으로 예상된다. 예를 들면, 미국의 입장에서는 아태지역자유무역지대(FTAAP)를 지향하는 APEC, 2009년 미국의 참여 선언에 따라 그 영향력이 크게 배가된 것으로 평가되는 범태평양 경제동반자협정(TPP), 2011년 미국이 새로이 참여한 동아시아 정상회의(EAS) 등 이미 출범한 협력 및 통합 채널을 적극적으로 활용하는 것이 가장 효과적일 것이기 때문이다. 이에 반하여 EU의 경우 미국처럼 이미 활동하고 있고 향후 동아시아와의 접근 강화를 위해 활용할 수 있는 기제가 ASEM으로 제한되어 있다. 특히, 경제통합에 초점을 맞출 경우 이에 필요한 통상정책의 협상과 집행권한을 EU집행위원회가 보유하고 있기 때문에, 한국·EU FTA의 사례와 같이 EU 27개 회원국이 집단적으로 동아시아의 개별 국가들과 통합을 논의하는 형태로 전개될 가능성이 크다. 즉, 미국보다는 이미 존재하고 있는 지역구도의 활용 가능성이 상대적으로 제한되어 있는 상황이다.

셋째, 미국과 EU 사이의 협력 및 통합에 있어서는 1998년에 출범한 범대서양 경제동반자관계(Transatlantic Economic Partnership: TEP)가 향후에도 유효한 협력기제로 작용할 것으로 예측된다. 사실 양자 간에는 1990년대 초중반 범대서양 자유무역지대(Transatlantic Free Trade Area: TAFTA) 설립을 위한 초기 논의가 진행되었었다. 그런데 TAFTA 논의는 (ⅰ) 양측의 무역장벽이 이미 매우 낮은 상황이어서 추가적인 무역자유화에 의해 얻을 것으로 예상되는 이익이 상대적으로 적을 것으로 예상되고, (ⅱ) 양측이 민감한 분야로 인식하고 있는 농산물자유화를 위해서는 적지 않은 진통이 예상되기 때문에 FTA 형태의 대륙 간 통합을 시도하는 것이 그리 바람직하지 않다는 결론에 도달한 바 있다. 이러한 과정에서 양측에 공히 부담도 적고 경제적 이익도 창출될 수 있는 무역원활화에 주력하기로 합의하면서, 그 제도적 기반으로서 TEP를 설치하였던 것이다. TEP는 2007년 범대서양경제위원회(Transatlantic Economic Council)로 확대 발전하였으며, 그 이후부터는 TEC가 양측 간 무역 및 투자 관계 증진을 위한 가장 중요한 협력창구로서의 역할을 하고 있다.[22] 전술한 바와 같이 TEC는 무역원활화를 증진함으로써 양측의 경제가 수렴하는 방향으로 발전하는(Economic Convergence) 데 가장 커다란 관심을 두고 있으며[23] 지적재산권, 투자보장, 안전무역(Secure Trade), 공급사슬의 안전성(Supply Chain Security) 등의 분야에서 활발한 협력

22) http://ec.europa.eu/ trade/ creating-opportunities/ bilateral-relations/ countries/united-states/ 참조.

23) US-EU Transatlantic Economic Partnership (2010) 참조.

활동을 전개하고 있다. 이에서 더 나아가 양측의 정상들에게 새로운 정책방향을 제안하는 역할을 수행하고 있는 '일자리 창출과 성장에 관한 고위급 작업반(EU-U.S. High Level Working Group on Jobs and Growth)'은 2012년 6월에 발표한 중간보고서를 통해 EU와 미국이 일자리 창출 및 성장동력 확보를 위해 더욱 적극적으로 노력할 필요가 있으며, 이를 위해 관세 및 비관세 장벽의 철폐, 서비스교역의 자유화 등을 포함한 다양한 수단들을 동원할 필요가 있다는 제안을 하기도 하였다. 즉, 최근 들어 미국과 EU 사이에는 1990년대 중반에 시도하다가 실패한 적이 있는 양자 간 FTA 체결을 위한 분위기가 재차 조성되고 있는 것으로 평가된다. 그러나 과연 이러한 움직임이 조만간 현실적으로 가시화될 것인가에 관해서는 전문가들 사이에서도 아직 의견이 통일되지 않고 있는 것으로 판단된다.[24]

24) The European Institute (2012)는 이러한 새로운 논의동향을 소개하는 가운데, (ⅰ) 미국 노동조합들의 FTA에 대한 전통적인 반감, (ⅱ) 위생검역 (SPS) 등 다양한 규제 및 제도상의 차이, (ⅲ) 농업부문의 보조금 문제, (ⅳ) 정부 조달정책상 양자 간 차이 등이 협상 개시를 방해하는 요인이 될 수 있다는 판단을 하고 있다.

2. 세계경제의 향후 시나리오

∴ 시나리오 설정의 기준

앞에서 논의한 기본가정들을 감안하면, 세계경제의 향후 시나리오를 설정하는 데 있어서는 다음의 두 가지 요인을 그 기준으로 채택하는 것이 바람직할 것으로 사료된다. 첫째, 동아시아가 지역 전체 차원의 지역주의로 발전하느냐, 그렇지 않느냐가 매우 중요한 기준으로 작용할 가능성이 크다. 왜냐하면, 동아시아가 지역주의(예: 동아시아 FTA)로 발전할 경우 이미 지역주의로 발전한 유럽과 북미가 동아시아 개별 국가들과의 경제통합에도 관심이 있겠지만, 동아시아 FTA 전체와 지역 차원에서의 FTA를 논의할 가능성도 있기 때문이다. 이러한 가능성은 미국이 APEC 및 거기서 파생한 FTAAP, TPP 등의 논의와 협상을 진행하고 있고, EU도 동아시아 전체와 ASEM의 기제하에 지역 간 협력을 운영하고 있으며, 최근 들어서는 동아시아 주요국과 FTA 협상을 진행하고 있다는 점에서 이들이 편익-비용 측면을 면밀하게 검토

하여 전략적 선택을 하려고 할 것이기 때문이다. 둘째, WTO
에서 진행되는 다자간 무역협상이 어떠한 방식으로 진행될
것인가도 시나리오의 설정에서 고려할 필요가 있을 것으로
판단된다. 만약 WTO에서 진행되는 글로벌 자유화협상이 순
조롭게 진행된다면, 구태여 지역 간·대륙 간 경제통합을 추
가적으로 진행할 인센티브가 적어진다고 하겠다. 이와 반대
로 WTO에서의 협상이 지지부진하게 진행될 경우 많은 국가
(지역)들이 지역주의 전략을 보다 강하게 추진할 가능성이 커
지게 되는 것이다.

결론적으로, 향후의 세계경제는 (ⅰ) 동아시아 지역주의의
속도, (ⅱ) WTO에서 진행되는 다자간 무역협상의 성공 여부
에 따라 다음과 같은 네 가지의 시나리오로 전개될 것으로 예
상된다. [그림 5-3]은 두 가지의 기준에 따라 설정된 네 가지
의 시나리오를 보여준다.

∴ 시나리오 1: 다자주의와 지역주의의 공존현상 지속

이 시나리오는 WTO에서 진행될 다자간 무역자유화협상이
성공적으로 진행되는 한편, 동아시아에서도 지역 차원의 통
합이 빠른 속도로 진행되는 경우에 전개되는 시나리오이다.

이 시나리오의 특징으로는 다음과 같은 네 가지 점을 들 수
있다. 첫째, 지역 차원의 경제통합에 많은 시간과 에너지를
경주하고 있는 동아시아 국가들은 다자간 자유화협상이 성공
적으로 진행되기 때문에 다른 지역의 나라들과 추가적으로
지역무역협정을 체결하는 것에 대해 그리 커다란 관심을 기
울이지 않게 된다. 둘째, 동아시아 국가들이 같은 지역의 다
른 나라들과 체결한 지역무역협정의 효과가 지역 차원의 무
역협정에 의해 삭감(erosion)될 것이기 때문에, 복잡하게 펼
쳐 놓은 지역무역협정들을 서로 합하든지(merging), 상호 연
결고리를 만드는(docking) 노력을 기울일 가능성이 커진다.
왜냐하면, 기존의 복잡한 양자 간·복수 국가 간 협정을 운
영하고 유지하는 비용이 만만치 않기 때문이다. 셋째, 다자
간 무역자유화협상에 의해 다른 지역(국가)으로의 시장접근

강화의 기회가 충분히 제공될 경우 지역주의화되고 있는 동아시아와 대륙 간 무역협정을 체결하고자 하는 미국 및 EU의 움직임도 그리 강하지 않을 것으로 예상해 볼 수 있다. 넷째, 만약 이와는 달리 지지부진한 DDA의 협상과정에서 노정되었듯이 (ⅰ) 회원국 수의 증가에 따른 협상의 복잡화, (ⅱ) BRICs 등 신흥시장의 영향력 강화에 따른 선진국과의 이해조정의 어려움 등의 요인에 따라 다자간 자유화 수준이 FTA 협정을 통해 성취되는 자유화 수준보다 현저하게 낮은 수준으로 진행된다면, 미국, EU 등 동아시아 지역 외의 선진국들은 FTA를 통해 다른 지역(나라)으로의 시장접근을 강화하려는 움직임을 보일 수도 있다. 즉, 동아시아 지역주의에 추가하여 양자 간 또는 대륙 간 FTA 등의 형태로 새로운 지역주의의 동력이 나타날 수도 있는 것이다.

[그림 5-3] 세계경제의 시나리오

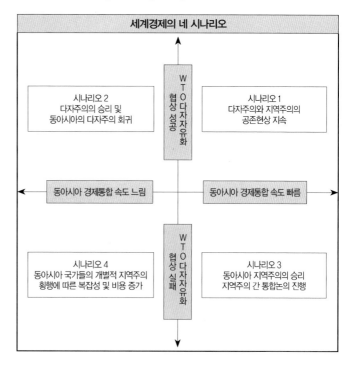

이러한 특징에 따라 이 시나리오가 진행될 경우 세계경제는 동아시아 지역에서 진행될 다양하고 복잡한 소규모 지역 무역협정들의 견고화(consoli-dation) 및 동아시아 무역협정의 대두로 '다자주의와 지역주의의 공존현상 지속'이라는 현상을 경험하게 될 것으로 예상해 볼 수 있다. 이 경우 세계경제에는 EU, NAFTA, 동아시아자유무역지대 등 3개의 경제블록이 형성되며, WTO체제는 지역주의가 다루지 못하는 글로벌 무역규범을 운영하고, 국가 간 무역분쟁을 해결하는 데 주력하게 될 가능성이 크다. 즉, 무역자유화의 기제로서의 역할과 영향력은 크게 약화된다고 하겠다.

∴ 시나리오 2: 다자주의의 승리 및 동아시아의 다자주의 회귀

이 시나리오는 WTO에서 진행될 다자간 무역자유화협상은 성공적으로 진행되나, 동아시아의 지역 차원의 무역협정 체결이 더디게 진행되어 난관에 봉착하는 경우 전개되는 시나리오이다. 최근 세계경제의 지역주의화에 가장 강력한 동력을 제공하고 있는 동아시아가 지역 차원의 무역협정 체결에 실패한다면, 세계경제의 지역주의는 자연스럽게 그 추진력이 약화될 수밖에 없을 것이다. 더욱이 WTO에서 진행되는 다자간 무역협상에 의해 시장접근을 강화할 수 있는 여건이 조성되기 때문에 지역주의의 힘이 약화될 가능성이 추가적으로 발생하게 된다. 즉, 이 시나리오는 '다자주의의 승리와 동아시아의 다자주의의 회귀'로 명명될 수 있을 것이다.

이 시나리오의 특징들을 다음의 세 가지로 요약할 수 있다. 우선, 지역 차원의 경제통합에서 난관에 봉착한 동아시아 국가들은 다른 지역으로의 시장접근을 위해 노력할 것으로 예상해 볼 수 있는데, 이때 다른 지역 국가들과의 무역협정 체결보다는 WTO의 다자간 무역자유화협상에 보다 적극적으로 참여할 것으로 예상해 볼 수 있다. 왜냐하면, 다른 지역 국가들의 경우 동아시아보다 시장 확대를 위한 성장동력이 상대적으로 저조하며 WTO 협상을 통해서도 시장접근을 강화할 수 있기 때문이다. 둘째, 지역 차원의 무역협정 체결에는 난항을 겪더라도 동아시아 국가들이 그동안 전개해 왔던 많은 지역 내 무역협정들의 (ⅰ) 적용 범위, (ⅱ) 자유화 정도 등을 조화시키는 방향으로 노력할 가능성이 크다. 이를 위해 특히 APEC 등의 지역협력체들이 지난 수년간 적지 않은 노력을 경주해 온 경험을 활용할 수 있을 것이다. 앞의 시나리오 1 에서 예상했던 역내 무역협정들 간의 merging과 docking을 위한 다양한 정책적 노력이 기대되는 시나리오이다. 셋째, 미국과 EU의 경우 일본, 중국 등 동아시아의 주요국에 대한 시장접근전략에 있어서 기본적으로는 다자주의 채널을 선호하는 정책을 추진할 것으로 예상된다. 여기에서는 일본이 참여를 희망하고 있는 TPP의 추이가 매우 중요한 변수로 작용할 것으로 예상된다. 특히, WTO 협상의 성공적 진전으로 다자주의가 강화되고 있음에도 불구하고 TPP를 계속적으로 추진할 것인지, 그리고 일본의 TPP 참여를 허용하는 방향으로 운용할 것인지는 아직 불확실한 것으로 평가할 수 있다. 그렇지만 다자주의가 강화되는 한에 있어서는 지역주의에의 참여를 대체로 자제해 왔던 미국의 전통적인 통상정책 방향을 평가해 보건대, 미국도 다자주의를 보다 적극적으로 활용하는 방향으로 움직일 가능성이 큰 것으로 판단된다.

이러한 특징에 따라 이 시나리오가 진행될 경우 WTO체제는 지역주의가 다루지 못하는 글로벌 무역규범을 운영하고, 국가 간 무역분쟁을 해결하는 기능뿐만 아니라, 글로벌 무역 자유화의 중심축 역할을 탈환하게 된다. 이에 따라 동아시아도 다자주의로 회귀하는 현상이 나타날 것으로 예상된다.

∴ 시나리오 3: 동아시아 지역주의의 승리 및 지역주의 간 통합 진전

이 시나리오는 WTO에서 진행될 다자간 무역자유화협상은 지지부진하게 진행되는 반면, 동아시아의 지역 차원의 무역협정 체결은 이에 자극받아(또는 다른 이유로) 성공적으로 진행되는 경우에 전개되는 시나리오이다. 이에 따라 세계경제의 지역주의화는 매우 빠른 속도로 가속화되어 지역무역협정의 체결 건수가 급격하게 증가하게 되고, 지역무역협정 회원국 간에 이루어지는 무역 총액이 급격하게 증가하게 된다.[25] 결과적으로 다자주의가 담당해야 할 역할이 크게 위축되는 한편, 동아시아 지역주의의 득세에 기인하여 지역주의의 추세가 크게 확산된다. 이 시나리오는 '동아시아 지역주의의 승리'로 명명할 수 있을 것으로 보인다.

이 시나리오의 특징들을 다음의 세 가지로 요약할 수 있다. 첫째, 다자주의가 위축되고 지역주의 추세가 크게 확대되면서 다자주의가 관할하는 국제통상의 범위가 축소될 것으로 예상된다. 지역무역협정들이 자신들이 채택한 고유의 통상규범과 분쟁해결제도들을 보유하고 있기 때문에, 동 분야에서 다자주의의 역할도 지역주의에 의해 점차 대체될 가능성이 크다. 둘째, 동아시아가 지역 차원의 무역협정을 성공적으로 체결하였고 다자주의에 의한 무역자유화가 부진한 시나리오이기 때문에, 미국이 회원국인 NAFTA와 EU 등 동아시아와 함께 세계경제의 3대 축을 형성하는 지역무역협정들은 동아시아와의 무역협정을 강하게 추진할 가능성이 커지게 된다. 셋째, 이러한 동아시아에 대한 접근 강화는 한편에서는 동아시아 차원의 지역무역협정을 대상으로 하는 대륙 간 FTA의 형태를 띨 수도 있고, 또 다른 한편에서는 주요 동아시아 국가들을 대상으로 하는 방식으로 진행될 수도 있다. 후자의 경우 최근 미국의 주도로 협상이 빠르게 진행되고 있는 TPP, 또는 EU가 2006년 Global Europe 전략을 채택하면서 시작한 동아시아 주요 신흥시장과의 양자 간 FTA가 동 전략 추진의 핵심적인 매개체로 작용할 가능성이 크다. OECD(1995)와 WTO(1995)가 다자주의와 지역주의 간의 관계에 관한 연구결과 보고서에 공히 밝히고 있듯이, 다자주의가 지지부진한 상황에서 지역주의의 확산이라는 경로가 다자주의에 의한 무역자유화를 대체하는 수단이 될 수도 있을 것이다. 그러나 이 경로는 다자주의가 득세하는 시나리오에 의한 것보다 그 효율성 측면에서 열위에 있을 가능성이 크다. 즉, 앞에서도 지적되었듯이 다자주의가 글로벌 무역규범의 제정 및 통상분쟁

25) Fiorentino *et al.*(2006)은 2000년대 중반에 이미 지역무역협정 내에서 이루어지는 무역 총규모가 세계 전체 무역규모의 50%를 초과했다고 밝혔다.

의 해결기구로서의 본연의 역할을 회복하는 데 상당한 시간이 소요될 것으로 판단된다.

∴ 시나리오 4: 지역주의 복잡성 증대에 따른 비용 증가

이 시나리오는 WTO에서 진행될 다자간 무역자유화협상뿐만 아니라 동아시아 지역 차원의 무역협정 체결 작업도 더디게 진행되는 경우에 전개되는 시나리오이다. 이 시나리오가 전개되면 다자주의에 의한 글로벌 무역자유화가 지지부진하여 시장접근의 확대를 위한 활로를 추구하는 동아시아 국가들이 자신들의 지역 차원의 무역협정에서도 난항을 겪으면서 개별국 차원에서의 지역주의에 주력하는 상황이 발생하게 된다. 즉, 지역주의는 한편으로는 다자주의의 실패에 의해서, 그리고 다른 한편으로는 동아시아 국가들의 활발한 참여에 의해서, 즉 두 요인에 따라 동력을 얻게 된다. 결과적으로는 지역주의의 횡행에 따라 복잡성이 증대되고 지역협정에 의한 무역이 급증하면서 다자주의의 무력화가 급속도로 진행될 것으로 예상된다. 이는 결과적으로 지역무역협정의 네트워크가 보다 복잡한 양상으로 전개되는 결과를 초래하고, 이에 따라 각국이 지역주의를 유지하기 위해 출연해야 할 다양한 비용들이 증대하게 된다.

이 시나리오의 특징들을 다음과 같이 정리할 수 있다. 우선, 지역 차원의 경제통합에서 난관에 봉착한 동아시아 국가들은 개별 국가 차원에서 지역 내에서는 물론이고 다른 지역 국가들로의 시장접근을 위해 노력할 것으로 예상해 볼 수 있다. 다른 지역 국가들도 WTO의 다자간 무역자유화의 실패에 따라 지역주의에 편승하게 될 것으로 예상되는바, 특히 성장 동력을 보유하고 있는 동아시아 국가들과의 지역무역협정 체결이 증가할 것으로 예상된다. 즉, 대륙 간 소규모의 지역무역협정 건수가 크게 증가할 것으로 예상된다. 둘째, 지역협정들이 규정하는 다양한 무역투자규범과 분쟁해결제도들이 관할하는 범위가 크게 확대되면서 WTO가 관장하는 다자간 무역체제는 그 역할과 기능이 크게 축소된다. WTO 출범 이후

가뜩이나 많은 개도국과 신흥시장들의 참여로 새로운 협상 및 의사결정의 방식을 모색하고 있는 다자체제는 지역주의의 발흥이라는 새로운 도전을 받게 되고, 이러한 현상이 지속될 경우 '다자주의의 무용론'도 대두될 가능성이 있다. 셋째, 미국과 EU의 경우 일본, 중국 등 동아시아의 주요국에 대한 시장접근전략에 있어서 종래보다 적극적으로 지역주의 채널을 활용할 가능성이 크다. 미국은 일본, 한국을 대상으로 TPP에의 참여를 보다 적극적으로 설득할 것이며, 중국도 TPP에 참여시키는 방향으로 정책방향을 전환할 가능성이 있다. 이 경우 미국이 주도하는 TPP 추진의 성공 여부는 한·중·일 3국이 2012년 ASEAN +3 정상회의를 통해 새로이 협상을 개시하기로 결정된 동아시아 포괄적 경제동반자협정(Regional Comprehensive Economic Partnership: RCEP)에 대해 어떠한 전략을 모색하느냐에 달려 있다고 하겠다. EU의 경우 Global Europe 전략에 의해 추진해 왔던 아세안, 인도와의 무역협정을 위한 협상에 보다 적극적으로 임할 것으로 예상되며, 이 두 나라 외에도 대외시장으로의 접근을 통해 성장 정체의 활로를 확보하고자 하는 일본과도 FTA 체결을 위한 본격적인 논의를 개시할 가능성이 대두된다.

 ## 제4절 한국의 전략적 선택

본 절에서는 한국의 전략적 선택에 관한 논의를 (ⅰ) 동아시아 지역주의의 발전방향에 관한 한국의 전략적 선택과 (ⅱ) 제3절에서 제시된 네 개의 시나리오별 한국의 전략적 선택 등 두 가지 측면에서 진행하기로 한다.

1. 동아시아 지역주의에 대한 한국의 전략적 선택

∵ 동아시아 지역통합의 지향점에 관한 전략
본 연구는 동아시아 지역통합을 추구하는 데 있어서 경제 분야

26) 인도의 경우 RCEP 협상에 참여하는 한편, TPP에는 협상 참여에 관한 공식 입장을 아직 밝히지 않았으나, TPP와 RCEP 사이에서 선택이 쉽지 않음이 최근 신문보도에서 상징적으로 나타나고 있다. *Business Standard*, "In RCEP vs TPP Alphabet Trade Bloc Soup, India Refuses to Choose," 2012. 11. 29일자 참조.

27) 베트남, 말레이시아와의 FTA는 일차적으로 이미 발효한 한·ASEAN FTA 협정에 의해 체결된 것으로 볼 수 있다. 한편, 한국은 베트남과의 양자 간 FTA 협상을 이미 개시하였으며, 말레이시아와의 FTA 협상을 위한 타당성조사를 진행 중인 것으로 알려졌다. http://www.fta.go.kr/new/index.asp 참조.

28) 물론, TPP에 대한 한국의 전략적 선택을 최종적으로 결정하는 데 있어서는 미국과의 우방국 관계도 고려해야 한다. 즉, 경제뿐만이 아니라 외교·안보 측면에 대해서도 폭넓은 전략적 고려가 요구된다.

(Growth), 정치외교 분야(Stability), 사회문화 분야(Solidarity) 등 세 분야를 포함하는 포괄적인 지역통합을 추구하는 것이 바람직하며, 또 이러한 접근방법이 중장기적으로 실현 가능하다는 기본적인 인식에서 출발하였다. 특히, 경제 분야의 통합에 있어서는 동북아시아 3개국(한국·중국·일본)과 동남아시아 10개국(ASEAN 회원국 전체)을 아우르는 동아시아 자유무역협정을 중장기 비전으로 설정하는 것이 한국에 가장 바람직하다는 의견을 제시하였다. 이러한 한국의 기본적인 전략과 관련하여 최근 아시아·태평양 지역에서 커다란 반향을 불러일으키고 있는 TPP와 RCEP에 대한 한국의 전략적 입장을 논의할 필요가 있다. 특히, 미국이 주도하는 TPP와 중국이 적극적으로 추진할 예정인 RCEP 사이에서 많은 나라들이 전략적 선택의 기로에 처해 있다.[26]

우리나라의 경우 TPP 협상에 참여하고 있는 11개국 중에서 미국, 싱가포르, 베트남, 말레이시아, 페루, 칠레 등 6개국과는 이미 FTA 협정이 체결되어 발효 중이며, 베트남, 캐나다와의 FTA 협상도 이미 진행 중인 한편, 호주, 멕시코, 뉴질랜드와의 FTA 협상을 위한 여건을 조성 중에 있다.[27] 즉, 이러한 상황에서 한국이 TPP에 참여할 경우 이를 통해 얻을 수 있는 추가적인 시장접근기회가 제한적인 것으로 평가된다. 특히, 지난 2년간 TPP 협상을 적극적으로 주도하고 있는 미국의 정책방향과 의도를 주도면밀하게 파악한 후 종합적인 국가전략을 수립할 필요가 있을 것으로 판단된다.[28] 만약 TPP를 주도하는 미국이 중국을 견제하기 위한 수단으로 TPP를 활용하고자 한다면, 중국이 TPP에 조기 참여할 가능성이 그리 크지 않으며, 중국은 이에 대응하여 동남아시아를 대상으로 범중화경제권을 구축하기 위한 전략을 가속화할 가능성이 크다. 이 경우 한국은 전통적인 우방인 미국과의 지경학적인 관계를 고려하여 TPP에 참여하는 것이 좋은지, 아니면 한국의 최대 수출시장인 중국과의 관계를 고려하여 TPP에의 참여를 지연시키는 것이 바람직한지에 대한 중요한 판단을 내려야 한다. 물론, 현재 진행되고 있는 한·중 FTA 협상을 보다 효과적으로 진행하기 위한 지렛대로서의 TPP 협상 참여 선언도 고려해 볼 만한 사안임에 틀림없다. 특히, 한·중 FTA 협상은 본 연구팀이 동아시아 지역통합의 로드맵과 관련하여 제시한 매우 의미 있는 첫출발이라는 점을 감안하면, TPP 참여와 한·중 FTA를 첫걸음으로 하는 동아시아 지역통합의 중장기 로드맵을 동시에 추구하는 전략을 추진해 볼 만한 것으로 판단된다. 이 전략이 유효하기 위해서는 중국의 TPP 전략에 대한 매우 심도 있는 연구가 필요하다고 하겠다.

RCEP은 2012년 동아시아 정상회의(East Asia Summit: EAS)[29]를 통해 공식적으로 협상을 개시하기로 결정된 새로운 지역무역협정이다. RCEP에 참여하는 국가들은 아세안의 10개 회원국과 동북아시아 지역의 한국·중국·일본 3개국 및 호주, 뉴질랜드, 인도 등 총 16개국인데, 이 국가들은 2005년에 출범한 EAS의 창설 회원국들이다. 즉, RCEP은 이 16개국을 대상으로 하는 광범위한 아시아 지역의 무역협정이라고 할 수 있다. 우리나라가 협상에의 참여를 이미 공식적으로 선언하였기 때문에 전략적 선택의 의미가 다소 퇴색되기는 하였지만, 이와 동시에 진행될 한·중·일 3국 간 FTA 협상과의 관련성하에서 흥미로운 전략적 고민을 제기하고 있다. 즉, 한국으로서는 본 연구팀이 제시했듯이 한·중 FTA → 한·중·일 FTA → 동아시아 FTA로 연결되는 로드맵을 통해 중장기적으로 동아시아 13개국 전체를 아우르는 '성장─안정─연대의 공동체'를 구축하는 것이 바람직한지, 아니면 13개국 외에 호주·뉴질랜드·인도를 추가한 16개국의 경제통합을 추구하는 것이 보다 바람직한지에 대한 판단을 내려야 할 길목에 서 있다고 하겠다. 이러한 전략적 판단은 (ⅰ) 동아시아 지역통합에서 한국의 주도권을 추구할 것인지, 아니면 (ⅱ) 주도권은 다른 나라에 내어 주더라도 경제적 실리를 추구할 것인지 등 두 가지 고려요인에 대한 가치평가와 밀접한 관련이 있다. 즉, 우리나라가 주도권을 보다 중시한다면 RCEP보다는 동아시아 경제통합을 우선적으로 추진하는 것이 바람직하고, 경제적 실리를 보다 우선적으로 추구한다면

29) 동아시아 정상회의의 출범과 전개과정 및 미국, 러시아의 신규 회원국 가입 등 관련 이슈에 관해서는 전홍택·박명호 편 (2011) 참조.

아세안이 주도권을 행사하는 RCEP의 협상에 보다 적극적으로 참여해야 할 것이다.

∴ 지향점을 향한 로드맵에 관한 전략

전홍택 · 박명호 편(2010; 2011)은 동아시아 지역주의에 대한 한국의 전략을 논의하면서 동아시아를 ASEAN+3로 규정하고 우선 한 · 일 또는 한 · 중 FTA를 추진하고 각각의 경우 중국과 일본을 편입시켜 한 · 중 · 일 FTA를 완성한 후(또는 한 · 중 · 일 FTA를 처음부터 협상하여 완성한 후) 이를 ASEAN 국가들 간의 FTA인 AFTA(ASEAN FTA)와 결합하여 동아시아 FTA를 완성하는 로드맵을 제시한 바 있다. 2012년 5월부터 이미 한 · 중 FTA 협상이 시작되었고, 2012년 11월 동북아시아 3국의 정상들이 한 · 중 · 일 FTA 협상을 2013년부터 개시하기로 결정한 점을 고려하면, 위의 두 연구가 제안한 로드맵이 여전히 유효한 것으로 보인다. 특히, 한 · 일 FTA 협상을 재개하기 위한 양국의 노력이 국장급 협의와 과장급 협의 채널 등 다양하게 시도되고 있는 점에 비추어 볼 때, 2010~11년 연구에서 제시된 로드맵을 통한 동아시아 통합 로드맵을 견지할 수 있을 것으로 판단된다.

다만, 최근 진행되고 있는 동아시아 통합과 관련한 몇 가지의 중대한 변화는 이러한 전략적 구상에 추가적인 과제를 던져 주는 것으로 분석된다. 특히, 우리의 주목을 끄는 변화로는 (ⅰ) 유럽연합이 일본과의 FTA 결성을 위한 공식적인 협상을 시작하기로 결정한 점[30]과 (ⅱ) 아세안의 주도하에 동아시아 정상회의(EAS)의 16개 기존 회원국들을 대상으로 한 포괄적 지역경제동반자협정(RCEP)을 결성하기 위한 협상에 모든 회원국들이 참여하기로 결정한 사실을 들 수 있다. 특히, 우리나라도 RCEP 협상에 참여하게 되었기 때문에, 앞에서도 지적했듯이 우리나라는 동아시아 지역통합의 맥락에서 RCEP 협상에의 참여와 동아시아 FTA 로드맵을 여하히 추진할 것인가라는 전략적 선택의 기로에 서 있다고 하겠다. 이창재 · 방호경(2012)은 이와 관련하여 "한 · 중 · 일 FTA를 우

30) European Commission (2012)을 통해 EU의 Gucht 통상장관은 협상 개시를 위한 모든 회원국의 합의가 도출되었음을 밝히고 있다.

선적으로 추진함으로써 RCEP 협상에서 선도적 역할을 담당하는 것이 바람직하나, 한·중·일 FTA가 지연될 경우에 대비하여 3국 간 FTA를 RCEP 차원에서 추진하는 상황에 대비할 필요가 있다"는 견해를 밝힌 바 있다. 즉, 두 FTA 협상을 동시에 추진하되, 하나의 협상 결과가 다른 협상에 긍정적인 파급효과를 가지도록 운용하는 것이 바람직하다는 주장인데, 고려해 볼 만한 것으로 판단된다. 그러나 RCEP 협상에 참여하는 데 있어서 RCEP은 기본적으로 아세안에 있어 자신들이 지금까지 잠정적으로 보유하고 있는 동아시아 지역통합에 있어서의 주도권(leadership)을 계속 유지하고자 하는 전략적 수단임을 고려하여야 할 것으로 판단된다. 즉, 만약 우리나라가 동아시아 지역통합에서 주도적인 역할을 하고자 한다면, RCEP의 협상 속도를 가능한 범위 내에서 한·중·일 FTA의 협상 속도와 맞추어 나가는 것이 현명한 전략인 것으로 판단된다.

2. 시나리오 전개에 대한 한국의 전략적 선택

본 소절에서는 동아시아 지역주의의 전개 속도와 WTO 다자간 무역자유화협상의 성공 여부를 기준으로 하여 설정된 네 시나리오에 대한 한국의 전략적 선택을 제시한다.

전통적으로 다자간 무역체제의 자유화 추세의 가장 커다란 수혜국의 하나인 한국은 다자주의의 강화에 반대할 하등의 이유가 없다. 또한, 동아시아에서 진행되는 지역주의 추세는 한국경제의 다른 나라에 대한 시장접근을 확대한다는 점에서 환영할 만한 일이다. 말하자면, 다자주의와 지역주의의 공존현상이 지속되는 시나리오가 한국에 매우 유리한 여건을 조성해 줄 것으로 판단된다. 최근 수년간 한국이 추구하고 있는 다양한 FTA 네트워크도 이러한 맥락에서 이해될 수 있는 것이다. 특히, 동아시아의 지역주의화 구도에서 중국과 일본의 주도권 경쟁으로 인해 생겨난 '리더십 공백(leadership vacuum)'을 잠정적으로 메워 주고 있는 아세안과의 리더십 경쟁에서 우위를 점하기 위해서도 동아시아의 지역주의 움직임에 한국이 주도적으로 참여할 필요가 있다. 앞의 로드맵에 관한 전략적 선택에서 한·일 FTA 또는 한·중 FTA를 우선적으로 추진할 필요가 있다고 주장한 것도 한국이 리더십을 확보할 수 있는 방안으로서 주목을 끌 수 있는 전략이라고 하겠다. 이렇게 볼 때, 한국이 선택할 수 있는 최적의 시나리오는 다자주의의 강화와 동아시아의 지역주의가 동시에 진행되는 시나리오 1인 것으로 판단된다.

물론, 다른 시나리오가 전개될 경우에 대비한 한국의 전략도 마련해 놓아야 한다. 왜냐하면, 동아시아의 지역주의가 순조롭게 진행되지 않을 가능성도 낮지 않고, 게다가 150여 개의 회원국이 모두 참여하는 WTO의 다자간 무역자유화협상이 성공적으로 종결되리라는 보장도 없는 상황이기 때문이다. 즉, 이런 환경하에서 한국은 시나리오 2, 3, 4가 현실적으로 전개될 가능성에도 대비할 필요가 있는 것이다. 이 세 가지 시나리오 중에서 한국에 차선의 시나리오(second-best scenario)는 다자주의가 득세하고 지역주의가 약화되는 시나리오 2인 것으로 평가된다. 즉, 한국은 동아시아 지역주의의 움직임이 지지부진해질 경우 한편으로는 다자주의의 강화에 기여하기 위해 WTO 협상에 적극적으로 참여하고, 다른 한편으로는 동아시아 또는 다른 지역의 신흥시장들과 다양한 양자 간 FTA를 통해 시장접근을 강화하는 양면전략을 취하는 것이 바람직하다.

📦 제5절 결론

본 장에서는 1990년대 초반 이후 지속적으로 진행되고 있는 세계경제의 지역주의화와 다자주의의 세력다툼하에서 전개될 수 있는 세계경제의 시나리오를 제시하고 이에 대한 한국의 전략적 선택을 논의하였다. 이를 위해 지역주의의 확산이 세계경제에 주는 파급효과를 규명하는 한편(제2절), 지역

주의의 심화에 따른 세계경제의 시나리오를 분석하였다(제3
절). 특히, 21세기 세계경제의 새로운 성장축이라는 평가를
받고 있는 동아시아에 대한 미국 및 EU 등 선진 제국의 접근
전략을 지역주의 및 대륙 간 지역주의의 관점에서 평가하면
서, 동아시아 지역주의가 지니고 있는 동력과 이에 맞선 다자
주의 사이의 역학관계를 분석하고자 노력하였다.

본 장에서 제시하고자 하는 결론은 다음과 같이 세 가지로
요약할 수 있다. 첫째, 세계경제의 향후 전개방향이 아직도
불확실하다는 점을 인식하고 한국은 여러 가지 가능성에 대
비하는 전략을 구비할 필요가 있다. 1990년대 초반부터 관찰
되고 있는 다자주의와 지역주의의 공존현상은 향후에도 일정
기간 지속될 것으로 예상되기는 하나, 동아시아에서 전개되
고 있는 지역주의의 힘이 새로운 변수로 작용하여 세계 전체
의 지역주의 추세에 커다란 영향력을 행사하고 있는 것이다.
각국의 전략적 선택에 따라 다자주의와 지역주의 중에서 어
떤 힘이 득세할지 아직도 가늠하기 힘든 상황에서 가변성을
고려한 전략적 대비가 필요하다.

둘째, 이러한 불확실성이 존재하고 있기는 하지만, 전통적
으로 다자주의를 선호했으며 다자주의의 가장 큰 수혜국 중
의 하나인 한국으로서는 다자주의의 힘이 강해지는 데 기여
하는 방향으로 기본적인 전략을 세울 필요가 있다. 앞에서 논
의되었듯이 시나리오 1과 시나리오 2가 전개되는 것이 한국
의 국익에 가장 부합한다는 판단하에 이를 가능하게 하는 다
양한 수단들을 동원할 필요가 있다.

셋째, 동아시아 지역주의의 향방과 관련하여 그 최종 지향
점과 로드맵이 정해지지 않은 상황에서 한국이 주도적인 리
더십을 발휘할 수 있는 방안은 우선 동북아 FTA를 성사시키
기 위해서 노력하는 것이다. 특히, 중국과 일본의 리더십 경
쟁에 의해 생성된 리더십 공백을 메울 수 있을 정도의 지도력
을 발휘할 수 있기 위해서는 한·중 FTA 또는 한·일 FTA를
우선 성사시키고 곧이어 다른 나라를 끌어들여 동북아 FTA
를 성공적으로 이끌어내는 전략이 우선적으로 필요하다. 즉,

이미 시작한 한·중 FTA 협상을 성공적으로 마무리할 필요가 있는 것이다. 이와 함께 일본과의 FTA, 한·중·일 FTA 협상을 동시에 전개하면서 상승작용을 이끌어내는 전략도 고려해 볼 만하다. 이 세 가지 경로 모두에서 중국과 일본 사이의 갈등과 견해 차이를 해결하는 조정국으로서의 역할이 가능하다면, 한국은 그다음 단계에서 추진할 동아시아 지역주의에서도 강한 지도력을 발휘할 수 있을 것으로 판단된다. 동아시아 지역주의에서의 리더십 발휘와 다자주의의 강화에 대한 기여를 동시에 추구하는 것이 한국에 가장 필요한 전략적 선택인 것으로 판단된다.

넷째, 최근 전개되고 있는 RCEP의 협상 개시와 관련해서는 RCEP 협상 및 동아시아 FTA 구축의 전 단계로서의 한·중 FTA → 한·중·일 FTA 협상 참여 사이에서 고도의 전략적 사고가 필요하다고 하겠다. 이는 특히 앞에서 언급되었듯이 (i) 한국의 주도적 역할, 또는 (ii) 경제적 실리 등 두 가지에 대한 가치판단과 밀접한 관련이 있다는 점에서 우리 정부의 이에 대한 심도 있는 정책적 분석과 판단을 필요로 한다고 하겠다.

참고문헌

박성훈, 『APEC의 개방적 지역주의와 WTO의 조화에 관한 연구』, APEC 연구시리즈, 대외경제정책연구원, 1998.

박성훈, 「동아시아 경제통합과 지역주의: 현황과 전망」, 『국제통상연구』, 제6권 제2호, 한국국제통상학회, 2001, pp.187~216.

이창재·방호경, 「한·중·일 FTA 및 RCEP 협상의 개시와 우리의 대응방안」, 『KIEP 오늘의 세계경제』, 제12-24호, 대외경제정책연구원, 2012.

전홍택·박명호 편, 『동아시아 통합전략: 성장-안정-연대의 공동체 구축』, 연구보고서 2010-04, 한국개발연구원, 2010.

전홍택 · 박명호 편, 『동아시아 통합전략(Ⅱ): 한 · 중 · 일을 중심
으로』, 연구보고서 2011-07, 한국개발연구원, 2011.

Asia-Pacific Economic Cooperation, "Economic Leaders'
Declaration," 2011.

Balassa, Bela A., *The Theory of Economic Integration*,
Greenwood Press, 1961.

Bergsten, C. Fred, "Competitive Liberalization and Global
Free Trade: A Vision for the Early 21st Century,"
IIE Working Paper, 1996, pp.96~15.

Bergsten, Fred C. and Jeffrey Schott, "Submission to the
USTR in Support of a Trans-Pacific Partnership
Agreement," Paper submitted to the United
States Trade Representative on the Trans-Pacific
Partnership Agreement, 25 January 2010.

Bhagwati, Jagdish, "Regionalism and Multilateralism:
An Overview," in Jaime de Melo and Arvind
Panagariya (eds.), *New Dimension in Regional
Integration*, Cambridge University Press, 1993.

Bhagwati, Jagdish and Arvind Panagariya, "Preferential
Trading Areas and Multilateralis: Strangers,
Friends or Foes?" in Jagdish Bhagwati, Pravin
Krishna, and Arvind Panagariya (eds.), *Trading
Blocs: Alternative Approaches to Analyzing
Preferential Trade Agreements*, MIT Press, 1999,
pp.33~100.

EU-U.S. High Level Working Group on Jobs and Growth,
"Interim Report to Leaders from Co-chairs," 19
June 2012.

European Commission, "Towards a New Asia Strategy,"
Communication from the Commission to the

Council, COM(94)314 final, Brussels, 1994.

European Commission, "Europe and Asia: A Strategic Framework for Enhanced Partnerships," Communication from the Commission, COM(2001)469 final, September 2001.

European Commission, "Global Europe Competing in the World: A Contribution to the EU's Growth and Jobs Strategy," Brussels, 2006.

European Commission, "Special Eurobarometer 357: International Trade," Brussels, 2010a.

European Commission, "Trade, Growth and World Affairs: Trade Policy as a Core Component of EU's 2020 Strategy," Brussels, 2010b.

European Commission, "EU-Japan Free Trade Agreement: Commissioner De Gucht welcomes Member States' Green Light to Start Negotiations," memo, 20 November 2012.

The European Institute, "EU-U.S. Free Trade Agreement Gets Boost from Interim Report," July 2012.

Fiorentino, Roberto V. *et al.*, "The Changing Landscape of Regional Trade Agreements: 2006 Update," A WTO publication, 2006.

Mansfield, Edward D. and Eric Reinhardt, "Multilateral Determinants of Regionalism: The Effects of GATT/WTO on the Formation of Preferential Trading Arrangements," *International Organization*, Vol. 57, No. 3, 2003, pp.829~862.

OECD, "Regional Integration and the Multilateral Trading System, Synergy and Divergence," Paris, 1995.

Park, Sung-Hoon, "East Asian Economic Integration and the Strategy of the EU," *Asia-Pacific Journal of EU Studies*, Vol. 1, No. 1, 2003, pp.1~23.

Park, Sung-Hoon, "ASEM and the Future of Asia-Europe Relations: Background, Characteristics and Challenges," *Asia Europe Journal*, Vol. 2, No. 3, 2004, pp.341~354.

Park, Sung-Hoon, "EU's Strategy towards East Asian Integration and Regionalism," in Choong-Young Ahn, Richard E. Baldwin, and Inkyo Cheong (eds.), *East Asian Economic Regionalism: Feasibilities and Challenges*, Springer, 2005, pp.175~191.

Park, Sung-Hoon, "Free Trade Agreements in the APEC Region: An Evolutionary Path to Bogor Goals," APEC Study Series 08-02, Korea Institute for International Economic Policy, December 2008.

Park, Sung-Hoon and Jeong-Yeon Lee, "APEC at a Crossroads: Challenges and Opportunities," *Asian Perspective*, Vol. 33, No .2, 2009, pp.97~124.

Scollay, Robert, "Preliminary Assessment of the FTAAP Proposal," Presentation given at the PECC Trade Forum and ASCC Joint Meeting, Jeju, Korea, 22~24 May 2005.

Sheng, Bin, "The Political Economy of an Asia Pacific Free Trade Area (FTAAP): A Chinese Perspective," *World Economics and Politics*, No. 2007-03, 2007.

US-EU Transatlantic Economic Partnership, "Joint Statement," 17 December 2010.

USTR, "The United States in the Trans-Pacific Partnership," 2012.

Wei, Shang-Jin and Jeffrey A. Frankel, "Open Regionalism in a World of Continental Trading Blocs," *IMF Stafff Papers*, Vol. 45, No. 3, September 1998.

Winters, L. Alan, "Regionalism versus Multilateralism," A

paper presented at a CEPR Conference on Regional INtegration, La Coruna, Spain, 26~27 April 1996.

World Trade Organization, "Regionalism and the World Trading System," Geneva, 1995.

World Trade Organization, "World Trade Report 2007: Six Decades of Multilateral Trade Cooperation: What Have We Learnt?" Geneva, 2008.

World Trade Organization, "International Trade Statistics 2011," Geneva, 2012.

Zhang, Qi, "The Trilateral FTA: A Chinese Perspective," Presentation given at the International Seminar on the China-Japan-Korea FTA, co-organized by Korea Institute for International Economic Policy and Trilateral Cooperation Secretariat, Seoul, 19 September 2012.

동북아 경제협력과 남북한 경협의 연계

전홍택(KDI 선임연구위원)
이영섭(서울대학교)

제1절 서론

1990년대 이후, 특히 아시아 위기 이후 동북아시아에서 지역협력 노력이 활발히 전개되어 오고 있다.[1] 동북아시아 지역협력이 진행되어 올수록 중요성이 부각되는 이슈 중의 하나가 북한문제이다. 북한은 정치경제적으로 한반도에서뿐만 아니라 동북아시아 지역 전체에서 항상 불안요인으로 작용해 왔다. 그동안 동북아 지역협력이 원만하게 진행되어 왔을 때에도 북한의 핵문제가 불거지면 더 이상의 논의가 진전되는 것은 불가능했었다. 또한, 동북아 지역협력이 충분히 성숙되어 간다고 할지라도 북한이 갑자기 내부 분열 또는 붕괴조짐을 보인다면 동북아 지역 전체의 불안정을 가져와 지역협력과 관련된 모든 노력이 한순간에 무너질 수도 있을 것이다. 따라서 동북아 통합을 진전시켜 가기 위해서는 어느 형식으로든 북한이 동북아시아 지역협력에 참여할 수 있는 방안을 마련해 북한문제를 해결할 필요가 있다.

또한, 우리로서는 남북통일이라는 궁극의 염원을 달성하는 데 동북아 지역협력이 상당히 유용한 기회를 제공할 수 있다. 남북한 통일에서 가장 중요한 변수 중의 하나는 한반도를 둘러싼 주변 강대국들의 이해관계이다. 이들 국가는 표면적

1) 본 보고서에서는 동아시아 경제협력의 심화를 동아시아 경제통합으로 표현하고 있으나 본 장에서는 남북한 경제협력과의 연계라는 측면을 강조하기 위해 경제통합 대신 경제협력이라는 용어를 사용한다. 또한, 남북한 경제협력은 아세안을 포함하는 동아시아보다는 한·중·일 및 러시아 중심의 동북아 틀에서 이루어지므로 다른 장에서 지역범위를 동아시아로 표현한 것과 달리, 본 장에서는 동북아로 표현하였다.

으로는 남북통일을 지지한다고 하지만 실상은 이와 정반대로 현상유지(status quo)를 바라는 경우가 대부분이다. 이는 주변 강대국들의 이해관계가 남북통일의 촉진제로 작용하기보다는 억지력으로 작용하고 있다는 것을 의미한다. 한편, 중국은 동북3성 개발을 위해, 또한 러시아는 연해주 개발과 시베리아 및 사할린의 가스 개발을 위해 동북아 지역협력이 필요하다. 그런데 동북아 지역협력이 순조롭게 진행되기 위해서는 한반도의 안정이 절대적으로 필요하기 때문에 남북협력에 대한 주변국들의 압력이 커질 것이다. 이로 인해 남북한 간의 협력이 더욱 촉진되고 궁극적으로 남북통일의 여건도 개선될 수 있을 것이다. 따라서 남북통일이라는 과제를 안고 있는 우리로서는 동북아 지역협력이 남북협력/남북통일의 긍정적 기제로 연계될 수 있는 방안을 마련할 필요가 있다.

이처럼 한반도문제와 동북아 지역협력문제는 아주 밀접한 관련을 가지고 있어 양자를 서로 연계시켜 논의할 필요성이 큼에도 불구하고, 지금까지는 양자 간의 상관관계에 대한 논의가 부족했다. 이에 제6장에서는 동북아 지역협력과 남북협력이 서로 어떻게 연계되어 있는지를 분석하고, 이를 기초로 동북아 지역협력을 통해 북한의 개혁개방을 도모하고 궁극적으로 남북통일을 촉진시킬 수 있는 방안을 제시하고자 한다.

이하 본 연구는 다음과 같이 구성되어 있다. 제2절에서는 동북아 지역경제협력의 입장에서 북한의 역할을 어떻게 보고 있는지, 그리고 동시에 북한의 입장에서 동북아 지역협력의 추진을 어떻게 바라보고 있는지 함께 설명하고 있다. 대체적으로는 모두 부정적으로 인식하고 있는 것이 현실이지만, 반면에 잘 활용하면 서로에게 여러 긍정적인 효과를 가져올 수도 있다는 점을 강조하고 있다. 제3절은 이러한 인식들이 북한의 대외경제관계에 어떻게 반영되고 있는지 분석하기 위해 북한의 무역, 투자 및 개발협력 사례 등을 살펴본다. 이러한 기록들을 통해 북한이 지역협력 과정을 바라보는 복합적인 인식, 즉 필요하기는 하지만 그렇다고 좋아하는 것도 아닌, 사실 두려워하는 태도가 북한의 대외경제교류 추이에도 잘 반영되고 있음을 알 수 있다. 제4절은 동북아 경제협력 이슈와 북한 이슈를 연계시키기 위한 방안들을 제시하고 있다. 몇 개의 구체적인 방안들을 크게 무역협력 논의와 연계시키는 방안, 통화금융협력 논의와 연계시키는 방안, 그리고 지역협력 범위를 좀 더 확대해 연계시키는 방안으로 나누어 설명한다.

제2절 동북아와 북한의 시각 분석

1. 동북아 협력관점에서 보는 북한

동북아 지역의 향후 전망에 대해 낙관적 시각, 회의적 시각, 중도적 시각 등 여러 시각이 존재하고 있다.[2] 북한문제는 일반적으로 이러한 시각들 중 회의적 시각에 무게를 실어주는 요인으로 간주되고 있다.

2) 각각의 시각에 대한 보다 자세한 설명은 홍용표(2002), Rhyu(2006) 등을 참조할 것.

낙관적 시각은 경제성장과 경제적 상호 의존성 증대가 평화적 협력관계를 유도한다고 주장하면서, 동북아 지역의 역동적 경제성장은 이러한 효과가 크게 나타나도록 만들 것이라고 전망하고 있다. 아울러 동북아에서 경제성장과 함께 민주화가 진행되고 있는데, 이러한 민주화 과정이 동아시아 전역에 전파될 때 지속가능한 지역평화체제가 구축될 수 있을 것이라고 기대하고 있다. 그런데 북한문제는 이러한 전망을 어둡게 만든다. 우선 동북아 지역 내에서 북한문제는 최대의 잠재적 불안요인 중 하나인데, 이러한 불안요인은 갈등과 분쟁 가능성을 증대시킴으로써 경제협력이든 안보협력이든 지역협력을 어렵게 만든다. 또한, 북한은 전 세계에서 가장 비민주적인 체제를 유지하고 있으며 향후 민주화될 전망도 가장 비관적이다. 따라서 북한으로 인해 동북아 지역의 민주화에 따른 평화정착효과는 기대하기 어렵다는 것이다.

그러나 동북아 협력 관점에서 볼 때 북한이 항상 비관적인 요인으로만 작용하는 것은 아니다. 동북아 지역의 경제

성장 및 상호 의존성 증대에는 역내 국가들 간의 생산네트워크가 중요한 역할을 해왔다. 특히, 다른 지역들과는 달리 수직적 생산네트워크가 지속적인 고도성장의 동인 역할을 해왔다. 생산네트워크가 무역에 미치는 영향을 나타내는 대표적 지표로 특정 지역 국가의 부품수출이 전 세계 수출에서 차지하는 비중이 활용되고 있는데, 동아시아 국가(한·중·일·아세안)의 부품수출이 전 세계 수출에서 차지하는 비중은 1992~93년 29.6%에서 2006~07년 42.8%로 크게 상승하였다. 반면, NAFTA와 EU의 경우 부품수출이 전 세계 수출에서 차지하는 비중은 같은 기간 중 25.3%와 39.2%에서 16.2%와 29.3%로 각각 하락하였다. 이는 글로벌 생산네트워크가 동아시아 국가를 중심으로 심화되고 있으며, 이와 같은 생산네트워크의 증대가 해당 지역의 무역 증가 및 성장의 주요 요인임을 시사한다.[3] 특히, 중국의 부품수출이 전 세계 수출에서 차지하는 비중은 1992~93년 1.7%에서 2006~07년 13.5%로 대폭 확대되었으며, 아세안의 경우도 같은 기간 부품수출이 전 세계 수출에서 차지하는 비중이 5%에서 10%로 배증하였다. 이와 같이 최근 중국과 동남아 국가의 발전으로 인해 생산-수출-성장의 연계관계에 변화가 발생하고 있는데, 북한의 참여는 저임금 노동력을 바탕으로 동아시아 지역 내 국가들 간의 생산네트워크를 다시 심화·확대시켜 지속적 성장을 가능하게 할 수 있다.

또한, 동북아 지역협력에 대한 북한의 참여는 동북아 경제가 안고 있는 성장의 병목요인들을 해결해 줄 수 있다. 지역경제가 지속적으로 성장하기 위해서는 투자기회의 꾸준한 확대 및 안정적인 자원공급원 확보가 요구된다. 우선 투자기회와 관련해, 물론 아직도 중국의 동북3성, 동남아 지역 등 기본 인프라 구축을 위한 투자기회가 존재하는 것은 사실이지만, 동북아 지역에서 우리나라와 일본은 투자기회를 확보하기가 쉽지 않다. 그러나 북한이 개혁개방을 통해 경제재건에 나선다면 이는 우리나라뿐만 아니라 일본, 중국 등 주변국들에 추가적인 투자기회를 제공할 수 있게 된다. 다음으로 안

3) 본 보고서의 제2장 "지역생산망 접근을 통한 동아시아 경제통합" 참조.

정적인 자원공급원 확보와 관련해, 그동안 중국을 비롯한 동북아시아 지역 국가들이 장기간 고도성장을 함으로써 에너지 및 주요 자원에 대한 수요가 급격히 증가해 왔다. 이러한 추세는 계속될 전망이므로, 향후 자원이 확보되지 않는다면 미래의 성장에 대한 전망을 낙관할 수 없을 것이다. 이런 상황에서 다양한 자원을 풍부하게 보유하고 있는 북한이 동북아시아 지역협력에 참여한다면 북한 내 자원개발을 통해 동북아 지역에서의 자원에 대한 초과수요를 상당 부분 해소할 수 있을 것이다.

북한의 지정학적 특성도 북한이 동북아 협력에 기여할 수 있다는 긍정적인 측면을 제공한다. 예를 들어, 1992년 ESCAP 총회에서 TAR(Trans-Asian Railway) 계획이 의결되었는데, 일본-한국에서 시작해 시베리아를 거쳐 유럽까지 연결하는 철의 실크로드가 건설되면 동북아 지역의 수송비용이 대폭 절감될 수 있고 따라서 관련국들의 생산성이 크게 향상될 수 있을 것으로 기대되었다. 그러나 이러한 계획이 성사되기 위해서는 한반도를 관통하는 철도망(Trans-Korean Railway: TKR)이 반드시 건설되어야 하지만, 남북한 간의 철도가 연결되지 않아 성사되지 못했다. 또한, 수년 전부터 천연가스의 최대 생산지인 러시아에서 우리나라로 가스관을 연결하는 방안이 검토되고 있는데, 이러한 지역적 협력도 북한의 참여가 있어야만 가능하다. 만일 가스관이 연결될 수 있다면 우리나라는 향후 30년간 안정적인 천연가스 도입처를 확보할 수 있게 되며, 더욱이 가스관을 통해 도입하는 천연가스는 그동안 들여왔던 액화천연가스보다 가격도 저렴하다. 아울러 러시아도 극동지역 개발을 통해 경제발전의 모멘텀을 추가할 수 있게 된다. 이처럼 관련국들에 win-win의 기회를 줄 수 있는 협력사업이 있음에도 불구하고 그동안 남북관계의 경색으로 성사되지 못하였다. 따라서 북한의 참여는 이러한 협력사업들을 가능하게 함으로써 지역협력을 성사시키는 데 큰 기여를 할 수 있을 것으로 기대된다.

2. 지역경제협력에 대한 북한의 시각

　북한과 같은 폐쇄적인 사회주의 국가가 무역 및 투자 등 지역경제협력에 대해 어떤 시각을 가지고 있는가를 분석하기는 쉽지 않다. 대외경제정책의 기조에 대해서는 언론매체의 담화나 탈북자 면담조사 등을 통해 어느 정도 파악할 수 있으나 공식적인 정책기조와 실제 정책이 일치하는지, 괴리가 있다면 어느 정도인지 등을 직접 확인하기가 곤란하기 때문이다. 또한, 무역, 투자 등의 대외경제정책 및 지역경제협력정책을 간접적으로 보여주는 북한 학술지에 게재된 글은 정권 찬양, 선전·선동과 자본주의 비판이 대부분이다. 그렇지만 북한 학술지의 기본 기능은 국가와 당의 인식과 정책을 정당화하고 이를 주민들에게 알리는 것이기 때문에 학술지에 나타난 인식과 정책 변화는 국가와 당의 인식 및 정책 변화를 제한적이나마 반영할 것으로 판단된다. 따라서 북한 경제학술지에 나타난 논조와 우리가 알고 있는 실제 정책을 종합해 보면 북한의 무역 및 투자 등 지역경제협력에 대한 시각을 어느 정도 파악할 수 있을 것이다.

　여기에서는 먼저 1990년부터 2011년까지 입수 가능한 북한 경제학술지 게재 논문들의 무역 등 대외경제협력 전반에 대한 시각 변화를 파악한 다음, 지역경제협력이라는 특정 이슈에 대한 학술지 논문을 분석하고 마지막으로 외국인투자와 관련하여 최근 논문에 나타난 특징을 살펴봄으로써 동북아 경제협력에 대한 북한의 시각을 추론해 보고자 한다.

　김은영(2012)이 1990년부터 2011년까지 경제 관련 가장 중요하고 입수 가능한 학술지인 『경제연구』, 『김일성종합대학학보』, 『사회과학원학보』에 게재된 374편의 논문을 분석한 결과에 의하면, 대외경제협력에 대해 부정적인 논조의 논문 비중은 1990~93년 71.4%에서 1994~97년 51.3%로 대폭 감소하였으며, 1998~2007년에는 52.6%로 비슷한 수준을 유지하다가 2008~11년에는 다시 26.8%로 크게 줄어들어 지난 20년간 전반적으로 감소하는 추세를 보였다.[4] 반면, 무역 확

4) 김은영(2012), pp.52~54.

대나 무역의 중요성 강조, 외자유치 중시 등 대외경제협력에 대한 긍정적 논조와 무역 및 대외경제협력을 소개하거나 특징을 설명하는 중립적 논조의 논문은 전체적으로 크게 증가하였다. 특히, 대외경제정책이 보수화된 2008년 이후에도 정책기조는 표면적으로는 자력갱생을 주장하고 무역 관련 권한의 중앙집중화를 강조하기까지 하였지만, 문헌분석 결과 실질적으로는 실리적인 무역을 추진하고 있으며 라선경제무역지대와 황금평 등 경제특구에 관한 외국인투자법제를 정비하는 등 외자유치노력도 지속되고 있음이 확인된다. 이러한 북한의 대외경제협력에 대한 인식 변화는 동북아 경제협력 등 대외경제협력에 관한 실질적이고 다양한 프로젝트가 추진될 수 있는 가능성을 시사한다.

다음으로 북한의 학술지에 나타난 지역경제협력에 대한 시각에도 여러 가지 시각이 혼재해 있다. 물론 지금까지 북한이 취해 왔던 태도를 보면, 북한은 기본적으로 경제를 세계화한다는 것은 경제에 대한 국가의 중앙집권적이며 통일적인 지도를 포기하고 생산과 무역, 금융 등 모든 경제활동의 자유화를 의미한다고 부정적으로 인식하고 있는데, 지역경제협력에 대해서도 기본적으로 같다고 판단된다. 선진국이 주도하는 경제 블록화에 대해서도 북한 학자들은 일정한 지역에서의 블록화를 통해 국지적인 세계화를 실현한 다음 다른 블록 또는 국가들을 참여 통합시킴으로써 궁극적으로 세계화를 실천해 나가는 방법이므로 제국주의자들의 이러한 의도를 정확하게 인식하고 사회주의를 고수해야 한다고 주장한다.[5]

5) 장인백(2001), p.35.

그러나 북한은 개발도상국 간의 협력과 블록화에 대해서는 긍정적으로 평가하고 있다. 개도국들이 서로 '유무상통'하면서 경제교류와 협력을 발전시키는 것은 제국주의자들의 불공평한 국제경제질서를 무너뜨리고 자립적 경제발전을 이룩해 나갈 수 있는 중요한 조건이 된다는 것이다. 특히, 지리적으로 인접한 나라들 사이에는 경제교류와 협력을 발전시켜 나갈 수 있는 조건과 가능성이 많으며, 각 나라의 자연지리적 조건과 경제발전 수준의 차이 등으로 인해 서로 부족한 것

6) 백순철(2001), p.38.

7) 김권(2000), p.29.

8) 리순주(2012), p.58.

을 보충하고 힘을 합친다면 빠른 경제발전을 도모할 수 있다는 긍정적인 평가를 내리고 있다.[6] 구체적으로 아세안 자유무역지대(AFTA), 남아시아 자유무역지대(SAFTA) 등을 소개하고 있으며,[7] 특히 동남아시아의 메콩 강 유역 개발에 대해서는 이례적으로 자세히 분석하였다. 또한, 최근 문헌에서 APEC이 미국 등 선진국을 중심으로 아시아태평양 지역에 광대한 지역경제권 형성을 추진하는 데 대해 비판하면서 아세안이 아세안자유무역지대를 창설하고 아세안사업협력을 추진함으로써 지역 내 협력을 강화하는 것은 강대국에 대한 경제적 의존관계를 줄이려는 발전도상국가들의 전략적 대응이라고 긍정적으로 평가하고 있다.[8]

북한은 지역금융협력과 관련해서도 개도국들 간의 금융협력에 대해서는 긍정적 입장을 취하고 있다. 북한은 "발전(개발)도상국들에 자금 부족은 새 사회 건설에서 겪고 있는 가장 큰 경제적 난관의 하나"라고 평가한다. 그러면서 오늘날 역내 개도국들은 지역별 공동기금을 창설하고, 이를 통해 금융협력을 활발히 전개하고 있다고 대안을 제시한다. 북한 측 주장에 따르면 공동기금은 통화 및 지불 기구보다 높은 형태의 금융통화기구이다. 통화 및 지불 기구들이 주로 회원국들 사이의 무역 확대를 기본사명으로 하고 있다면, 공동기금은 회원국들에 대한 신용제공, 투자협력, 기술원조 등 보다 폭넓은 기능을 수행한다. 공동기금은 참가국들의 공동투자에 의해 이루어지며 동등한 표결권을 갖고 참가하는 모든 개발도상국들에 의해 관리되는 금융통화기구이다. 역내 개도국들은 공동기금을 창설하고 공동기금은 개도국들의 자립경제를 건설하고 인민생활을 향상시키는 데 실질적으로 기여하고 있다. 재정적 어려움을 겪고 있는 나라들에 무상원조를 제공하고 있으며 차관을 제공하는 경우에도 매우 유리한 특혜를 제공하고 있는데, 차관의 상환기간이 길고, 이자율이 낮을 뿐아니라 어떤 경우에는 이자가 전혀 없는 차관을 제공하고 있다고 소개하고 있다.[9] 그러면서 아프리카개발은행(African Development Bank) 등을 구체적 모범 사례로 들고 있다.

9) 리경영, 「경제지역안의 발전도상국들 사이 금융통화분야에서 협조의 강화」, 「경제연구」, 제1호, 평양: 과학백과사전출판사, 2005, p.42.

마지막으로 2009년 이후 북한 학술지에는 라선경제무역지
대와 황금평 개발 등에 외국인투자를 유치하기 위한 특혜조
세제도,[10] 외국인투자 보호법제,[11] 이중과세방지협정,[12] 외국
인투자의 효과성 평가,[13] 외국기업의 신용도 평가[14] 등을 다룬
구체적이고 실무적인 문제에 대한 글이 다수 등장하고 있다.

이를 종합해 보면 북한이 기본적으로 실리적인 대외경제정
책을 추진하고 있으며, 남남협력(개발도상국 간 협력)에 호의
적인 태도를 보이고 있고, 특히 최근에는 라선경제무역지대
및 황금평 개발 등에 주안점을 두고 있으므로 우선 북한이 관
심을 가지고 있는 경제협력사업에 남한 단독보다는 중국, 러
시아 등과 함께 참여하여 동북아 경제협력의 틀을 활용하는
방안을 모색할 필요가 있다. 그리고 북한이 특히 동남아 국가
들 간의 경제협력에 대해 호의적이므로 'ASEAN+3' 틀 안에
서 금융협력 등 다양한 경제협력이 실현되고 있는 것을 활용
하여, 북한을 'ASEAN+3' 틀의 경제협력사업에 참여시킴으
로써 북한의 실리와 명분을 함께 고려하는 방안도 생각할 필
요가 있다.

결론적으로 이러한 인식들은 동북아 지역경제협력이 북한
에 여러 가지 혜택을 가져다줄 수 있다는 긍정적인 측면을 나
타내고 있다. 동북아 지역경제협력을 활용해 북한이 취득할
수 있는 이득은 크게 직접적인 혜택과 간접적인 혜택으로 나
누어 볼 수 있다. 북한이 지역경제협력 과정에 참여할 경우
받을 수 있는 여러 가지 직접적 혜택으로는 북한이 절실하게
필요로 하는 자본, 기초인프라 건설 등을 들 수 있다. 현재
개별국 차원에서 북한의 경제개발협력에 참여할 수도 있지
만, 북한이 지역경제협력의 일원이 된다면 범동아시아 지역
개발 차원에서 보다 적극적인 해외직접투자 및 개발기구 자
금들이 유입될 것으로 보인다. 또한, 앞에서 예로 들었던 시
범적인 대륙 간 협력사업들을 통해서도 북한은 직접적인 혜
택을 얻을 수 있다. 예를 들어, 시베리아 횡단철도-한반도
종단철도 연결, 남한-북한-러시아 가스파이프(PNG) 연결
사업 등에 북한이 협조적으로 응한다면 남한 및 러시아뿐만

10) 강종철, 「라선경제무역지
대 외국투자기업 및 외국
인세금제도의 특징과 그
운영을 개선하는 데서 나
서는 몇 가지 문제」, 2011,
pp.56~58.

11) 림영찬, 「조선인민민주주
의공화국에서 외국투자를
위한 법률적 환경에 대하
여」, 2009, pp.30~32.

12) 김수성, 「투자유치를 위
한 세금제도 수립에서 나
서는 몇 가지 문제」, 2011,
pp.51~53.

13) 최영일, 「합영투자대상에
대한 효과성평가의 중요
내용」, 2010, pp.135~137.

14) 리경주, 「외국대방기업들
에 대한 신용조사에서 나
서는 몇 가지 문제」, 2011,
pp.118~121.

아니라 북한도 상당한 실리를 챙길 수 있다. 즉, 철도 통행료 및 가스관 통행료 징수 등을 통해 상당한 규모의 외화를 획득할 수 있을 것이고 동시에 남북철도연결사업, 가스관연결사업 등을 통해 경제개발에 필요한 사회인프라를 순전히 외부자금으로 건설할 수 있게 되는 것이다.

또한, 동북아 지역경제협력을 잘 활용하면 북한 자신의 개혁개방을 위한 보다 순조로운 접근이 가능해질 수 있다. 북한이 지역경제협력 논의에 참여한다면 북한의 행보에 대한 미디어들의 과도한 시선을 끌지 않으면서도 자연스럽게 주변국들과 좀 더 자주 만나게 되므로 북한의 개방이 상대적으로 원활하게 추진될 수도 있다. 따라서 남한과 북한의 만남도 훨씬 편하고 자연스럽게 이루어질 수 있을 것이다. 아울러 이러한 지역경제협력에의 참여는 정치적으로 훨씬 받아들이기 용이한 구도에서 북한의 개혁을 촉진하는 효과도 가질 수 있다. 즉, 만일 동북아 지역경제협력 프레임워크 내에서 북한과 주변국의 빈번한 접촉이 이루어진다면 지금까지와 같은 이념적인 대치관계도 완화될 것이고 많은 경우 주된 논의가 경제협력 등 상대적으로 덜 정치적이고 일상적인 이슈를 중심으로 이루어지게 될 것이다. 따라서 북한으로서도 이러한 구도 내에서 내적인 개혁을 추구할 때 체제안정 위협을 덜 느끼면서 여러 노력을 시도해 볼 수 있을 것이다.

제3절 동북아와 북한의 경제관계 현황

앞에서 동북아 지역경제협력과 북한 개혁개방 간의 관계를 살펴보았는데, 양자 간에는 비록 일부 부정적인 측면도 있으나 상당히 긍정적인 측면도 많음을 알 수 있다. 이처럼 긍정적인 측면이 많다면 북한도 양자 간이든 다자간이든 어떤 형태를 통해서라도 대외경제교류를 활발하게 진행할 것으로 기대할 수 있는데, 그럼에도 불구하고 아직까지 북한의 대외경제교류는 상당히 지지부진하다. 이러한 부진의 원인을 설명하기 위해서는 북한의 대외경제교류 및 기타 투자협력의 현황 및 특징을 살펴보면서, 어떤 문제들이 대외경제협력에 장애요인이 되었는지를 파악해 볼 필요가 있다.

1. 무역

∴ 북한의 대외무역 추이

북한의 대외무역은 1990년대에 감소하는 추이를 보이다가 2000년대 들어서면서부터는 빠른 증가세를 보이고 있다. 2000년대 북한의 무역은 남북무역과 북·중 무역의 확대로 꾸준히 증가하였으나 2008년 이후 남북관계가 급격히 악화되면서 남북교역은 감소하고 북·중 무역이 크게 증가하였다. 북·중 무역의 규모가 확대되면서 북한의 대중 무역수지 적자폭도 증가하고 있는데, 최근 북한은 무역수지 적자폭을 줄이기 위해 대중 수출을 급격히 증가시키고 있다. 글로벌 금융위기의 여파로 북한도 2009년에 일시적인 무역감소를 보였으나, 다시 회복되어 2011년도 북한의 대외무역은 80억 3,000만 달러로 전년 대비 31.9%가 증가하였다. 수출은 전년 대비 44.7% 증가한 37억 200만 달러, 수입은 전년 대비 22.7%가 증가한 43억 2,800만 달러로 6억 2,600만 달러의 무역적자를 기록하였다.

〈표 6-1〉 북한의 연도별 수출입 추이

(단위: 백만 달러)

	2007	2008	2009	2010	2011
수출	1,683	2,062	1,997	2,557	3,702
수입	3,055	3,574	3,096	3,528	4,328
합계	4,739	5,636	5,093	6,086	8,030
무역수지	−1,372	−1,512	−1,099	−971	−626

주: 남북교역 포함.
자료: KOTRA, 「북한의 대외무역동향」, 각년도.

[그림 6-1] 북한의 연도별 수출입 추이

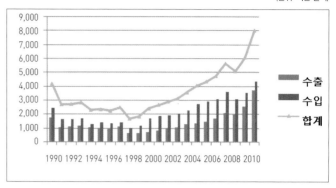

(단위: 백만 달러)

자료: KOTRA.

　북한의 대외무역에서 동북아의 비중은 거의 절대적이다. 무역상대국 상위 3개국은 2006년까지 항상 한 · 중 · 일 3국이 차지해 왔으나, 북한이 1차 핵실험을 단행한 2006년 10월 이후 북 · 일 경제관계가 단절됨으로써 북한의 대외무역에서 일본의 비중은 1998년 27.4%에서 2008년 0.1%에 이르기까지 지속적으로 감소하였다. 2000년까지만 해도 일본은 북한의 대외무역에서 차지하는 비중이 중국과 비슷할 정도로 중요한 무역상대국이었다. 그러나 북 · 일 관계는 2000년대 초반 일본인 납치문제로 악화되다가, 북한의 핵실험 이후 일본이 유엔의 대북제재에 동참함과 동시에 2007년부터 2008년 사이에 북 · 일 무역은 사실상 중단상태에 들어가게 되었다. 2011년 현재 일본의 대북한 무역은 전무한 상황이다. 국제사회의 대북제재가 진행되면서 북한의 중국에 대한 정치 · 경제적 의존도는 높아질 수밖에 없었고, 이에 북한의 대중국 무역의존도는 2011년 70.1%(남북교역액 포함 시)에 육박하게 되었다.[15] 2011년 남북교역은 17.1억 달러(반출 800백만 달러, 반입 914백만 달러)로, 북한의 대외무역에서 한국의 비중은 21.3%에 달하고 있다. 이는 '국민의 정부'와 '참여정부'의 대북정책인 햇볕정책을 통해 남북경협을 추진하였던 2007년

15) 남북교역액을 포함하지 않은 경우, 북한의 대중 무역의존도는 2005년 52.6%에서 2010년 83.0%, 2011년에는 90%에 육박한다.

38.9%에 비해 낮은 수치이지만 여전히 북한의 무역에서 남한이 차지하는 비중은 높은 편이다.[16]

16) 이석 외, 「1990~2008년 북한무역통계의 분석과 재구성」, 연구보고서 2010-07, 한국개발연구원, 2010 참고.

〈표 6-2〉 북한의 10대 무역상대국

(단위: 백만 달러, %)

국가명	북한의 수출		북한의 수입		수출입 합계		비중
	금액	증가율	금액	증가율	금액	증가율	
총계	3,588	50.6	4,442	19.9	8,031	32.0	100.0
중국	2,464	107.4	3,165	39.0	5,629	62.4	70.1
한국	914	−12.5	800	−7.8	1,714	−10.4	21.3
러시아	12.9	−51.9	99.8	19.4	112.8	2.0	1.4
독일	42.1	22.6	16.2	−33.8	58.4	−0.9	0.7
인도	0.6	−98.1	50.1	96.7	50.7	−13.1	0.6
방글라데시	44.6	21.5	0.06	−38.1	44.7	21.3	0.6
대만	24.7	211.8	14.0	4.9	38.7	81.9	0.5
인도네시아	31.8	310.0	6.4	−45.8	38.2	95.4	0.5
태국	12.6	−41.5	23.7	−20.1	36.3	−29.0	0.5
브라질	19.9	−14.6	14.2	53배	34.1	44.6	0.4

주: 남북교역액 포함.
자료: KOTRA, 「북한의 대외무역동향」, 2011.

〈표 6-3〉 북한의 대외무역: 한·중·일 비중

(단위: %)

	중국	한국	일본	한·중·일 3국
2000	20.4	20.5	19.4	60.3
2001	27.6	15.1	17.8	60.5
2002	25.4	22.1	12.7	60.2
2003	32.8	23.2	8.5	64.5
2004	39.0	19.6	7.1	65.7
2005	38.9	26.0	4.8	69.7
2006	39.1	31.1	2.8	73.0
2007	41.7	38.9	0.2	80.8
2008	49.5	32.3	0.1	81.9
2009	52.6	33.0	0.1	85.7

2010	56.9	31.4	0.0	88.3
2011	70.1	21.3	0.0	91.4

주: 남북교역액 포함.
자료: KOTRA; 통계청-북한통계.

∴ 남북교역

북·중 무역에서는 절대 규모가 증가하면서 북한의 대중 무역수지 적자가 급격히 증가하는 추세를 보이고 있는데, 남북교역에서 북한의 무역수지는 다른 양상을 보이고 있다. 특히, 남북교역액 규모와 북한의 대남 무역수지가 일정한 패턴을 보이기보다는 흑자, 적자가 혼재되기도 하고 또는 교역규모 확대와 적자폭이 늘었다 줄었다 하는 등 불규칙한 현상이 나타나고 있다. 이는 남북교역이 일반적인 국가 간 거래에서 발생하는 것과 다른 요소를 포함하고 있음을 의미한다. 남북교역 중에는 일반 국가들 사이의 무역과는 달리 인도적 지원과 같은 비상업적 거래와 남북 당국 간 경제협력사업에 수반되는 각종 물자의 이동 비중이 상대적으로 높기 때문이다. 특히, 비상업적 거래는 다양한 대북지원을 포함하기 때문에 남북관계의 정치적 상황을 반영하고 있는데, 2000년대에 들어와서 정부 차원의 쌀과 비료의 대북지원이 정례화됨으로써 비상업적 거래가 반출입 기준으로 한때 40% 이상을 차지하기도 하였다. 그러나 이명박 정부에 들어서며 대북지원이 중단되어 현재 비상업적 거래의 비중은 크게 감소하였다. 2008년 이후 북한이 남북교역에서 흑자를 기록한 주된 이유 또한 비상업적 거래의 대부분을 차지하는 대북지원이 거의 중단되었기 때문이다.[17]

한편, 2010년 3월에 발생한 천안함 폭침 사건에 따른 우리 측의 5·24 대북제재조치로 인해 2011년 상반기부터 남북한 사이의 일반교역과 위탁가공교역은 중단되었으며 5·24조치에서 제외된 개성공단 교역 실적이 남북교역의 거의 전부인데, 개성공단 교역은 사실상 우리 기업 간 교역에 의한 것이므로 실질적인 남북교역은 2011년부터 중단되었다고 보아야 할 것이다.

17) 이석 외, 『1990~2008년 북한무역통계의 분석과 재구성』, 연구보고서 2010-07, 한국개발연구원, 2010 참고.

〈표 6-4〉 유형별 남북교역액 현황

(단위: 백만 달러)

	일반교역, 위탁가공		경제협력[1]		비상업적 거래[2]		비중		
	반입	반출	반입	반출	반입	반출	반입	반출	총액
1998	52	92	0	38		35	52	165	217
1999	68	121	0	41		83	68	245	313
2000	89	151	2	15		116	91	281	372
2001	63	173	2	6		114	65	293	358
2002	73	270	0	12		215	73	497	570
2003	120	289		16		271	120	576	696
2004	258	89	0	89		261	258	439	697
2005	320	100	20	250		366	340	715	1,055
2006	441	116	77	294	1	421	520	830	1,350
2007	645	145	120	520		367	765	1,032	1,797
2008	624	184	308	596		108	932	888	1,820
2009	499	167	435	541		37	934	745	1,679
2010	334	101	710	744		23	1,044	868	1,912
2011	4		909	789	1	11	914	800	1,714

주: 1) 경제협력: 개성공단, 금강산관광, 경공업협력, 기타를 의미함.
  2) 비상업적 거래: 정부·민간 지원, 사회문화협력, 경수로사업을 의미함.
자료: 통일부.

2. 투자 및 경제협력

∴ 대북투자 추이

다른 통계와 마찬가지로 북한은 외자유치에 관한 공식 통계를 발표하지 않으며, UNCTAD와 같은 국제기구가 제공하는 추정 자료도 추정방식의 한계와 이에 따른 신빙성 문제로 사용하는 데 문제가 있다. 특히, 2000년대 중반 이후 북한에 대한 외국인투자를 주도하고 있는 중국의 경우 상무부가 대북투자 통계를 발표하고 있으나 중국의 정부기관과 국유기업의 대북투자 중 상당 부분은 비공식적으로 추진될 가능성이 높으며, 기타 소규모 투자는 상무부의 신고절차를 거치지 않

는 경우가 많은 것으로 알려지고 있다. 이와 같은 자료의 한
계에도 불구하고 UNCTAD와 중국 상무부가 발표하는 대북
외국인투자 자료는 일관된 체제로 계속 제공되고 있으므로
이를 통해 대북투자 추세를 어느 정도 파악할 수 있다.

<표 6-5> 북한의 외자유치 총액 변화 추이

(단위: 백만 달러)

	2003	2004	2005	2006	2007	2008	2009	2010	2011
해외 → 북한	158	197	50	−105	67	44	2	38	55
북한 → 해외	−1	2	0	0	0	0	0	0	0

자료: UNCTAD.

먼저 북한에 대한 외국인투자는 2000년대 초반만 해도 어
느 정도 활발하게 유지되어 오다가 2006년 핵실험과 UN의
대북제재 결의 이후 크게 감소하였으나, 중국은 2006년 이
후에도 대북투자를 확대하여 북한의 최대 투자국으로 부상한
것으로 판단된다.[18] 2007~10년 북한이 국제사회에서 유치한
외자총액은 1억 5,100만 달러(UNCTAD)이며, 같은 기간 중
국이 북한에 투자한 금액은 7,800만 달러(중국 상무부)로 전
체의 51.5%를 차지하고 있다.

무역과 마찬가지로 대북투자에 있어서도 2000년대 초반까
지는 한국, 중국, 일본의 비중이 높았으며 일부 유럽 국가들
도 대북투자를 행하고 있다.

일본은 나진선봉경제무역지대에 대한 외국인투자 유치가
본격화되기 전인 1993년 말까지 총련계 재일동포 상공인의
합영사업을 중심으로 대북투자를 진행하였다. 북한은 당시
이러한 재일동포의 투자를 중심으로 140여 건, 약 1억 5,000
만 달러의 외자를 유치한 것으로 추정되고 있다. 그러나 이
러한 합영사업도 1990년대 중반 북한의 경제난과 대외경제
합영사업의 운영 미숙으로 인하여 철수되거나 단순 임가공
사업으로 변경되었다. 북한에 대한 서방권의 경제협력이 미
진한 가운데 일본에 있는 재일동포 상공인들의 대북투자 사

18) 중국 요녕성사회과학원
우영자(2007)에 의하
면 중국의 대북투자는
2005년에 5,369만 달
러를 넘어섰으며, 2006
년 상반기에 이미 전년
실적을 상회한 5,874만
달러를 기록하였다고
하는데 이는 중국 상무
부 공식 통계의 약 10배
에 달하는 규모이다.

업이 축소되면서도 경제협력의 명맥을 유지해 나갔다는 점은 2000년대 북·일 경제협력의 성과라 할 수 있다. 또한, 북한의 무역성과 합영투자위원회, 일본의 동아시아무역연구회와 같이 북한과 일본 양측이 경제협력사업에 대한 창구를 폐쇄하지 않고 향후의 환경 변화에 대비하는 틀을 유지하였다는 점도 북·일 투자의 또 다른 성과라 할 수 있다. 그러나 무역에서와 마찬가지로 2000년대 들어 북·일 관계의 악화, 북한의 핵실험 등으로 현재 일본의 대북투자는 사실상 거의 이루어지지 않고 있다.

〈표 6-6〉 중국의 대북투자 현황(FDI)

(단위: 백만 달러, %)

	2002	2003	2004	2005	2006	2007	2008	2009	2010
중국 → 북한	1.5	1.12	14.1	6.5	11.1	18.5	41.2	5.9	12.1
중국 비중	-	0.7	35.3	13.0	-	27.5	93.7	-	31.8

자료: 중국 상무부, 「중국상무연감, 2011」, 2011.

한국의 대북투자는 금강산관광사업이 2008년 7월 한국 관광객 피격사망사건 이후 중단되고, 천안함 폭침과 이에 따른 2010년 5·24조치로 남북경협이 중단됨으로써 현재는 개성공단을 중심으로 진행되고 있다.

중국은 2000년을 전후하여 기존의 외자유치정책과 함께 중국 기업의 해외직접투자를 장려하고 있는데, 2002년 북한의 7·1조치 이후 제조업 분야를 중심으로 중국 기업의 대북투자가 북한의 수입대체정책과 맞물려 활성화되어 왔다. 이러한 해외진출 전략하에 중국 기업들은 지하자원 개발, 기반시설, 유통업 및 제조업 부문 등 다양한 산업 분야에 걸쳐 활발한 투자를 진행 중에 있으며, 이 중 지하자원 개발 부문이 대북투자의 중점 대상이 되고 있다.

중국의 대북투자는 2004년 이후 점차 서비스 및 인프라 투자와 자원개발 목적의 투자로 다변화되고 투자지역도 북한 전역으로 확대되어 왔다. 중국의 대북한 자원개발 투자의 급증은 중국의 급속한 산업화에 따른 지하자원의 시장수요를 반영하여 자원을 미리 확보하려는 전략적 투자 차원에서 이루어지고 있다. 이에 따라 수요가 급증하는 무연탄, 철광석뿐만 아니라 하이테크산업에 필요한 텅스텐, 구리, 금, 마그네사이트, 해저유전 개발 등이 주요 투자대상이 되고 있다. 자원개발 분야 다음으로 중국 기업들이 관심을 보이는 투자사업은 북·중 간 항만, 도로, 철도의 연결과 북한 내 각 시설의 개보수 사업이다. 대부분 국경지역을 연결하는 투자사업에 집중되어 있으며, 이러한 인프라 구축사업은 2000년대 중반 이후 중국이 동북3성 진흥계획을 추진하는 과정에서 북한과의 접경지역에 대한 연계 개발을 목적으로 진행되고 있다. 이러한 중국 기업들의 대북한 투자의 특징은 다음과 같다. 첫째, 과거에는 동북3성의 기업들이 투자의 주체였으나 2000년대 중반에 들어와 남방지역 기업들도 대북투자에 관심을 가지게 되었다.[19] 둘째, 북한 자원개발업에 투자가 집중되고 있으며 관련 기반시설 건설사업에도 투자가 확대되고 있다. 셋째, 중국 기업들의 대북투자는 경영권 확보를 목적으로 하지 않고 보상무역 형태의 합작투자가 주를 이루고 있다.

∴ 대북투자 및 경제협력 사례

1) 두만강지역개발사업[20]

두만강지역개발사업은 동북아 경제협력의 상징적 사업으로 1990년대 초반 한국, 북한, 중국, 러시아, 몽골 5개국 간의 다자간 협력사업으로 시작되었다. 북한, 중국, 러시아가 국경을 접하고 있는 두만강 하류지역은 탈냉전과 더불어 지역협력의 거점으로 부상하였는데, 이에 유엔개발계획(United Nations Development Programme: UNDP)은 제3세계의 빈곤 타파와 환경보호의 조화를 의미하는 지속가능한 발전의 원칙을 실천하는 모델로 두만강지역개발계획을 발표하였다. 그 내용은 북한의 나진·선봉과 중국의 훈춘 그리고 러시아 포시에트를 연결하는 길이 1,000km, 면적 800km²

19) 임금숙(2005)에 의하면 중국의 대북투자에는 동북3성 기업뿐만 아니라 남부지역 기업과 상인들도 관심을 보이고 있다고 한다. 실례로 2000년대 초·중반 사천성, 복건성 등에서도 대북한 투자설명회가 개최되었으며 2004년 11월에는 사천성의 31개 기업들로 구성된 대북투자사절단이 북한 대외무역성의 초청으로 평양을 방문하였다.

20) 이성우, 「두만강 개발과 동아시아 다자협력의 전망」, 제주평화연구원, 2011 참고.

의 삼각 지형인 두만강경제구역과 북한의 청진, 중국의 옌지, 러시아의 블라디보스토크를 연결하는 길이 5,000km, 면적 10,000㎢의 대삼각 지역인 '두만강경제발전구(Tumen River Economic Development Area: TREDA)'로 구성되었다.

두만강지역개발계획은 사회주의권의 붕괴로 경제적 활로를 모색해야 하는 북한, 연해지역과 내륙지역의 경제적 격차를 극복해야 하는 중국, 그리고 경기침체기로부터 탈출구를 확보해야 하는 극동아시아의 공통된 이익이 기본적인 동기로 작용하였다. 접경 국가 이외에도 한국, 몽골, 일본이 참여하는 다자간 경제협력사업은 주변국의 기술과 자본을 유인하여 세계적 수준의 수송, 가공 · 제조, 금융, 관광의 핵심 거점으로의 개발이라는 점에서 실현 가능성이 높은 것으로 평가되어 왔다.

두만강지역개발계획의 지난 20년간의 역사는 접경 당사국의 기대에 비해 결실을 맺지 못한 것으로 평가된다. 1991년부터 UNDP가 주도적으로 논의를 수행하며 중국, 러시아, 북한, 한국과 몽골이 참여한 공식적 정부 간 기구로 출범하였으나 협의기구 수준에서의 논의만이 지속되었다. 2000년대 들어서는 중국과 러시아가 경쟁적인 입장에서 두만강 개발에 대한 투자계획을 추진해 왔으나 가시적 성과는 거두지 못하였다. 이후에도 실질적인 협의를 통해 공동체 구성을 추진하려는 노력이 있었으나 2005년 장춘회의에서 GTI(Greater Tumen Initiative)로 전환하여 개발의 지역범위를 확장하였다.

지금까지의 과정을 볼 때 두만강지역개발계획은 소기의 성과를 거두지 못하였는데, 이 계획이 성공적으로 추진되지 못한 요인은 다음과 같다. 첫째, 두만강지역개발계획은 우선 계획 자체의 구조적 한계가 명확하였다. 무엇보다도 개발과 관련한 모든 합의에 대한 막대한 재원을 어떻게 조달할 것인가에 대한 구체적 대안이 없었다는 점이다. 둘째, 북한의 나진 · 선봉 지역이 두만강 개발의 핵심적 투자처로 부상되었으나 정작 당사자인 북한은 도로, 통신, 전기 등 개발에 필요한 사회간접자본의 시설까지 투자국에 의존하려는 의도를 밝힘으로써 개발계획의 추동력이 상실되었다. 셋째, 남북한, 중국, 러시아, 몽골 5개 회원국 중 당시 재원 부담능력이 있는 국가는 남한밖에 없었고 그나마도 제한적임에 반해 접경 당사국들은 투자유치를 희망하나 직접 투자에는 소홀한 태도를 보였다. 마지막으로 아시아개발은행이나 세계은행과 같은 국제기구들, 또는 유럽이나 미국과 같이 재정능력이 있는 역외국가들에게 현실적 투자유인이 존재하지 않음은 물론 북한이라는 체제에 대한 신뢰가 확보되지 못한 상태에서 계획이 진행되기에는 많은 장애요인이 존재하였다.

이와 같이 당초 기대에 비해 만족할 만한 성과를 거두지 못하고 있던 두만강개발계획은 최근 중국이 '신두만강개발계획'을 통해 독자 개발을 추진하는 과정에서 2,800억 위안(약 50조 원)의 투입계획을 수립하는 등 적극적인 모습을 보임에 따라 두만강유역 개발의 새로운 돌파구가 마련될 것인지에 관심이 모아지고 있다. 중국은 직접 투자를 통한 창춘-지린-두만강 경제벨트의 구축과 두만강-창춘 간 고속철도 건설 및 지린과 북한의 나진·선봉 및 청진의 고속도로 건설을 표명하였고, 북한은 중국 자본에 의한 신압록대교 건설과 압록강 하구 섬 개발, 외자 유치를 겨냥한 조선대풍그룹의 설립 등 북방협력을 전면화하고 있다.

2) 경수로사업[21]

한반도에너지개발기구(Korean Peninsula Energy Development Organi-zation: KEDO) 경수로사업은 북한이 핵무기 프로그램을 포기하는 대가로 경제협력과 대북관계 정상화를 교환하는 외교적인 국제 사업으로 추진되었다. 한국정부는 1995년 이래 지난 12년간 약 1조 4,189억 원을 투입하였지만 2003년 11월 경수로 건설공사 종합공정률 34.5% 수준에서 사업은 중단되었고, 이후 2006년 5월 공식적인 사업종료가 선언되었다. 경수로사업은 북한의 불성실한 합의서와 계약서 이행, 경수로 참여국의 정치적·재정적 지지의 불안정성, 북한의 취약한 경수로 수용능력, 북한의 핵사찰 거부

21) 문종열, 「경수로사업의 비용과 파생효과 그리고 정책적 함의」, 「통일정책 연구」 제16권 제2호, 통일연구원, 2007 참고.

와 비확산 의무의 불이행 등 추진과정에서 여러 문제점을 내포하고 있었다. 이와 같은 다양한 문제점을 내재한 채 진행되었지만 북·미 관계 및 북한의 핵폐기 진전이 수반되지 않음에 따라 결국 중단 및 종료되고 만 것이다.

경수로사업의 중단과 종료로 사업의 본래 목적과 목표는 달성되지 않았지만, 경수로사업의 추진과정에서 발생한 파생효과는 다음과 같다. 첫째, 1차 북핵위기 해소와 북한 핵개발 억지 및 이에 따른 한반도 긴장완화 효과이다. 즉, 비록 북한의 고농축핵개발 프로그램 의혹으로 인하여 북·미 간 기본합의가 파기되고 경수로사업이 중단되었으나, 실제 북한에 경수로 제공이란 경제적 유인을 통해 핵시설 봉인, 핵활동 동결, 폐연료봉 봉인 등 구체적인 비확산 성과를 얻을 수 있었다. 둘째, 남북 간 경제교류협력의 증대 효과를 들 수 있다. 경수로사업은 남북 간 갈등 방지 및 대북 접촉창구 역할을 수행하였으며, 경수로사업 이후 단순교역에서 3대 남북경제협력사업인 금강산관광사업, 개성공단사업, 남북 간 철도·도로 연결사업 등 대규모 사업이 출발하였다. 즉, 경수로사업을 통해 이들 사업이 효과적으로 추진될 수 있는 경험적 자료가 제공되었고, 남북경제협력의 제도화 진전, 북한의 자본주의·시장경제 인식의 확산, 대남인식의 변화 등이 유발되었다. 셋째는 북한개방 촉진효과이다. 북한은 KEDO와 경수로사업을 통해 많은 외부 인사들과의 교류 및 사업 참여로 자본주의의 효율성과 합리성을 체득하는 기회를 얻을 수 있었고, 통행, 통신, 부지 사용, 서비스 의정서 등을 통해 북한세계의 개방을 촉진하였다. 이 외에 국내산업 생산 및 부가가치의 유발효과, 북핵 위기 해소 및 남북관계 안정으로 인한 국가 신용도 상승효과, 경수로사업으로 인한 북한경제 회생과 전력생산 인프라 확충을 통한 통일비용 절감효과 등을 들 수 있다.

한편, 경수로사업은 대북 국제적 공조사업, 대북 정치외교 및 군사안보 목적의 사업, 대북 전력 및 과학기술 경제협력사업의 사례로서, 비록 중단된 사업이지만 향후 다시 논의될 경우 핵문제를 해결하기 위한 6자회담 과정에서 중요한 기준점이 될 수 있을 것으로 기대된다. 경수로사업이 재개되려면 우선 북한의 핵 비확산 의무 이행과 핵 불능화 조치, 한반도 비핵화와 북·미 관계가 선행되어야 할 것이다. 그러나 북한이 핵 불능화 및 비핵화한다고 하여도 경수로가 자동적으로 제공되는 것으로 보기는 어려우며, 결과적으로 북한의 비핵화와 북·미 관계 개선은 경수로사업 재개를 위한 최소한의 필요조건이 될 것이다. 더불어 국가 간 재원부담 비율에 대한 합리적 논의를 통해 '평등과 형평의 원칙'을 활용하여 한국의 부담을 최소화하려는 정부의 적극적인 노력이 요구된다.

3) 북한의 경제특구 개발

1990년대 중반 이후 북한은 경제난의 지속과 국제적 고립·경제제재 등으로 인해 자력으로 경제난 해결이 불가능해짐으로써 경제회복을 위해 외국으로부터의 자본과 선진기술의 도입이 필요하였다. 2000년대 중반까지의 외자유치를 위한 북한의 경제특구(Special Economic Zone) 확대정책은 개성공단을 제외하고는 사실상 실패하였다. 그러나 2009년 이후 북·중 경협 활성화를 바탕으로 최근 북한의 외자유치 및 경제특구와 관련하여 북·중 접경지역에서의 '일구양도'(북·중 접경지역에서 하나의 경제특구—나선특구—와 2개의 섬—황금평 및 위화도—에 대한 북·중 양국 간 개발협력 프로그램) 공동개발이 주목받고 있다.[22]

22) 정형곤 외, 「북한의 투자 유치 정책변화와 남북경협 방향」, 2011 참고.

〈표 6-7〉 북한 경제특구의 특징 및 관리체계 비교

	나진·선봉	신의주	금강산	개성
성격	북한식 경제특구	홍콩식 특별행정구	관광특구	공업개발구
지정일	1991. 12.	2002. 9.	2002. 11.	2002. 11.
근거법	「나선경제무역지대법」(상설회의결정 28호)	「신의주특별행정구기본법」(상임위원회정령 3303호)	「금강산관광지구법」(상임위원회정령 3413호)	「개성공업지구법」(상임위원회정령 3430호)
위치	함경북도	평안북도	강원도	황해북도
설치목적	무역 및 중계 수송, 수출가공, 금융, 서비스	국제적인 금융, 무역, 상업, 공업, 첨단과학, 오락, 관광지구	국제 관광지역	국제적인 공업, 무역, 상업, 금융, 관광지역

		중앙경제협조 관리기관, 해당 중앙기관	신의주 특별행정구 행정기관	중앙관광지구 지도기관	중앙공업지구 지도기관
사업지도 기관		중앙경제협조 관리기관, 해당 중앙기관	신의주 특별행정구 행정기관	중앙관광지구 지도기관	중앙공업지구 지도기관
면적		746km²	132km²	100km²	66km²
관세		특혜관세	특혜관세	무관세	무관세
기업소득세		-결산이윤의 14% -예외적 감면조항	-미정(특혜적인 세금제도, 세율은 특별행정구가 결정)	-개발업자의 관광 개발과 영업활동 에는 비과세	-결산이윤의 14% -SOC, 경공업, 첨단과 학기술분야는 10%
유통화폐		북한 원	외화(독자적 화폐금 융정책)	전환성 외화	전환성 외화
외화 반출입		국외송금 가능	자유 반출입	자유 반출입	자유 반출입
외국인 참여		-단독 · 합영 · 합작 형식으로 기업 설립 · 운영 · 투자 허용	-행정장관을 신의주 특구 주민으로 규정 -외국인도 신의주 특구 주민 가능	-관리기구 구성 시 남측 개발업자 추천 -외국인도 참여 가능	-금강산지구와 동일 -관리위원장에 남측 인사 취임 관리위원 회에 남측 인원참여
환경보호		-국가가 정한 환경 보호 한계기준을 초과하는 대상 투자 금지, 제한 가능	-환경오염 방지 명문화	-오염물질의 배출기 준, 소음, 진동기준 등의 환경보호 보장	-환경보호를 저해하 는 투자금지 명시
자치권	범위	일부 행정	입법, 행정, 사법	독자적 지도 및 관리	독자적 지도 및 관리
	입법	–	입법회의	–	–
	사법	–	특별구 재판소	–	–
	행정	나선시 인민위원회	행정기관(행정장관)	지도 및 관리기관	지도 및 관리기관
토지	소유 주체	국가	국가	국가	국가
	개발 주체	나선시 인민위원회	행정구	개발업자	개발업자
	임차 기간	-구체적 기간 명시 없음. -임대기관의 승인하 에 임차기관 연기 가능	-2052년 12월 31일 (연장 가능)	-구체적 기간 명시없 음(현대아산에 50년 간토지이용증 발급).	-50년(토지이용증 발급일로부터)
	이용권	관련 규정 없음.	양도, 임대, 재임대, 저당 가능	양도, 임대 가능	양도, 임대 가능
비자 여부		무비자 (초청장 필요)	비자 발급	무비자 (출입증명서 필요)	무비자 (출입증명서 필요)
자유활동 보장		-투자자에게 지대 내에서 기업관리 와 경영방법의 자 유로운 선택권 부 여	-거주민의 선거권, 노동권과 언론 · 출판 · 집회 · 시위 · 신앙의 자유 보장	-관광객의 자유로 운 관광 명문화	-법에 근거하지 않 은 체류자 구속, 체 포, 가택수색 금지

자료: 배종렬, 「7 · 1조치 이후 북한의 대외경제부문 변화」, 『수은 북한경제』, 2007년 여름호, 수출입은행, 2007, p.55.

23) 홍익표 외, 『북한의 대외
경제 10년 평가(2001~10
년)』, 2012 참고.

가) 단둥—신의주 연계개발: 황금평 공동개발[23]

북한과 중국이 황금평 지역에 건설하려는 4대 산업단지에
는 상업센터 및 정보산업, 관광문화산업, 현대시설농업, 가
공업 등이 포함되어 있다. 북한은 황금평 지역에 외자유치를
활성화하기 위한 수단으로 수출입관세 면제, 외국인투자자
의 자유로운 송금, 소득세 및 토지이용 특혜, 외국은행 설립,
인민폐 · 북한원 또는 별도로 규정하는 화폐 사용 인정, 외국
인 장기체류 허용, 기업과 노동자 간 자율적 노동계약제도 도
입, 투자자산 등의 자유로운 양도 · 상속, 시장원칙에 따른 파
산 · 청산 등 다양한 시장경제원리를 도입하기로 결정하였다.
황금평지대 공동개발계획의 개요는 〈표 6-8〉과 같다.

〈표 6-8〉 황금평지대 공동개발계획 개요

	항목	주요 내용
개발목표	중점항목	−신의주, 단둥과의 연계 특성을 발휘하여 정보산업, 관광문화산업, 현대시설 농업, 경공업 발전
	발전목표	−'1중심 4단지'의 지식밀집형 신흥경제구역으로 건설
산업발전 방향 · 산업 배치	상업센터	−단기: 북 · 중 공동시장 −장기: 쇼핑, 휴식, 사무, 전람, 금융봉사 등이 결합된 첨단 상업센터 건설
	정보산업	−단둥 시와 연계, 소프트웨어 주문 서비스
	관광문화사업	−아리랑 등 문화공연, 만화, 영화음악, 공예품, 회화, 관광기념품
	현대시설농업	−우량품종 육종, 관개시설 정비, 태양에너지 온실 · 채소 · 과일 · 화초 생산기지 및 농업기술 연구교류센터 건설
	피복 가공업	−피복 공장을 유치하여 주문생산, 유연성 강화, 장기적으로 자체적인 피복상표 개발
기초시설 (SOC) 건설	항구	−황금평, 신의주 사이의 여객 및 화물부두 건설
	도로	−그물망 형식으로 도로 건설, 단둥과 2개 출입도로 건설
	기타	−단둥공항 이용, 단둥에서 전력공급, 오수처리시설 · 인터넷망 · 통신망 건설

자료: 「라선 경제무역지대와 황금평경제지대 공동개발 총계획요강」, 『민족 21』, 2011. 7.

24) 홍익표 외, 『북한의 대외
경제 10년 평가(2001~10
년)』, 2012 참고.

나) 창지투 선도구 개발계획과 라선 개발[24]

다양한 정치적 혜택을 받았지만 결과가 좋지 못했던 두
만강지역 개발에서의 주도권을 확보하기 위해 중국정부는

2009년 8월 「중국 두만강지역 합작개발 전망계획요강: 창춘-지린-두만강 지역을 개발개방 선도구로」를 승인하며 국가 차원에서의 전폭적인 지원을 결정하였다. 중국 국무원의 개발계획에 의하면 창춘-지린-두만강(창지투)을 개발 및 개방의 선도구로 삼아 노후 산업기지인 동북3성의 '동북진흥'을 추진함과 동시에 계속 추진되어 온 두만강구역 합작개발을 새로운 단계로 끌어올린다는 것이다.

〈표 6-9〉 창지투 선도구 개발계획의 개요

	주요 내용
대상지역	-장춘시의 부분적 지역(장춘시 도시지역, 덕혜시, 구태시와 농안현), 길림시의 부분적 지역(길림시 도시구역, 교하시와 영길현), 연변조선족자치구 등 73,000km²가 그 대상으로 지린 성 면적의 39%를 차지(인구는 1,090만 명으로 40%)
발전목표	-1단계(2012년까지): 2008년 경제총량(3,640억 위안)의 2배, 삼림피복률 60% 이상 유지 -2단계(2020년까지): 경제총량의 4배 이상, 삼림피복률 68% 이상 유지
개발구도	-훈춘을 창구로, 연길-용정-도문을 최전방으로, 장춘-길림을 엔진으로, 동북후배지를 버팀목으로 한다는 구상
8대 중점공정	-두만강지역 국제자유무역지대 건설, 장길도 국제내륙항구 건설, 과학기술 창조지역 건설, 국제협력산업지역 건설, 현대물류지역 건설, 생태여행지 건설, 최첨단 서비스업 집중지역 건설, 현대농업모범지역 건설

자료: 배종렬, 「두만강지역 개발사업의 진전과 국제협력과제」, 「수은 북한경제」, 2009년 겨울호, 수출입은행, 2009, p.61.

이와 같은 중국 측의 창지투 개발계획과 연계하여 북한은 2010년 1월 4일 라선시를 특별시로 승격하는 최고인민회의 상임위원회 정령을 발표하였다. 자력으로 라선개발이 불가능하고, 핵문제로 인해 미국이나 서방권 국가들의 투자유치가 어려운 가운데 중국의 자본과 기업투자를 유치하여 라선지역을 개발하고자 한 것이다. 북한과 중국은 라선지역의 산업발전을 현실화하기 위해 이 지역에 육·해상 교통로 및 전력공급, 통신망 등과 관련된 사회기반시설도 함께 구축한다는 계획을 추진하고 있으며, 교통로와 관련하여 북한과 중국은 라선지역에 '1중추, 3방향, 5통로' 방식의 개방된 교통망 구축을 계획하고 있다.

정형곤 외(2011)에 의하면 현재 북한과 중국은 나진항을 나선지대의 중심 항으로 개발하고, 선봉항과 청진항, 웅상항도 함께 개발한다는 계획을 갖고 있다. 2009년 3월 원자바오 총리는 북한 방문 시 중국이 나선항 제1호 부두 사용권을 확보하고, 2·3호를 개·보수하며, 4호 부두를 신축한 후 이들을 사용하는 것에 대해 북한과 합의하였다. 2010년 3월 중국의 창리그룹은 나진항 1호에 대한 10년 사용권을 확보하고, 그해 말 나진항 2호와 4~6호 부두 개발권 및 사용권도 확보하였다. 한편, 북한과 러시아는 북한 나진-러시아 하산 간 철도와 북한의 나진항 재건에 관한 협의를 체결하였고, 러시아의 나진항 3호 선착장의 50년 사용권을 비준하였다.

따라서 향후 우리 기업들은 남북관계의 개선 가능성을 염두에 두고 중국 및 러시아의 나진항 개발에 참여하는 방안을 모색하여야 할 것이다.

3. 북한 대외경제교류의 주요 특징

이상에서 살펴본 북한의 대외경제교류 추이를 보면 몇 가지 중요한 특징을 발견할 수 있다. 우선 표면적으로 바로 드러나는 것은 국제무역 및 대북투자 등 북한의 대외경제교류가 매우 부진하고 아주 제한되어 있다는 것이다. 또한, 그나마 제한된 대외경제교류조차도 등락이 심하며, 특히 투자부문에서 이러한 불안정이 더욱 크게 나타나고 있다. 투자의 경우 중국을 제외한 다른 나라 기업의 투자는 2006년 핵실험 이후 급속히 위축되었고, 20년간 추진되어 온 두만강개발계획과 라선 경제특구 개발도 당초 기대에 부응하는 성과를 거두지 못하였다. TSR, TAR, TKR, PNG와 같은 대륙 간 협력사업 등의 파일럿 개발계획들도 아직까지 본격적인 추진이 성사되지 못하고 있다.

북한의 대외경제협력을 제한하는 경제적 요인으로는 전력, 철도 등 낙후된 인프라, 통신·통행의 제한, 경직된 행정체계 등 여전히 열악한 북한의 투자환경을 지적할 수 있다. 그러나 북한의 대외경제협력을 제한하는 보다 큰 걸림돌은 핵개발로 인한 대외관계의 악화 등 정치적 요인이라 할 수 있다. 이와 같이 비경제적 요인이 외국인투자를 제한하는 큰 요인으로 작용하고 있는 이유는 북한의 대외경제협력에 대한 복합적인 인식 중 부정적인 인식이 계속 지배적으로 작용하기 때문으로 보인다. 또한, 북한과 교류협력을 하고자 하는 상대 국가들의 정치적 동기도 이러한 제한적이고 단절적인 특징을 보이는 원인이 되고 있다. 북한의 상대 국가들도 한편으로는 경제적인 이익을 추구하지만 다른 한편으로는 동아시아에서의 헤게모니, 핵무기 개발 억제, 북한의 개혁·개방 유도 등과 같은 목표를 달성하기 위한 전술적인 수단으로 경제적 교류를 이용하는 것이다. 그런데 북한도 이들의 의도를 간파하고 있으며, 이들이 경제적 협력을 추진해 올 때 상대방으로부터 받을 수 있는 만큼 최대한 받아내고 북한 자신들의 이익은 감추려 하는 경향이 있다. 따라서 일단 경제적 이익을 성취하고 나면 바로 정치적인 이유로 경제교류 관계를 단절시키는 상황이 종종 발생하는 것이다.

그런데 이와 같은 부진함 속에서도 한 가지 고무적인 것은 2000년대 들어 무역이 계속 증가 추세를 보이고 있으며 대북 투자도 2000년대 후반부터 점차 확대되고 있다는 점이다. 이는 북한의 전반적인 대외관계 악화에도 불구하고 주로 중국과의 경제교류협력이 확대된 데 기인한다. 앞에서 살펴본 바와 같이 북한은 정치적인 여건 때문에 대외경제협력을 꺼리면서도 그 필요성을 인식하고 있다. 이와 같이 북한이 대외경제협력을 필요하다고 생각하지만 좋아하지는 않으며 본질적으로는 두려워하는 복합적인 인식은 대외관계의 악화에도 불구하고 증가한 경제협력 실적에 반영되고 있다. 즉, 필요에 따라 제한적으로 대외경제협력을 추구하지 않을 수 없으나, 그 대상이 어쩔 수 없이 중국에 한정됨으로써 주체를 내세우면서도 특정 국가에 대한 의존성은 오히려 높아지는 다분히 모순적인 행태가 나타나고 있다.

북한이 그동안 대외경제협력 과정에서 보여준 특징을 살펴봤을 때 북한이 보다 적극적으로 대외경제협력을 확대하도록 유도하기 위해서는 무엇보다도 대외경제협력이 북한의 체제 안정에 위협적이라는 부정적인 인식을 완화시키고 오히려 긍정적인 측면이 더 커질 수 있다는 인식을 제고시키는 방안을 제시해야 할 것이다. 따라서 다자간 경제협력, 즉 동북아 지역협력의 틀 안에서 북한의 체제안정을 위협하지 않으면서 북한에 매력적인 실리를 제공하는 사업을 우선적으로 추진한다면, 이는 동시에 동아시아 경제협력을 촉진시키는 계기로도 작용하게 될 것이다.

제4절 동북아 경협을 활용한 남북한 경제협력방안 모색

1. 개요

앞에서 지적한 것처럼 동북아 지역 경제협력 이슈와 북한 이슈는 서로 부정적으로 연계될 수도 있고, 동시에 서로 긍정적으로 연계될 수도 있다. 따라서 본 절에서는 한·중·일을 중심으로 논의되고 있는 지역경제협력 이슈와 북한 이슈를 연계하여 북한이 자신들의 개혁개방을 위해 지역경제협력을 활용할 수 있도록, 그리고 아울러 북한의 참여로 인해 지역경제협력이 더욱 활성화될 수 있도록 하는 방안을 제시하고자 한다.

이러한 방안들을 제시할 때 무엇보다도 염두에 두어야 할 것은, 체제위협과 같은 부정적인 측면이 부각되지 않도록 두 이슈 간의 관계에서 부정적인 측면을 완화시키고 긍정적인 측면을 강조할 수 있는 방안을 마련해야 한다는 것이다. 또한, 북한으로 하여금 지역경제협력과 같은 다자적 관계가 양자 사이의 대립적 이해관계로부터 오는 직접적 충돌을 회피할 수 있고 동맹과 전략을 위한 여지가 있으므로 양자적 관계보다 선호된다는 점을 받아들이도록 설득해야 한다. 아울러 북한의 독특한 상황도 고려해 비공식적 네트워크를 통해 공식적이고 제도화된 협력형태를 만들어낼 수 있도록 해야 한다. 이는 북한의 위신을 세워 줄 수 있고 의견차이가 있을 때 비공식적 협상 뒤로 숨을 수 있게 하며 북한 내의 특수한 권력관계와 조화를 이룰 수도 있기 때문이다.

동북아 경제협력 이슈와 북한 이슈를 연계해 남북한 협력을 모색할 수 있는 분야를 선정할 때에는 다음과 같은 점을 염두에 둘 필요가 있다.

- 첫째, 신기능주의 통합론에 부합되는 분야, 즉 실현 가능한 분야에서부터 협력을 시작해 점차 확대·심화한다는 기준에 맞는 분야; 안보정치보다는 경제 분야; 경제에서도 협력이 용이한 분야
- 둘째, 동북아시아에서 이미 협력의 경험이 축적되어 있는 분야
- 셋째, 관련국들의 경제적 수요가 큰 분야
- 넷째, 북한의 입장에서 참여가 비교적 용이하거나 관심을 표명한 분야

다음에서는 여러 가지 다양한 구체적인 방안들을 크게 무역협력 논의와 연계시키는 방안, 통화금융협력 논의와 연계시키는 방안, 그리고 지역협력 범위를 좀 더 확대해 연계시키는 방안으로 나누어 설명하고자 한다.

2. 무역협력 논의와 연계된 방안

정부는 2012년 5월부터 한·중 FTA 협상을 시작한 데 이어, 연내에 한·중·일 FTA 협상을 개시하기로 선언하였다. 만일 한·중 FTA, 한·중·일 FTA가 타결된다면 이러한 지역경제통합 성과에 북한을 끌어들여 여러 혜택을 향유하도록 할 수 있는 방안들을 모색해 볼 수 있다.

❖ 역외가공지역(outward processing zone) 지정

역외가공은 해외의 저렴한 인건비나 생산시설을 이용하기 위해 국내에서 생산한 부품이나 반제품을 해외로 가져가 가공한 다음 국내로 다시 가져오는 생산방식을 말하며, 역외가공지역은 역외가공이 이루어지는 국경 밖의 공단이나 특정 지역을 말한다. 이는 지역경제통합 이슈와 북한 이슈를 연계하는 좋은 기회를 제공할 수 있다. 예를 들어, 한·중 FTA 또는는 한·중·일 FTA 협상과정에서 우리나라는 중국 및 일본에 대해 개성 등 북한지역을 역외가공지역으로 지정해 주도록 요구하는 것이다. 북한을 역외가공지역으로 지정하면, 한국 기업이 개성에 원재료나 부품을 보내 생산한 상품에 대해 한국 원산지를 인정받을 수 있다. 이 경우 개성공단에서 생산된 제품은 중국, 일본을 비롯해 한국과 FTA를 맺고 역외가공지역을 인정해 준 모든 국가들에 한국산과 동일한 혜택을 받아 수출될 수 있으므로, 북한은 FTA 체결에 따른 수출증진효과 등 관련 효과를 그대로 향유할 수 있게 된다. 즉, 역외가공지역 지정은 북한으로 하여금 남한과 다른 나라와의 FTA를 통해 과거 구동독이 그랬던 것처럼 남한을 우회해서 중국, 일본 및 EU 등의 시장에 접근할 수 있게 하며 북핵 문제가 완전히 해결되지 않는 상황에서도 북한을 국제경제질서에 편입시키고 개방으로 유도하는 효과를 발휘할 것으로 기대된다.

북한뿐 아니라 우리나라 입장에서도 북한을 역외가공지역으로 인정받는 것은 여러모로 중요하다. 우선 개성공단과 같은 북한지역에서 저렴하고 양질의 노동력을 활용해 생산함으로써 제품의 대외경쟁력을 확보하는 데 도움이 될 것이다. 또한, 이를 통해 남북관계를 활성화시키고 나아가 북한의 체제개혁, 전환 및 개방을 자연스럽게 유도함으로써 궁극적으로 한반도 통일을 촉진시킬 수 있다.

주변국 특히 중국의 입장에서도 북한을 역외가공지역으로 인정해 주는 것이 유리할 수 있으며, 이미 한·중 FTA 협상에서 중국은 한국에 대해 북한을 역외가공지역으로 지정하는 안을 선뜻 받아들였다.[25] 중국 입장에서 보면 이를 통해 자연스럽게 북한을 경제적으로 도울 수 있으며, 아울러 중국도 황금평 공동개발 같은 프로젝트를 추진하고 있어 이 조항으로 득을 볼 수 있기 때문이다. 더욱이 이러한 조건들을 받아들여 한·중 FTA가 성사된다면 한·중 FTA를 통해 한반도 전역에서 영향력을 키울 수도 있다는 포석을 한 것으로 보인다.

❖ 남북한 경제동반자협정(CEPA)의 단계적 추진

역내 FTA와 더불어 남북한 CEPA(Comprehensive Economic Partnership Arrangement)를 추진하는 것도 두 이슈를 연계해 모두에게 득이 되는 방안이 될 수 있다. CEPA는 FTA보다 포괄적인 경제협력방식이지만 2003년 6월 중국과 홍콩특구 간에 '하나의 중국 원칙'에 따라 국가 간 협정이 아니라 특정 기관 간 약정방식으로 체결되었으며, 홍콩경제의 회복과 중국 경제권 통합의 견인차 역할을 하고 있다.[26] 남북한 CEPA를 체결하게 되면 어떤 형식으로든 북한의 대외경제교류 체제를 남한의 체제 및 국제규범에 일치시켜야 하는데, 이는 북한경제를 세계경제에 편입되게 하는 효과가 있다. 예를 들어, 모든 무역거래의 대상이 되는 상품은 HS코드로 분류해 놓는데, 남북한 CEPA를 하게 되면 북한에도 이런 체제가 만들어지고 따라서 북한의 대외무역이 훨씬 쉬워지고 활성화될 수 있다.[27] 둘째, 남북한 CEPA는 북한지역에 대한 해외직접투자를 촉진하게 된다. 일단 어떤 국가 간에라도 CEPA가 성사되면 정책투명성, 행정체계 개선, 법규 적용 표준화 등 여러 가지 투자환경이 개선된다. 따라서 남북한 CEPA가 성사되는 경우에도 이와 같은 투자환경의 개선으로 인해 북한지역에 대한 남한 기업 및 해외 기업의 투자가 증진될 것으로 기대된다. 뿐만 아니라 남북한 CEPA 체결 시, 북한은 원산지규정체제를 도입할 수 있고, 그것이 북한의 외국인투자 유치에 도움을 줄 수 있다. 북한은 현재 원산지 규정이나 분류 시스템을 갖추지 못했는데, 그런 상태에서 한국과 북한은 '무관세 거래'를 해왔다. 이를 이용해 중국 업체들은 굳이 북한

25) 유럽연합(EU)과 미국은 FTA 발효 후 1년이 지난 시점에 따로 위원회를 열어 역외가공지역 인정 여부를 결정하기로 했다. EU와는 2012년 7월 이후 협의를 했지만 아직 받아들여지지 않았고, 미국과는 내년 3월 15일 이후 협의할 예정인데 이것 또한 별로 전망이 밝지 않은 분위기다.

26) 중국과 홍콩 간의 CEPA 사례와 이를 활용한 남북한 CEPA 추진방안에 대해서는 임수호·동용승(2007)을 참조.

27) 김현종(2010)을 참조해 정리하였다.

에 공장을 세워 생산할 필요 없이 중국 상품을 북한을 거쳐 한국으로 수출함으로써 무관세 이득을 볼 수 있었다. 북한에는 원산지 규정이 없으니 한국으로 넘어온 물건이 중국산인지, 북한산인지 구분하기 어려우므로 중국 상품이 북한을 통해 한국에 무관세로 수출되는 것이다. 원산지규정체제가 없는 경우 중국이 북한에 투자할 인센티브가 없지만, 만일 남북한 CEPA를 체결해 북한도 원산지 규정을 도입하게 되면 중국 업체들이 이러한 우회전략 대신에 북한에 공장을 세우도록 인센티브를 제고시킬 수 있게 된다.

남북한 CEPA는 북한의 개혁·개방, 남북관계 개선 등의 이점 외에도 추가적인 이득을 가져올 수 있다. 현재 남북 간 거래에는 관세가 적용되지 않고 있는데, 일부 국가들이 최혜국 대우에 근거해 북한에 대한 무관세 혜택을 자신들에게도 똑같이 적용해야 한다고 문제를 제기할 가능성이 있다. 최혜국 대우란 한 나라가 기존에 다른 나라에 부여하고 있는 대우 중 가장 유리한 조건의 대우를 협상이나 조약 상대국에 적용해 주는 것을 말한다. 이러한 주장에 대해 우리나라는 북한과의 특수관계를 내세워 이러한 요구를 반박해 왔다. 즉, 헌법 3조에 북한은 우리 영토에 포함된다고 명시하고 있으며, 또 남북관계 발전에 관한 법률도 북한과의 관계를 나라와 나라 사이의 관계가 아닌 '통일을 지향하는 과정에서 잠정적으로 형성된 특수관계'로 규정하고 있으므로 남북 간 거래는 국가와 국가 간 무역거래가 아니라 '민족 내부의 거래'이기 때문에 국제적 승인을 받을 필요가 없다는 것이 우리 정부의 입장이다. 따라서 남북한이 CEPA를 체결하면 북한과의 무관세 거래가 한 나라이지만 특수한 관계에 있는 지역에 대한 잠정적 조치라는 것을 남북한이 함께 보다 명확히 규정함으로써 우리 주장의 논리를 강화할 수 있을 것이다.

현재 남북한 CEPA 체결을 위한 합의의 기초는 '남북기본합의서 제3장'과 '교류협력에 관한 부속합의서', 투자보장·이중과세 방지·청산결제·상사분쟁해결 등 '4대경협합의서'와 '원산지규정합의서' 등이 이미 마련되어 있는 상태이다. 문제는 이러한 합의가 실질적으로 작동하기 위한 후속 조치 논의가 2008년 이후 중단되었으며, 핵문제, 미사일 실험, 천안함 폭침 및 연평도 포격사건 등 정치적으로 풀어야 할 문제가 있다는 것이다. 게다가 CEPA가 체제에 미칠 영향에 대한 북한의 불안감 때문에 단기적으로는 성사되기 어렵다. 따라서 우선 남북경제관계를 단계적으로 활성화시키면서 남북한 간 경협 관련 제도를 개선하는 가운데, 남북한 관계의 개선 및 북한의 대외관계 개선과 연계하여 남북한 CEPA를 추진하는 방안을 모색하여야 할 것이다.

3. 통화금융협력 논의와 연계된 방안

∴ A3Fund[28)]

A3Fund는 원래 CMIM의 기능을 보완하거나 대체하기 위해 한·중·일 중심으로 공동기금을 창설하자는 제안이다. 위기가 발생할 때 ASEAN+3 체제의 CMIM이 긴급자금을 제공해 위기를 방지하는 역할을 해야만 했으나, 글로벌 금융위기 당시 CMIM은 아무런 역할을 하지 못했다. 또한, 비록 CMIM으로부터의 지원이 가능하다고 할지라도 우리나라가 지원을 요청한다고 하면 이는 곧 주된 자금공여국 중 하나인 한국이 아세안 국가들에 도와달라고 요청하는 격이 되므로, CMIM은 우리 입장에서 볼 때 바람직한 대안이 아니다. 따라서 CMIM보다는 한·중·일 3국이 외환보유액 일부를 이용한 공동기금인 A3Fund를 창설해 위기 시 국제유동성 긴급지원에 사용함으로써 위기 가능성을 감소시키고, 아울러 역내 채권발행에 대한 보증을 위한 펀드로 사용해 역내 지역개발 및 채권시장 발전을 도모하는 것이 바람직하다. 구체적인 규모는 클수록 좋겠지만 최소한 현재 CMIM에서 논의되고 있는 규모보다는 큰 규모로 추진하는 것이 바람직하며, 한·중·일 3국 간 분담률은 균등하게 하는 것이 기금을 운영하는 데 있어 효과적일 것으로 판단된다.

이처럼 A3Fund의 주 기능이 위기 시 긴급자금 지원이지만

28) 이영섭(2011)을 참조해 정리하였다.

또 다른 주요기능은 동북아 지역의 메가프로젝트를 지원하는
것이다. 따라서 두만강지역개발과 같이 북한지역이 포함된
동북아 낙후지역 개발, 또는 선로 연결, 발전시설 건설, 항만
도로와 같은 기반시설 건설 등 북한지역 내 사회간접자본 개
발에도 자금지원이 가능하므로 북한으로서는 자연스럽게 지
역경제통합의 성과를 향유할 수 있게 된다. 아울러 북한지역
개발 및 동북아 지역개발과 같은 기회는 A3Fund의 활용가
치를 더욱 크게 만들어 통화금융 분야에서의 지역경제협력을
촉진시키는 계기가 될 수도 있다.

∴ 동북아개발공사

　북한을 포함한 동북아 지역을 개발하기 위한 개발금융
과 관련해 동북아개발은행, 동북아개발금융협의체, 동북아
개발공사 등 여러 방안들이 제시되었었다. 동북아개발공사
(Northeast Asia Development Corporation: NADC)는 정
부 주도의 동북아개발은행안에 비해 민간이 주도한다는 점, 출
연자본금이 소규모라는 점, 정치적 반대를 최소화한다는 점,
우리나라 자산산업의 육성과 장기자본의 효율적 사용이라는
점 등 여러 면에서 실현 가능성이 높은 안이라 판단된다. 이는
수출입은행이나 산업은행에서 추진하고 있는 개발은행협의
체(NADFC) 등을 개발공사로 더욱 발전시킨 후 북한개발투
자를 활성화할 것으로 기대된다.

　최근의 대내외 경제여건 변화는 그 어느 때보다 동북아개
발공사 설립에 유리한 상황으로 보인다. 우선 우리나라를 비
롯한 동아시아 국가들은 국내 잉여자금의 효율적 해외투자에
관심을 기울여야 하는 상황이다. 예컨대 동아시아 국가들은
사상 최고의 외환보유액을 보유하고 있으며, 더욱이 국내 자
본시장의 협소성으로 인해 연기금이나 생명보험회사와 같은
기관투자가 투자처를 찾지 못하고 있는 상황을 고려하면,
이들을 동북아 발전 및 북한개발계획으로 끌어들이는 방안을
고려해야 할 것이다. 동북아 투자공사는 미국 혹은 일본과 같
은 국가의 동북아개발은행 설립에 대한 정치적 저항을 최소

화하고 상업적 차원에서 이들 국가의 자원을 끌어내 동북아에 투자하게 하는 한편, 장기적으로 북한과 같이 역내의 낙후된 지역에 대한 투자를 가능하게 하여 역내 공동번영에 기여할 것이다.

〈표 6-10〉 동북아개발금융의 대안 비교

	NADFC	NEAIC	NEADB
명칭	동북아개발금융협의체 (Northeast Asia Development Financing Council)	동북아투자공사 (Northeast Asia Investment Corporation)	동북아개발은행 (Northeast Asia Development Bank)
주도	민간	민·관 협력	각국 정부 주도
자금 조달 — 출자	없음.	한·중·일의 관련 은행	각국 정부, 국제금융기구, 미국 등 선진국, 필요시 각국 국책은행 등
자금 조달 — 기타	프로젝트별로 은행별 참여의사에 따라 분담	채권 발행 (자체신용 및 정부보증) 연기금 등으로부터 수탁	국제금융차입(자체신용) 채권발행(자체신용) ADB 등과 Co-Financing
자금운영	Syndicated Loan P/F Loan(SPC) 등	다수의 Project Fund Straight Loan (전대 포함), 투자, 보증	Straight Loan, 보증 양허성 차관, 기술원조(T/A) 등

자료: 문우식·오승렬·이영섭(2005), p.164.

동북아개발공사(NEADC)를 설립하기 위한 방법은 한·중·일 3국이 국책은행(수출입은행 혹은 개발은행)을 중심으로 소규모 자본을 출연하여 합작투자 혹은 자회사를 세우는 것이다.[29] 이렇게 설립된 합작투자사는 역내시장에서 채권발행을 통해 동북아개발을 위한 자본을 조달하며, 조달된 자본은 역내 인프라 건설 혹은 다수의 프로젝트 투자에 특화하게 하는 것이다. 따라서 동북아개발공사는 민간 인프라기금+공공 투자(개발)은행의 성격을 동시에 포함하게 된다.

29) 자세한 설명은 문우식·오승렬·이영섭(2005) 참조.

4. 기타 지역경제협력과 북한 연계방안

동북아시아 경제통합과 직접적으로 연계되어 논의되던 것은 아니지만, 이와는 별도로 러시아 극동지역을 포함하는 동북아 또는 멀리 시베리아 및 유럽까지도 포함하는 대륙 간 협력방안에 대해서도 많은 논의가 있어 왔다. 이러한 논의에는 당연히 북한이 포함되어야 하는데, 이러한 논의를 어떻게 북한문제와 연계시켜야 하는지 고찰해보고 서로 상생할 수 있는 방안을 제시할 필요가 있다.

∴ 남북한 철도 연결과 철의 실크로드

1992년 ESCAP 총회에서 TAR(Trans-Asian Railway) 계획이 의결된 이후 TSR, TKR 등 일본-한국에서 시작해 시베리아 혹은 중국을 거쳐 유럽까지 연결하는 철의 실크로드 건설을 위한 여러 방안이 제시되었고, 구체적인 계획까지 추진되기도 했다. 대륙 간 철도연결사업은 남북한 관계 증진 및 주변 지역경제협력을 강화할 수 있는 좋은 계기가 될 수 있다. 무엇보다도 일본, 남북한, 중국, 러시아 등 대륙 간 철도가 지나가는 지역에 위치한 모든 나라들의 이해관계가 일치하기 때문이다. 예를 들어, 일본은 유럽과의 교역, 중국은 동북3성 개발, 러시아는 시베리아의 자연자원 개발 및 극동지역의 물류중계 기능을 위해 철도연결을 필요로 하고 있다. 우리의 입장에서는 어떤 형태의 대륙 간 철도연결이라도 남북 간의 철도가 이어져야 완성될 수 있다는 점에서 동북아 지역에서 입지를 강화시켜 나갈 수 있는 좋은 기회가 될 수 있고, 북한의 입장에서도 앞에서 설명한 것처럼 인프라 개발, 외화취득, 대외관계 개선 등 여러 이득이 생기게 된다. 특히, 철도연결의 경우 육로로 직접 이어지기 때문에 군사안보적 보장을 필요로 한다는 점에서 경제적 이익뿐만 아니라 정치적 신뢰관계, 군사적 긴장완화 등과 같은 추가적인 이익을 가져올 수 있다. 따라서 남북 간 및 대륙 간 철도연결은 남북 간 협력을 강화하고 동북아 협력을 촉진하며, 이를 통해 다시 북한의 개혁개방을 촉진하게 되는 상생의 효과가 있을 것으로 기대된다.

구체적으로 사업을 추진하기 위해서는 우선 북한의 철도시설 복구를 위한 동북아컨소시엄을 구성하고, 동북아 공동프로젝트에 북한을 참여시킴으로써 본격적인 동북아철도망 구축을 실천해야 한다. 북한의 철도시설 복구 그리고 남북 간 및 대륙 간 철도연결을 위한 재원은 앞에서 제안한 A3Fund, 동북아개발금융공사를 통한 국제협력자금과 민간자본을 끌어들여 조달하는 방안을 검토해 볼 필요가 있다. 이러한 철도협력은 기본적으로 다자간 협력으로 추진하지만 북·중 간 또는 북·러 간의 양자 간 협력도 함께 진행되도록 유도하는 것이 바람직하다. 예를 들어, 북한과 중국은 라선지역에 '1중추, 3방향, 5통로' 방식의 개방된 교통망 구축을 계획하고 있고, 북한과 러시아는 시베리아횡단철도(TSR)와 한반도종단철도(TKR) 연결사업을 2000년대 초반부터 중요하게 다루어왔는데, 이러한 양자 간 협력계획이 다자간 협력과 함께 연계되도록 추진해야 할 것이다.

∴ 남북한 대기 및 해양 오염 대처협력과 동북아시아 환경협력

동북아시아 지역의 주요 환경 이슈는 크게 대기 분야, 해양 분야, 그리고 국경하천문제를 포함하는 기타 분야로 구분된다.[30] 각 분야에서 이미 심각한 황사 및 산성비와 같은 대기오염문제, 유류방출 및 핵폐기물의 무단 해양투기, 국경하천의 수질오염문제 등은 범지역적 차원에서 긴밀한 협력이 요구된다. 동북아시아 지역의 환경문제에 있어서는 중국이 중요한 위치를 차지하고 있다. 무엇보다도 중국은 대부분의 환경문제에서 중요한 원인제공자라는 점이다. 예를 들어, 중국은 동북아 지역 전체 CO_2 배출량의 80%를 차지하고 있고, 황사의 진원지 그리고 국경하천 및 해양 오염의 진원지 역할을 하고 있다. 그러면서도 한·중·일 3국의 환경협력에는 미온적인 태도를 보이고 있다.

동북아 지역에서 한·중·일 간의 환경협력은 양자 간 협력과 다자간 협력이 동시에 추진되고 있으며, 개별적 협력체 발전을 지원하고 동북아 환경장관회의의 장기적 발전기반 확보, 동북아 지역 국가 간 장거리 이동 대기오염물질의 정량적 산정이 가능한 모델링 기반 구축, 환경기업체의 중국 진출 지

30) 추장민(2011).

원기반 마련 등의 실질적인 성과를 거두기도 했다.

환경 분야에서 지금까지 북한에 대해서는 거의 아무런 협력관계를 진전시키지 못하고 있지만, 북한도 심각한 환경문제를 드러내고 있어 긴밀한 협력을 필요로 한다. 특히, 바로 접경하고 있는 우리로서는 국경하천 및 해양 오염, 삼림황폐화에 따른 대기오염, 그리고 하천범람 등과 같은 직접적인 피해를 볼 수도 있기 때문에 어떤 형식으로든 북한을 동북아 지역환경협력의 장으로 끌고 나와야 하는데, 이를 위해 지역협력 노력을 활용할 수 있다. 현재 북한은 주로 중국이 주선하는 회의에 참석하는 경향이 많은데, 따라서 지역환경협력에 북한을 끌어들일 때에도 중국으로 하여금 주도적 조정역할을 하도록 하는 것이다. 또한, 한·중·일 3국 간의 주요 협력방식은 공동프로젝트 위주의 접근 그리고 우리나라와 일본이 중국을 지원하는 형식으로 이루어져 있는데, 마찬가지로 북한에 대해서도 공동프로젝트에, 그리고 환경개선을 위한 자금을 지원받는 형식으로 참여하게 하면 유인효과가 클 것으로 예상된다.

∴ 남─북─러 가스관사업과 동북아 에너지협력

동북아시아 지역 국가들의 지속적인 발전을 위해서는 에너지원의 확보 및 안정적인 공급망을 구축하는 것이 절대적으로 필요하며, 또한 에너지원의 개발은 새로운 이익 창출의 중요한 원천으로서 새로운 성장동력을 제공할 수도 있다. 따라서 에너지 분야는 지역 내 국가들의 관심이 아주 높은 분야이며, 에너지 분야에서의 지역협력은 남북 및 동북아 경제통합에 촉매제 역할을 할 수 있다.

동북아 에너지협력을 위해 필요한 것은 우리나라 및 일본 등의 에너지시스템을 대륙과 연계된 시스템으로 전환함으로써 일본, 우리나라, 북한, 중국, 러시아 등이 하나의 시스템으로 연계되어야 한다는 것이다. 이러한 지역연계시스템은 에너지 자원의 경제적이고 안정적인 공급을 보장해 줄 수 있으며, 동시에 새로운 경제적 가치창출 및 비용절감을 통한 이익 제고 등 경제성장에 기여할 수 있게 된다. 동북아시아 에너지연계시스템을 구축하기 위해서는 자원보유국 및 자원소비국 등이 모두 포괄되는 유기적 협력이 절대적으로 필요할 것이다.

지역협력을 통한 북한의 에너지 인프라 구축은 북한의 개혁개방을 촉진할 수 있고, 또한 이를 통해 지역협력이 더욱 공고해질 수 있는 상생의 결과를 가져다준다. 지역에너지 협력과 관련해 동북아 지역의 구조를 보면 러시아가 가장 큰 자원보유국이고 한국과 일본이 가장 체계적인 에너지시장을 갖추고 있다. 따라서 에너지협력 과정에서는 그 사이에 위치하고 있는 북한이 포함되어야 하고, 북한의 에너지 인프라 구축 과정에서 주변 국가들의 협력은 필요성을 넘어 당위성이 요구된다. 우리의 입장에서 추구하고자 하는 것은 해양으로 개방되고 대륙과 연계된 남북통합 에너지시스템을 구축하고, 이를 통해 남북통합의 모멘텀을 확보하는 것이다. 따라서 동북아 지역에서의 다자간 에너지협력을 강화한다면 우리의 숙원인 남북통합 에너지시스템 구축 및 남북통일을 앞당길 수 있는 기회를 맞이할 수도 있을 것이다.

에너지 분야에서 동북아 지역협력을 추진할 수 있는 대표적인 사업 중의 하나가 남·북·러 가스관연결사업(Pipeline Natural Gas: PNG)이다. 이 사업은 3국 모두에 경제적 실리 차원에서 '윈-윈' 할 수 있는 프로젝트라는 점에서 경제적 효과가 크고, 사업의 추진 가능성도 높은 것으로 평가되고 있다. 세계 최대 천연가스 매장·수출국인 러시아는 극동 지역의 가스전 개발과 함께 안정적인 판로를 확보할 수 있다. 남한도 해상을 통해 운송하는 것보다 훨씬 싼 값에 안정적으로 가스를 들여올 수 있으며, 실제 가스관으로 도입할 경우 배로 운송하는 것보다 30~70%까지 비용절감효과가 있는 것으로 조사되었다. 북한도 러시아-우크라이나 사이의 가스관 통과 요율을 적용할 경우 가스관 통과료로 매년 1~1.5억 달러 이상을 챙길 수 있을 것으로 예상되며, PNG 건설 참여를 통한 인건비와 지역개발수익을 기대할 수 있다.[31]

31) PNG사업의 경제성과 북한 리스크 등의 쟁점에 대해서는 이윤식(2011), 이성규(2011), 윤성학(2011) 등에 잘 정리되어 있다.

PNG사업의 관건은 북한 리스크의 관리이다. 러시아-우크라이나 가스분쟁의 시사점은 제3국을 통과하는 가스관의 분쟁 가능성을 예방하고 분쟁발생 시 에너지의 안정적 공급보장 등 분쟁해결 및 실효성 있는 대책을 정밀하고 신중하게 분석하여 계약을 추진해야 한다는 것이다. 따라서 러시아와 북한 리스크 관리에 대한 논의가 우선적으로 이루어져야 할 것이다. PNG사업의 경제성에 대해서는 대부분의 전문가가 동의하고 있지만 북한 리스크를 러시아가 부담할 경우 가격협상에서 불리할 수 있다는 우려도 있으므로 사업추진 시 경제성과 북한 리스크 관리비용을 동시에 면밀하게 검토해야 할 것이다.[32]

32) 김남일, 「가스관연결사업의 쟁점과 에너지의 안정적 공급 가능성」, 2011 민화협 화해공영포럼 발표자료, 2011.

∴ 남북 전염병·동물질병 예방 및 관리 협력과 동북아 보건의료협력

보건의료 분야는 정치적인 민감성이 적고 인도적인 측면이 부각될 수 있으므로 지역 차원의 협력에 대한 공감대를 쉽게 형성할 수 있다. 보건의료 분야에서의 협력은 지역 전체 차원의 전염성 질환에 대한 공동방역체계, 자연재해 등에 대한 공동구호 협력시스템 마련을 목표로 진행해야 할 것이다.

보건의료 분야의 지역협력에 대한 공감대 형성 및 공동목표의 마련이 어렵지 않음에도 불구하고, 실제적으로 이 분야에서의 동북아 지역협력은 극히 제한적으로만 이루어지고 있다. 무엇보다도 동북아 국가 간 의료기술 수준의 차이가 크며, 보건의료체계도 서로 너무 다르기 때문이다. 따라서 현재로서는 인도주의적 차원에서의 지원을 통해 보건의료 분야의 협력을 추진해 가는 것이 현실적일 것이다. 그러나 일부에서는 그 이상의 협력도 추진해볼 수 있는데, 조류독감 등과 같은 새로운 바이러스나 질병에 대한 정보 공유와 공동연구를 통한 백신 개발을 예로 들 수 있다.

남북 간의 협력에서는 보건의료 분야의 중요성이 지역 차원에서보다도 더욱 부각될 수 있다. 북한은 주민 전체의 건강뿐만 아니라 동물 및 식물에 대한 질병 방지를 통해 생산성을 제고하기 위해서도 보건의료 분야의 개선을 희망하고 있다. 게다가 남북 교류·협력이 활성화될수록 협력이 필요한 분야이자 까다로운 모니터링을 요구하지 않는 남한과의 협력을 국제기구의 지원보다 선호하고 있기도 하다. 특히, 이 분야는 남북관계의 특수성에 따른 정치적 민감도가 상대적으로 작아 북한은 전통안보나 대대적인 개발협력사업과 달리 보건의료에 관한 협력에 비교적 부담 없이 응할 수 있을 것이다.[33]

33) 김규륜 외(2007).

따라서 북한의 체제안정이나 안보적으로 중요하지만 보건의료 측면에서 취약한 지역에 쉽게 접근할 수 있다는 장점을 이용해, 북한지역 전체를 대상으로 접근하기보다는 부분적인 지역접근을 통해 점차 확대해 가는 전략을 활용하는 것이 바람직할 것이다. 보건의료협력은 인도적 지원을 바탕으로 하고 있고 직접 접촉이 불가피한 측면이 있어, 교류협력이 활성화될 경우 남북 주민 간의 공감대 형성 및 동질성 회복에 유리하고 궁극적으로 남북통일을 앞당기는 효과를 거둘 수도 있다.

참고문헌

강종철, 「라선경제무역지대 외국투자기업 및 외국인세금제도의 특징과 그 운영을 개선하는 데서 나서는 몇 가지 문제」, 『경제연구』, 제2호, 평양: 과학백과사전출판사, 2011.

고상두, 『동북아 다자협력체 구축 조건: 독일통일의 경험이 주는 함의』, 제주평화연구원, 2010.

권영경, 「최근 북·중 경제관계의 현황과 우리의 대응과제」, 우석대통일학술회의 발표자료, 2011.

김갑식, 「동아시아 시대, 북한 변화와 한반도 통일」, 니어재단, 『미중 사이에서 고뇌하는 한국의 외교안보: 연미화중으로 푼다』, 제5장, 매일경제신문사, 2011.

김권, 「발전도상나라들의 지역경제통합추세와 사회경제적 배경」, 『경제연구』, 제3호, 평양: 과학백과사전출판사, 2000.

김규륜 외, 『남북협력과 동북아협력 연계 추진 방안』, 통일연구원, 2007.

김기정, 「동북아 다자협력과 통일연구」, 『통일연구』, 제9권 제2호, 통일연구원, 2005.

김남일, 「가스관연결사업의 쟁점과 에너지의 안정적 공급 가능성」, 2011년 민화협 화해공영포럼 발표자료, 2011.

김수성, 「투자유치를 위한 세금제도 수립에서 나서는 몇 가지 문제」, 『경제연구』, 제4호, 평양: 과학백과사전출판사, 2011.

김우창 편, 『통일 한반도와 동아시아 공동체로 가는 길』, 나남신서, 2011.

김은영, 「사회주의권 붕괴 이후 북한의 대외경제 관련 담화 분석」, 『KDI 북한경제리뷰』, 2012년 12월호, 한국개발연구원, 2012.

김현종, 『한미 FTA를 말하다』, 홍성사, 2010.

「라선 경제무역지대와 황금평경제지대 공동개발 총계획요강」, 『민족 21』, 2011년 7월호, 2011.

리경영, 「경제지역안의 발전도상국들 사이 금융통화분야에서 협조의 강화」, 『경제연구』, 제1호, 평양: 과학백과사전출판사, 2005.

리경주, 「외국대방기업들에 대한 신용조사에서 나서는 몇 가지 문제」, 『김일성종합대학학보』, 제3호, 평양: 김일성종합대학출판사, 2011.

리순주, 「아시아태평양경제협력회의에 의한 전 지역적인 경제권의 추진과 그에 대한 아세안의 전략적 동향」, 『경제연구』, 제2호, 평양: 과학백과사전출판사, 2012.

림영찬, 「조선인민민주주의공화국에서 외국투자를 위한 법률적 환경에 대하여」, 『사회과학원학보』, 제1호, 평양: 사회과학원, 2009.

문우식·오승렬·이영섭, 「남북협력기금의 중장기 운용계획」, 통일부 용역보고서, 2005.

문정인 외, 『동북아시아 지역공동체의 모색』, 한국학술정보, 2007.

문종열, 「경수로사업의 비용과 파생효과 그리고 정책적 함의」, 『통일정책연구』, 제16권 제2호, 통일연구원, 2007.

박명규, 「새로운 통일론의 문제의식과 지향」, 『연성복합통일론』, 통일평화연구원, 2012.

배정호 외, 『남북한 실질적 통합과 주변국 협력 유도 방안』, 통일연구원, 2002.

배종렬, 「7·1조치 이후 북한의 대외경제부문 변화」, 『수은 북한경제』, 2007년 여름호, 수출입은행, 2007.

배종렬, 「북한의 외국인투자 실태와 평가: EU와 중국 기업의 대북 진출을 중심으로」, 『수은 북한경제』, 2008년 가을호, 수출입은행, 2008.

배종렬, 「두만강지역 개발사업의 진전과 국제협력과제」, 『수은 북한경제』, 2009년 겨울호, 수출입은행, 2009.

백순철, 『메콩강 유역 개발을 통한 동남아나라들의 지역 내 경제협력의 강화』, 『경제연구』, 제3호, 평양: 과학백과사전출판사, 2001.

신동천, 『남북경제통합과 동북아협력』, 아르케, 2004.

우영자, 「중국기업의 대북한 투자 실태와 전망」, 『통일교육연구』, 제6권, 통일교육연구소, 2007.

오용석, 「동북아경제협력구도에서 한반도의 통합적 발전방향」, KIEP, 2000.

유엔개발계획(UNDP), 「라선경제무역지대」, 2005.

윤성학, 「한반도 가스관의 경제적 효과 분석」, 2011년 민화협 화해공영포럼 발표자료, 2011.

이석 외, 『1990~2008년 북한무역통계의 분석과 재구성』, 연구보고서 2010-07, 한국개발연구원, 2010.

이성규, 「남·북·러 PNG사업이 동북아가스시장에 미치는 영향」, 『수은 북한경제』, 2011년 가을호, 수출입은행, 2011.

이성우, 『두만강 개발과 동아시아 다자협력의 전망』, 제주평화연구원, 2011.

이영섭, 「통화금융분야」, 전홍택·박명호 편, 『동아시아 통합전략(Ⅱ): 한·중·일을 중심으로』, 제4장, 한국개발연구원, 2011.

이윤식, 「남북러 가스사업의 효과, 쟁점, 과제」, KINU 정책연구 시리즈 11-05, 통일연구원, 2011.

이은명, 『러시아 천연가스 도입의 공급안정성 확보 방안』, 에너지경제연구원, 2009.

임금숙, 「중국기업의 대북한 투자에 관하여」, 『통일정책연구』, 제14권 제1호, 2005.

임수호·동용승, 「남북한 경제협력강화협정(CEPA)의 의의와 가능성」, Issue Paper, 삼성경제연구소, 2007.

장인백, 「제국주의자들의 경제의 세계화 책동을 짓부시는 것은 사회주의 경제제도를 고수하기 위한 중요한 요구」, 『경제연구』, 제3호, 평양: 과학백과사전출판사, 2001.

전병곤·구기보, 『중국의 한·중 FTA 추진 의도와 남북관계에 주는 함의』, 통일연구원, 2008.

전홍택·박명호 편, 『동아시아 통합전략: 성장-안정-연대의 공동체 구축』, 연구보고서 2010-04, 한국개발연구원, 2010.

전홍택·박명호 편, 『동아시아 통합전략(Ⅱ): 한·중·일을 중심으로』, 연구보고서 2011-07, 한국개발연구원, 2011.

정형곤 외, 『북한의 투자유치 정책변화와 남북경협 방향』, 대외경제정책연구원, 2011.

조선일보-한선재단 컨퍼런스, 「한반도 통일전략과 동북아 공동번영의 비전」, 2011. 4. 8~9.

중국 상무부, 『중국상무연감 2011』, 2011.

최영일, 「합영투자대상에 대한 효과성평가의 중요내용」, 『김일성종합대학학보』, 제3호, 평양: 김일성종합대학출판사, 2010.

최지영, 「최근 북한의 대외경제정책 변화」, 2012.

최진욱 외, 『통일대계연구: 남북합의통일 마스터플랜: 통일외교 과제와 전략』, 통일연구원, 2011.

추장민, 「동북아 환경문제와 한·중·일 경제협력」, 전홍택·박명호 편 『동아시아 통합전략(Ⅱ)』 제7장, 연구보고서 2011-07, 한국개발연구원, 2011.

KOTRA, 「북한의 대외무역동향」, 각년도.

홍용표, 「동아시아 지역협력과 한반도」, 『통일정책연구』, 2002.

홍익표 외, 『북한의 대외경제 10년 평가(2001~10년)』, 대외경제
    정책연구원, 2012.

통계청 홈페이지.

통일부 홈페이지.

Frank, Ridiger, "The International Environment for
    Inter-Korean Economic Cooperation," presented
    at the international conference on Peace on the
    Korean Peninsula and a Future of Unification, held
    by KCRC, 22~23 October 2008.

Han, Sukhee, "Co-evolution of Korea's Unification Policy
    with the Regional Cooperation," presented at
    IPSA-World 2012, Madrid, 2012.

Kim, Hugo Wheegook, "Regional Integration and Inter-
    Korean Economic Cooperation: A Perspective of
    International Political Economy," *Korean Journal
    of Defense Analysis*, Vol. 14, No. 1, 2002.

Kim, Won-Bae *et al.*, "Restructuring the Korean
    Peninsula for the Twenty-first Century," *KRIHS
    Research Report*, No. 98-42, 1998.

Koh, Il-Dong, "Korea's Reunification from the Perspective
    of Northeast Asia's Economic Integration," *Journal
    of Economic Integration*, Vol. 27, No. 2, June
    2012, pp.274~279.

Lee, Hyun-Hoon, "Northeast Asian Economic Cooperation
    and Its Relation with Inter-Korean Economic
    Integration," in Sang-Oak Lee and Duk-Soo Park
    (eds.), *Perspectives on Korea*, Sidney: Wild Peony,
    1998, pp.77~90.

Lim, Wonhyuk, "Regional Multilateralism in North East Asia and the Korean Question," KDI, 2008.

Rhyu, Sang-Young, "North Korea's Economy and East Asia's Regionalism: Opportunities and Challenges," presented at a conference entitled 'Northeast Asia's Economic and Security Regionalism: Old Constraints and New Prospects,' Center for International Studies, University of Southern California, 3~4 March 2006.

Rhyu, Sang-Young, "North Korea's Strategy for Regime Survival and East Asian Regionalism," *The Political Economy of the Asia Pacific*, 2009, pp.149~178.

Seliger, Bernhard, "Regional Integration in East Asia and Perspectives for Economic Transformation in North Korea: Lessons from Europe," *International Journal of Korean Unification Studies*, Vol. 12, No. 1, 2003, pp.139~164.

Snyder, Scott and See-Won Byun, "North Korea and Community Building in East Asia," Center for US-Korea Policy, The Korea Foundation, 2011.

UNCTAD homepage.

7 요약 및 결론

전홍택(KDI 선임연구위원)
박명호(한국외국어대학교 · KDI 겸임연구위원)

동아시아 통합연구는 2010년부터 2012년까지 3개년에 걸쳐 이루어졌으며 1차연도에는 동아시아 통합 구상, 2차연도에는 한 · 중 · 일 공동체 추진을 위한 분야별 협력방안, 그리고 2012년에는 동아시아 경제통합의 아세안으로의 확대, 동아시아 통합을 위한 협력의 제도화, 동아시아 지역주의 확산에 따른 세계경제의 시나리오와 이에 대한 대응전략, 그리고 과거 동아시아 통합 논의에서 간과되었던 남북한 경제협력 등을 다루었다. 제7장에서는 금년도 연구뿐만 아니라 1, 2차연도 연구 결과를 모두 함께 정리하였고 이를 토대로 결론을 작성하였다.

제1절 동아시아 통합 구상

1. 동아시아 경제통합 여건 분석

∴ 자족성 및 이론적 기준 평가

동아시아에서는 지역협력 및 통합에 대한 논의가 활발하게 전개되었지만 역내 각국마다 상호 입장이 달라 제시하는 통합구상도 다양하게 나타났다. 이는 동아시아 지역개념이 생겨난 역사적 배경과 밀접하게 관련되었다. 그렇지만 동아시아 각국의 입장이 다름에도 불구하고 국제 금융위기, 지역 블록화 등 주요 여건 변화로 인해 지역협력 및 통합의 필요성에 대한 공감대가 증대되었다. 동아시아에서 지역통합에 대한 여건이 과연 어느 정도 조성되었는지 알아보기 위해 자족성 및 이론적 측면에서 각각 평가하였다.

첫째, 자족성은 인구, 경제규모, 무역규모, 자산, 군사력 등 흔히 국력을 나타내는 조건을 통해 평가하는데, 동아시아 지역은 독자적인 블록, 특히 경제규모 면에서는 세계 3대 경제블록의 하나로 기능하므로 충분한 자족성을 갖춘 것으로 나타났다.

둘째, 정치, 경제, 사회문화 등 다양한 분야에서의 지역통합이론들이 제시하고 있는 이론적 기준에 비추어 볼 때, 동아시아 지역은 적어도 경제적인 측면에서는 지역공동체를 형성하는 데 필요한 여건이 열악하지는 않지만, 정치적 및 사회문화적인 측면에서는 여건이 미진한 상황으로 평가되었다.

이런 여건들을 종합적으로 고려해 볼 때 동아시아 지역에는 아직 정치적인 갈등, 역사적인 반목, 상호 신뢰 부족 등의 장애가 남아 있고 협력에 대한 경험부족으로 지역통합의 의견조율 과정에 많은 어려움이 놓여 있다. 그러나 경험이나 전통은 처음부터 있었던 것이 아니라 만들어지는 것이고 또한 동아시아의 성장과 더불어 최근에는 경제적 여건뿐만 아니라 정치적 및 사회문화적인 여건들도 일부 개선되는 것으로 나타났다. 따라서 과거의 불리한 여건들 때문에 동아시아에서의 공동체 건설이 불가능하다고 받아들이기보다는, 오히려 지역통합의 내생성 이론에서 제시하듯이 공동체 추진노력을 통해 여건이 개선되도록 만드는 적극적인 자세가 필요하다.

∴ 유럽 통합의 확대 과정과 동아시아 통합

지역통합은 지역 내 국가 간 경제, 사회, 환경, 정치, 문화 등의 수준이 유사하고 장기적으로 수렴할 때 통합 가능성이 높아진다. 본 보고서에서는 이들 5개 영역에서의 15년간 추세치를 지표체계를 구축하여 한·중·일, ASEAN,[1] EU 6,[2]

1) ASEAN 국가는 필리핀, 인도네시아, 베트남, 태국, 싱가포르, 말레이시아 등 ASEAN 국가 중에서 데이터의 접근성이 가장 용이한 국가 6개를 지칭한다.

2) EU 6은 1950년대 유럽 통합을 먼저 출범시켰던 프랑스, 독일, 이탈리아, 벨기에, 네덜란드, 룩셈부르크를 지칭한다.

EU 15,[3] NAFTA 지역으로 나누어 분석하였다.

한·중·일+ASEAN 지역과 관련하여 가장 두드러진 특징은 경제 분야에서 나타났다. 경제 분야는 1990년대 중반 이후 전 지역에 걸쳐 상승세를 보였지만 글로벌 금융위기 이후부터는 아세안 지역의 성장세가 현저하게 둔화되었다. 그렇지만 글로벌 금융위기에도 불구하고 한·중·일 3국은 성장세를 유지하여 한·중·일+ASEAN으로 경제통합이 확대되는 경우 아세안 지역의 경제적 취약성이 개선될 것으로 전망되었다.

한편, EU가 원래 6개국에서 15개국으로 확대되는 과정을 분석함으로써 통합의 효과를 간접적으로 평가할 수 있었다. 유럽의 확대 과정이 동아시아 통합에 주는 시사점을 정리하면 다음과 같다.

유럽은 제2차 대전 종전 이후 안보이익을 공유한 국가들의 정치적 동기와 전후 복구의 필요성에 따른 경제적 동기가 상호보완 작용을 함으로써 통합 논의가 출범되었다. 유럽 통합의 동기는 정치적이었지만 통합과정은 주로 경제 분야에 맞춰졌다. 우호적인 환경 속에서 진행된 유럽은 통합과정을 거치면서 정치적 안정, 경제적 번영과 더불어 삶의 질 개선, 환경보전 및 문화교류 활성화를 이루었다. 그 결과 유럽은 처음 6개국에서 15개국을 걸쳐 현재 27개국까지 확대될 수 있었다. 그리고 유럽의 확대 과정은 삶의 질, 환경, 정치·외교·행정 및 문화 분야의 수준 및 성장률 측면에서 향상을 이루었다는 점에서 비교적 성공적이었다고 볼 수 있다.

유럽과 동아시아는 지역통합 초기 단계에 있어서는 많은 차이를 지녔다. 그중에서도 핵심은 동아시아 국가들은 유럽 국가들을 결집시켰던 안보이익을 공유하지 못하고 있다는 점이다.[4] 동아시아는 안보라는 통합 구심점이 없기 때문에 통합에 따른 경제 분야의 실리적 이익이 보다 강조될 수밖에 없다. 그러므로 동아시아 지역 내 통합의 경제적 이익 실현을 적극적으로 추진하는 행위자의 발굴과 동원이 더욱 중요하다. 이와 더불어 유럽 통합과정에서 이미 보았듯이 경제 분

3) 유럽 15개국은 오스트리아, 벨기에, 덴마크, 핀란드, 프랑스, 독일, 그리스, 아일랜드, 이탈리아, 룩셈부르크, 네덜란드, 포르투갈, 스페인, 스웨덴, 영국 등이다.

4) 전홍택·박명호 편(2010) 중 제6장 "동아시아 통합을 위한 유럽의 시사점" 참조.

야 외에도 정치, 외교, 환경, 사회, 문화 등 모든 영역에서 교류를 활성화하고 제도화를 촉진시키는 노력을 더욱 강화해야 한다. 다시 말하면 동아시아의 통합은 글로벌 금융위기로 위축된 아세안 지역에 실질적인 이익을 제공하면서 동시에 경제 이외의 분야로도 협력을 강화시켜 나아가야 한다.

2. 동아시아 통합을 위한 구상

∴ 동아시아 통합을 위한 한국의 전략

한국은 미래를 대비하는 생존전략으로 동아시아의 통합전략을 수립해야 한다. 우선 동아시아 지역의 범위와 관련하여 ASEAN+3이 통합의 출발점으로 바람직하다. 현재 동아시아 지역에서는 각국이 처한 경제적, 역사적, 문화적 이해관계에 따라 국가 범위를 달리하는 다양한 구상이 논의되고 있다.[5] 한국의 입장에서 가장 바람직한 방안은 우선 한 · 중 · 일 3국 중심으로 통합을 도모한 후 아세안을 포함시키는 동아시아 통합전략이다. 한 · 중 · 일+ASEAN 통합전략은 실현 가능성이나 국익 측면에서 모두 한국에 가장 유리한 전략이라 할 수 있다.

5) 이와 관련하여 보다 상세한 내용은 전홍택 · 박명호 편 (2011), 제10장 "동아시아 통합을 위한 한국의 시각" 참조.

지금까지의 동아시아 통합방안은 역내의 역사적 · 문화적 특수성을 고려하여 경제적 실리에만 바탕을 둔 기능적 접근 중심으로 전개되어 왔다. 그러나 지역통합이란 경제적 이해(economic interests), 정치적 의지(political will), 그리고 사회적 결속(social cohesion)의 세 가치 축에 의해 형성, 유지, 발전될 수 있다. 그러므로 경제적 성장(growth), 정치적 안정(stability), 공동체에 대한 사회적 연대감(solidarity)을 종합적으로 발전시키는 전략이 필요하다. 경제 축은 무역 및 통화 통합 그리고 산업협력을 중심으로 이루어진다. 안정 축은 정치, 외교 협력으로 구성되고, 연대 축은 개발협력, 교육 문화협력으로 구성된다.

[그림 7-1] 동아시아 지역통합방안

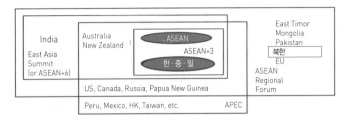

[그림 7-2] 통합전략: 성장-안정-연대의 삼각축 구축을 통한 통합

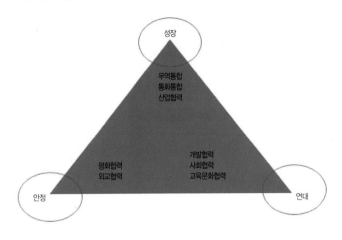

∴ 동아시아 통합 추진방안

한편, 동아시아 통합의 실현 가능성을 높이기 위해서는 동아시아 전 지역을 동시에 포함시키는 단일경로(single-track) 전략보다는 일부 국가들 간에 먼저 소지역 경제협력을 추진한 후 이를 다른 동아시아 지역으로 확대해 가는 다경로(multi-track) 전략이 바람직하다. 특히, 한·중·일 3국이 중심이 되어 경제통합을 추진해 나간 후 다음 단계로 아세안 국가들을 포함시키는 ASEAN+3으로 확대해 나가는 전략이 바람직하다.

한·중·일 통합의 첫발은 한·중, 한·일 FTA의 추진으로부터 시작하는 것이 바람직하다. 동아시아 시장통합의 효과를 극대화하기 위해서는 실제적으로 동아시아 경제를 주도하고 있는 동북아 3국 간의 FTA가 이루어져야 하며, 이 경우 한·중·일 간 동시다자적 FTA보다는 한·일 혹은 한·중 FTA의 양자 간 FTA 접근방식이 유리한 것으로 판단된다.

동아시아 지역의 통합을 실현시키기 위한 구체적 방안은 다음과 같다. 첫째, 동아시아 지역통합을 위해서는 동북아시아 3국 간 경제통합을 최우선적으로 추진해야 한다. 현재에는 한·중·일 3국이 아세안에 비해 월등한 경제력을 보유하고 있어 동아시아 지역에서의 주도권을 행사해야 함에도 불구하고 아세안의 중심역할론 때문에 3개국이 개별적으로 아세안과 FTA를 체결하고 있다. 현재와 같은 형태를 극복하기 위해서는 한·중·일 3국 간 FTA를 우선 실행하고 이를 아세안과 연결하여 동아시아 전체를 아우르는 FTA로 발전시켜야 한다.

둘째, 한·중·일 3국 간의 FTA를 실현시키는 방안으로는 (ⅰ) 동북아 FTA를 위해 3국이 동시에 협상을 개시하는 방안과 (ⅱ) 한국이 한·중 FTA 또는 한·일 FTA를 체결한 후 이를 매개체로 하여 다른 나라를 끌어들여 실질적으로 3국 간 FTA를 체결하는 방안 등 두 가지 방법이 있다. 그러나 3국이 동시에 협상을 진행하는 방안이 현실적으로 매우 어렵기 때문에 2개 국가 간의 FTA를 한국이 주도하여 우선적으로 체결한 후 'NAFTA 방식'을 활용하여 다른 나라가 참여하도록 유도하는 방법을 활용하는 것이 바람직하다.

셋째, 제반 현실적 여건을 고려할 때 한·중 FTA 협상을 우선적으로 추진하는 것이 한국의 동아시아 지역에서의 역할 증진 차원에서 도움이 될 수 있다. 만일 한·일 FTA가 우선 체결될 경우 중국이 'NAFTA 방식'에 따라 한·일 FTA에 가입하기보다는 자국의 영향력이 강한 아세안 국가들을 부추겨 그들과의 경제협력과 통합관계를 더욱 공고히 할 수 있다. 중국과 아세안 경제통합은 한·일 FTA를 무력화시킬 수 있다. 이 경우 한국의 역할은 유명무실해지며 동아시아 전체의 지역통합도 커다란 타격을 입게 된다. 한국과 중국 간 FTA를 우선 성사시키는 경우 일본은 한·중 FTA에 조기 가입을 서

두를 가능성이 크며, 이를 통해 한·중·일 FTA가 성사되고 이를 아세안과 통합하여 동아시아 전체를 아우르는 FTA를 성사시킬 수 있게 된다. 이 경우 동아시아 지역통합에서 한국이 실질적인 역할을 수행할 것으로 기대된다.

3. 통합전략의 실증적 근거

∴ 동아시아 FTA의 경제적 영향

한국의 동아시아 통합전략이 한국에 과연 얼마나 적절한지 CGE모형을 이용하여 분석하였다. 경제통합의 파급효과를 일회적으로 파악하는 정태적 연산가능일반균형모형과 더불어 자본스톡이 추가적으로 증가함으로써 소득이 더욱 증가하는 중기성장보너스(medium run growth bonus)를 포착할 수 있는 자본축적 연산가능일반균형모형을 이용하였다.

기존 선행연구는 동아시아에서 논의되는 다양한 형태의 FTA의 경제적 영향 분석에 연구자 및 연구시점에 따라 각기 다른 데이터, 모형 및 가정을 사용하였기 때문에 수평적인 비교가 쉽지 않았다. 이러한 문제점을 개선하고 동아시아 경제통합의 전략을 수립하는 데 도움이 되도록 본 연구는 동일한 가정, 데이터 및 모형에 기초함으로써 일관성을 유지하고자 하였다. 또한, 동아시아 경제통합이 다양한 형태로 진행될 수 있기 때문에 한·중·일 FTA, 한·중 및 한·일 FTA, ASEAN+3 등 동아시아 경제통합에 대한 다양한 시나리오를 설정하고 각 시나리오의 경제적 파급효과를 분석하였다. 한·일 FTA와 한·중 FTA를 동시에 추진하는 시나리오 1의 경우 한국의 GDP는 2.81% 증가하고, 한·중·일 3국 FTA를 추진하는 시나리오 2에서는 한국의 GDP가 2.1% 증가할 것으로 분석되었다. 또한, 한·일 FTA, 한·중 FTA 그리고 한·ASEAN FTA를 동시에 추진하는 시나리오 3이 실현되면 한국의 GDP는 4.14%까지 증가하여 본 연구에서 검토한 시나리오 가운데 가장 큰 경제적 이익을 누릴 것으로 나타났다.[6]

6) 자본축적으로 인한 추가적인 파급효과를 포착할 수 있는 자본축적 CGE모형으로 분석한 결과를 보면, 한국의 GDP는 시나리오에 따라 3.38~6.09%까지 증가할 것으로 분석되었으며, 시나리오별 효과의 상대적 크기는 정태 CGE모형의 결과와 유사하게 나타났다.

〈표 7-1〉 국내총생산에 미치는 파급효과(정태 CGE모형)

(단위: %)

	시나리오 1	시나리오 2	시나리오 3	시나리오 4
한국	2.81	2.10	4.14	3.44
일본	0.19	1.09	0.11	1.01
중국	0.21	0.29	0.09	0.17
아세안	−0.31	−0.64	−0.24	−0.58
미국	−0.12	−0.26	−0.14	−0.28
EU	−0.11	−0.26	−0.13	−0.28
기타 국가	−0.22	−0.44	−0.26	−0.48

시나리오 4, 즉 ASEAN+3 FTA를 추진하는 경우 한·중·일 FTA 및 한·일 FTA 및 한·중 FTA를 추진하는 시나리오 1과 2에 비해서는 한국의 GDP 증가가 더 크게 나타났다. 그러나 한·일 FTA, 한·중 FTA 및 한·ASEAN FTA를 개별적으로 동시에 추진하는 시나리오 3에 비해서는 GDP 증가 규모가 작을 것으로 분석되었다. 이는 중국, 일본 및 ASEAN 간의 FTA가 체결될 경우 이들 국가와 한국 사이에 무역전환효과(trade diversion effects)가 발생하고 이로 인해 한국의 GDP 증가율이 낮아지기 때문이다.

이러한 분석 결과는 동아시아 전 지역을 처음부터 단 한 번에 포함시키는 단일경로 전략을 택하는 것보다, 일부 국가들이 먼저 소지역 통합을 추진한 후 이를 전 지역으로 확대해 가는 다경로 전략이 바람직하다는 동아시아 통합전략을 뒷받침한다. 특히, 한·중·일 3국이 동시에 FTA를 체결하기보다는 우리나라가 중국과 먼저 FTA를 체결하고, 한국이 가교역할을 담당하여 한·중·일 FTA, 나아가 ASEAN이 참여하는 ASEAN+3 FTA로 확대하는 것이 우리나라 입장에서는 가장 적합한 동아시아 통합의 전략이 될 수 있음을 시사한다.

∴ 동아시아 FTA의 결정요인 분석

1995~2010년 기간 동안 전 세계에서 체결된 지역무역협정 형성의 결정요인을 분석한 결과 경제규모의 크기, 경제적 유사성 등 모든 경제적 변수는 1% 수준에서 유의하게 나타났다. 아울러 정치외교변수인 군사동맹 체결과 민주주의 발달 정도의 계수값은 양(+)이고 통계적으로 유의하였으며, 국가 간 문화적 차이가 작을수록 지역무역협정을 체결할 확률이 높은 것으로 분석되었다.

⟨표 7-2⟩ 지역무역협정의 결정요인 분석

	(1) 경제적 요인	(2) 경제적 요인, 정치 · 외교 요인	(3) 경제, 정치, 외교, 사회문화 요인
양국 경제규 모 합	0.403 (0.009)***	0.349 (0.010)***	0.256 (0.023)***
양국 경제규 모 차	-0.164 (0.007)***	-0.157 (0.007)***	-0.195 (0.016)***
격지성 (동일대륙, 더미)	-4.295 (0.322)	-3.702 (0.337)***	-8.622 (0.795)***
군사동맹 여부(더미)		0.281 (0.013)***	0.098 (0.048)**
민주주의 발 달 정도 지수		0.019 (0.001)***	0.058 (0.012)***
양국 간 문화 적 차이 지수			-0.086 (0.035)**

주: ( ) 안의 숫자는 추정 계수의 robust standard error를 나타내며, 상수항은 추정에 포함되었으나 별도로 보고하지 않음. *, **, 및 ***은 각각 10%, 5% 및 1% 수준에서의 통계적 유의도를 나타냄.
자료: 전홍택 · 박명호 편, 『동아시아 통합전략(II): 한 · 중 · 일을 중심으로』, 2011.

⟨표 7-3⟩ 동아시아 주요 국가 간 지역무역협정 체결 확률 추정

(단위: %)

	한 · 일 FTA	한 · 중 FTA	중 · 일 FTA
2000년	53.7	14.5	7.8
2005년	67.4	28.3	18.5
2009년	76.4	39.9	28.8

이는 본 연구에서 강조한 바와 같이 경제적 요인뿐만 아니라 정치외교, 사회문화 등 다양한 분야에서의 접근성 제고가 지역무역협정의 중요한 결정요인임을 의미한다. 이러한 결과는 본 연구에서 제시하고 있는 동아시아 지역을 하나의 시장, 하나의 문화, 하나의 공동체로 통합·형성해 나가는 장기적 전략이 적절하다는 것을 뒷받침하는 실증적 증거이다.

또한, 지역무역협정의 결정요인에 대한 실증분석에 기초하여 동아시아 통합의 확률을 추정하였다. 그 결과 정치외교, 사회문화, 경제 및 지리적 요인 모두를 감안하더라도 동아시아 통합의 가능성은 매우 높게 나타났다(〈표 7-3〉). 2009년 기준으로 한·일 FTA의 체결 확률은 76%를 넘고, 한·중 FTA와 중·일 FTA의 체결 확률은 각각 약 40%와 29%에 달하는 것으로 나타났다. 아울러 동아시아 통합 가능성은 시간의 흐름에 따라 점차 높아지는 것으로 분석되었다. 이러한 분석 결과는 동아시아 통합이 실현될 시기가 다가오고 있다는 것을 시사한다. 그러나 통합의 확률이 높다는 것이 곧 시간이 흐르면 자동적으로 통합이 실현될 수 있음을 의미하지는 않는다. 동아시아 통합이 실제로 실현되기 위해서는 정치·외교, 통상, 금융, 문화, 교육 등 다양한 분야에서 동아시아 국가 간 접근성을 제고하려는 노력이 뒤따라야 한다.

∴ 지역생산망 접근을 통해 본 동아시아 FTA의 경제적 영향

최근 글로벌 기업은 상품의 생산과정을 단계별로 분리하여 각각 다른 국가에서 생산함으로써 생산비용을 절감시킨다. 글로벌 기업은 상품의 각 생산과정을 최적의 위치에 분산시킴으로써 생산의 효율성을 극대화시킬 수 있다.[7] 상품의 생산비용을 최적화하려면 국제적으로 생산망을 형성해야 한다. 이러한 생산망은 지역무역협정 체결을 촉진하며 또한 지역무역협정의 체결은 생산망을 더욱 확대시키는 선순환효과가 있다. 특히, 지역생산망이 확립되는 경우 지역무역협정(RTA) 체결은 통상적인 FTA의 효과보다 더 클 것으로 기대된다. 그

7) 본 보고서의 제2장 참조.

러므로 생산네트워크의 형성은 동아시아 경제통합 추진의 중
요한 동인이면서 동시에 동아시아 경제통합의 심화과정으로
간주된다. 이 경우 동아시아 경제통합은 유럽의 EU, 북미의
NAFTA가 형성된 것에 대한 단순한 대응이 아니라 동아시아
국가 간의 내생적 필요성에 의해 이루어진다는 것을 의미한다.

이러한 주장의 타당성을 검토하기 위해 1995~2008년 기
간에 전 세계 국가를 대상으로 실증분석을 시도하였으며, 그
결과는 다음과 같다. 첫째, 국가 간에 형성된 생산네트워크
가 강할수록 해당 국가 간 지역무역협정이 체결될 확률이 높
게 나타났다. 둘째, 지역무역협정을 체결하면 회원국 간 생
산네트워크는 더욱 강화되는 것으로 분석되었다. 구체적으로
지역무역협정의 체결로 인해 회원국 간 생산네트워크가 5%p
증가하는 것으로 나타났다.

한편, 생산네트워크의 심화가 생산성에 미치는 효과를 고
려해 동아시아 FTA의 경제적 효과를 분석하였다. 통상적인
관세 철폐에 따른 경제적 효과에 비해 생산네트워크의 강화
를 추가로 고려할 때 동아시아 FTA의 경제적 효과는 훨씬
더 크게 나타났고, 동아시아 모든 국가에 이익이 되는 것으로
분석되었다(〈표 7-4〉). 이는 동아시아 국가는 지역무역협정
(RTA)을 체결함으로써 생산네트워크를 더욱 심화시킬 동인
이 있음을 의미한다.

〈표 7-4〉 생산망 강화효과를 고려한 동아시아 FTA의 경제적 효과

(단위: %)

	생산망 강화효과를 고려하지 않은 통상적인 경제적 효과		생산망 강화효과를 고려한 경제적 효과	
	GDP	후생	GDP	후생
한국	3.53	4.22	3.86	4.61
중국	0.44	1.28	0.67	1.59
일본	0.43	0.44	0.83	0.89
ASEAN	0.05	−0.09	0.26	0.15

주: 〈표 7-1〉의 1차연도 분석에서는 2004년 기준 통계를 사용하였으며 〈표 7-4〉 3차연도 분석
에서는 2007년 기준 통계를 사용하였음.

4. 동아시아 통합을 위한 한국의 역할

한국의 동아시아 통합에 대한 기여는 하드파워 측면보다는 소프트파워 측면에서 가능할 수 있다. 한국은 동아시아 3대 경제대국 중 하나이지만, 동아시아의 역학구조에 일정한 영향을 미쳐 지역통합을 위한 국제협력 상황을 이끌어내고 유지할 수 있을 정도의 능력을 갖추지는 못했다. 그러므로 하드파워 중심의 통합논의는 현실적으로 실현 가능성이 낮다. 한국이 발휘할 수 있는 소프트파워는 국제 정치기업가(international political entrepreneur)로서의 능력에서 찾을 수 있다. 일반적으로 정치기업가의 행위는 크게 두 가지로 구성된다. 하나는 여론을 동원하는 일이고, 다른 하나는 동원된 여론을 결집 혹은 집약하는 일이다. 여론의 동원은 정책정보를 널리 알림으로써 가능하고, 그렇게 동원된 여론의 결집은 정치기업가 스스로가 개혁 여론의 구심점 역할을 담당함으로써 효과적으로 이루어진다. 한국이 국제 정치기업가로서의 역할을 담당하려면 동아시아 지역 내에서 통합의 필요성과 방안 그리고 통합의 공공재적 성격을 제시하고 설명하려는 적극적인 자세를 갖추어야 한다.

동아시아 통합과 관련하여 또 다른 중요한 역할은 동아시아 통합 지연의 대가가 얼마나 클 수 있는지를 보여주는 것이다. 대외환경 변화에 유난히 취약한 동아시아의 현실 상황하에서 동아시아 통합이 늦춰짐에 따라 동아시아 전체 혹은 동아시아 각국이 치러야 할 기회비용이 얼마나 커질 수 있는지 경고하는 일 역시 중요하기 때문이다.

마지막으로 동아시아 통합을 위해서는 통합을 적극 추진해 나갈 수 있는 능력, 즉 리더십이 필요하다. 그런데 아시아에는 리더십을 발휘할 만한 존재가 아직 마땅히 없는 상태다. 현재 한·중, 한·일, 중·일 간에는 다양한 분야에서 공공 및 민간 수준의 협의체가 구성되어 활동 중이다. 경제인들의 교류채널도 2국 간에는 구축되어 있다. 그러나 한·중·일 3국을 아우르는 교류채널은 그다지 많지 않다. 2국 간 채널을

3국 간 채널로 확대할 필요가 있는데 한국이 바로 이런 역할을 주도적으로 수행함으로써 동아시아 지역에서의 리더십을 발휘할 것으로 기대된다.

제2절 한국 · 중국 · 일본 간 분야별 협력 심화방안

1. 정부 간 협력 현황과 정치 · 외교 분야 협력방안

한 · 중 · 일 3국의 협력은 정상회의를 통한 정치적 동력의 제공이라는 탑다운 방식으로 발전해 왔다. 즉, 3국 정상 간 정기적 회의를 통해 협력의지를 확인하고, 협력의 정치적 비용이 상대적으로 낮은 분야에서 협력의제를 발굴하여 이를 각 분야별 정부 간 협의체 구성을 통해 추진하는 방식으로 진행되어 왔다. 그 결과 한 · 중 · 일 3국 협력은 1999년 정상회의 출범 이전과 비교해 보면 괄목할 만한 발전을 해왔다. 2010년 현재 22개 분야별로 장관급 협의체에서부터 실무자급 협의체까지 다양한 수준의 협의체가 가동되고 있고, 이에 따라 정부 각 부처별로 새로운 하나의 업무영역으로 자리 잡아가고 있다. 그럼에도 불구하고 협력의 빈도, 수준 및 내용을 기준으로 3국 협력의 제도화 수준을 평가한다면, 전반적으로 매우 낮은 상태에 머물러 있다.

한편, 정치 · 외교 분야를 중심으로 한 · 중 · 일 협력 강화방안은 다음과 같다. 첫째, 한 · 미 동맹 및 미국의 지역동맹 체제와 한 · 중 · 일 협력 간의 교집합을 확대하는 방향으로 협력의 전략적 지향점을 설정할 필요가 있다. 둘째, 정상 수준의 협력 강화에 대한 공감대 형성이 매우 중요하며, 아울러 협력의제의 선정에 있어서도 상호 간 신뢰 구축 및 협력의 시너지가 큰 분야를 중심으로 한 전략적 선택이 중요하다. 셋째, 기대효과가 높은 반면, 정치적 비용이 상대적으로 낮은 비전통적 안보위협 분야의 협력을 강화하는 노력이 필요하다. 마지막으로, 한·중·일 협력사무국의 활성화를 통한 협력의제의 확대 및 개발 노력을 강화해야 한다.

2. 통화금융 분야 협력 현황과 확대방안

통화금융 분야에서는 한국의 입장이 매우 제한적이다. 특히, 현행 동아시아 통화금융협력 체제는 아세안이 주도적인 역할을 담당하고 있다. 중요한 의사결정에 있어서 중국 및 일본은 영향력을 행사할 수 있지만 한국은 자금지원만 할 뿐 실질적인 결정권은 구조적으로 가질 수 없기 때문이다. 따라서 우리의 역할을 증대시키면서 동아시아 지역에서 실질적인 지역 통화금융협력의 진전을 이루기 위해서는 현재의 ASEAN+3 체제를 지양하고 2경로 전략을 추구하는 것이 바람직하다. 즉, 한·중·일 3국 간 협력을 우선적으로 추진하고, 이를 바탕으로 동아시아 전체 지역협력으로 확대해 가야 실효를 거둘 수 있다. 한·중·일 3국을 중심으로 한 역내 통화금융협력은 단일시장의 완성 및 지역경제공동체 형성을 궁극적인 비전으로 지향해야 한다.

한·중·일 3국 간 구체적인 협력방안은 크게 위기대응 방안과 단계적 통화금융 통합방안으로 구분될 수 있다. 위기대응 방안은 외환보유액 일부를 사용해 A3 공동기금을 마련하는 방안과 한·중·일 3국 간 통화스왑을 상시화하는 방안을 검토할 수 있다.

한·중·일 3국 간 단계별 통화금융 통합과정은 크게 3단계로 나누어 진행할 수 있다. 제1단계는 금융시장 발전을 위한 인프라 구축 및 정책공조를 강화하는 토대를 마련하는 시기이다. 이 시기에는 제도적인 측면에서 협력토대를 구축하고, 3국 역내 통화단위인 A3CU를 창설해 이를 바탕으로 한 채권 발행을 추진할 필요가 있다. 제2단계는 A3CU의 사용을 민간부문까지 활성화하고, 역내 환율협력 메커니즘을 도입해 본격적인 정책공조를 도모한다. 이 시기에는 민간이 발행한 A3CU 사용을 위한 기술적인 문제들이 해결되어야 하고, A3CU를 병행통화로서 기존의 통화들과 함께 사용되도록 하는 방안도 추진할 수 있다. 제3단계에서는 단일 통화를 도입하고 금융시스템을 통합함으로써, 통화금융 통합을 완성하는 단계이다. 통합 이후의 안정적인 운용을 위해 재정정책의 조화가 필수적으로 수반되어야 하고, 동아시아중앙은행의 위상도 유럽과는 달리 더욱 포괄적으로 설정되어야 한다. 그러나 동아시아는 여러 가지 측면에서 유럽과는 상황이 다르며, 최근 유럽의 금융재정위기를 감안할 때 3단계의 추진은 보다 신중한 검토가 필요할 것이다.

3. 교육 분야 협력 현황과 확대방안

향후 우리나라가 발전을 지속하고 동아시아의 중심 국가로 발돋움하기 위해서는 FTA 허브나 금융허브와 더불어 교육허브를 필요로 한다. 교육허브는 인적교류를 통해 상품이동과 자본거래를 활성화시킬 수 있기 때문이다. 교육허브를 만들기 위해서는 우선 우리나라를 동북아의 학생교류 중심지로 만들어야 한다. 이를 위해서는 지역적 전략과 글로벌 전략을 동시에 구사해야 한다.

우선 글로벌 차원에서는 미국 및 EU와의 FTA에 발맞추어 미국이나 EU와의 교육협력을 강화해 나가야 한다. 글로벌 교육협력전략은 우리나라 학생이나 교원이 일방적으로 미국과 유럽 등 선진국으로 가는 것이 아니라 양국 간 학생이나 교원들이 쌍방향으로 교류하는 데 초점을 두어야 한다.

한편, 지역적 차원의 전략으로 한·중·일 3국의 학생과 교수를 대상으로 2011년 출범한 캠퍼스아시아사업을 지속적으로 확대·심화시킬 필요가 있다. 캠퍼스아시아사업의 확대를 위해서는, 현재 각국 약 100명의 학생을 대상으로 시행되는 사업의 규모를 1,000명 정도로 확대하고 장기적으로는 약 5,000명 정도까지 늘릴 것을 고려할 수 있다. 프로그램과 관련해서는 한·중·일이 공동으로 참여하는 아시아대학을 설립하여 '아시아적인 학문과 아시아공동체의 거점'을 만드는 것도 검토할 수 있다. 캠퍼스아시아사업의 두 번째 확대 심화는 학생교육에 이어 3국의 공동연구, 언어습득프로그램, 3국 간 공동의 직업교육 등 협력범위를 확대해 나가야 한다. 글로벌 전략과 지역적 전략은 별도의 전략이 아니다. 글로벌 교육협력사업이 잘 추진된다면 지역적 교육협력을 선도할 수 있고, 역으로 지역적 교육협력이 잘 추진된다면 글로벌 교육협력이 강화될 수 있다. 양 전략이 잘 추진된다면 우리나라가 싱가포르를 뛰어넘는 아시아의 교육허브로 발전할 수 있을 것으로 기대된다.

4. 문화 분야 교류·협력 현황과 확대방안

먼저, 최근 동아시아의 문화교류를 살펴보면 2000년 이후 한·중·일 간 협력이 지속적으로 강화되고 있으며, 특히 최근 수년간 빠른 속도로 구체화된 협력사업이 이루어지고 있다. 동아시아 문화협력체제의 구축과 관련하여 향후 고려해야 할 점은 다음과 같다.

첫째, 문화교류에 있어서 계기성 행사가 여전히 중요한 부분을 차지하고 있다. 그러므로 문화정책이 외교전략에 종속되어 국가적으로 손실을 초래할 가능성이 있다. 이를 극복하기 위해서는 문화교류가 더 이상 일과성 행사의 일환으로서가 아니라 종합적이고 체계적으로 기획되어야 한다. 또한, 한·중·일 중심의 문화교류체제를 견고히 하면서도 장기적으로는 아세안 국가들과의 문화협력 관계를 보다 강화시켜나갈 필요가 있다. 한편, 동아시아의 정체성 및 문화공동체 논의과정에서 흔히 제기되는 유교문화권이나 한자문화권을 지나치게 강조하는 태도는 지양해야 한다. 이는 향후 국가 간 문화교류의 폭과 공동체의 발전을 제약할 가능성이 크기 때문이다.

둘째, 동아시아에서의 문화블록 혹은 동아시아의 문화적 정체성을 사고함에 있어서 본질주의적 접근에서 벗어나 개방적이고 유연한 태도를 취할 필요가 있다. 동아시아의 문화협력체계의 발전, 나아가 지역공동체의 구축에 있어서 문화적, 이데올로기적 기반을 역내의 동질적인 문화자산 및 문화정체성에서 찾으려는 시도는 바람직하지 않을 수 있다. 그러므로 한국의 입장에서는 문화적 혼종성(cultural hybridity)의 담론을 적극적으로 수용할 필요가 있다. 향후 동아시아 지역의 문화교류 활성화를 이루려면 현 단계에서는 무엇보다도 개방적 문화블록을 지향하는 전략이 요청된다. 종교 및 문화전통의 동질성은 제한적으로만 고려하고, 역외 국가에 대한 배타적인 문화공동체의 건설은 바람직하지 않으므로 지양해야 한다.

5. 환경 분야 협력 현황과 확대방안

동북아 지역의 주요 환경 이슈는 크게 대기 분야, 해양 분야, 그리고 사막화와 국경하천 문제를 포함하는 기타 분야로 구분된다. 먼저 대기 분야의 주요 환경 이슈로는 대기오염물질의 국가 간 장거리 이동과 침적문제, 황사문제가 대표적이다. 해양 분야의 주요 환경현안으로는 육상기원 오염물질의 해양유입문제, 석유류 오염물질과 시안화물의 해양유입문제 등이 포함된다. 중국 서북부와 몽골 남부 초원지역의 사막화 문제, 두만강, 압록강, 우수리 강, 헤이룽 강, 쑹화 강 등 동북아 지역 국경하천의 수질오염 및 유역 생태계 훼손과 개선, 보전 및 관리 문제도 동북아 지역의 주요 환경현안으로 다루어지고 있다. 최근에는 일본 동북 대지진으로 발생한 후쿠시마 원전사고로 인한 방사성 물질의 국가 간 이동 및 영향, 그리고 이에 대한 대응문제가 동북아 지역 국가 간 초미의 환경현안으로 대두되고 있다.

동북아 지역 환경문제에 대응하는 한국, 중국, 일본의 환경협력은 양자 간 협력과 다자간 협력이 장관급 회의부터 다양한 이슈별 회의가 추진되고 있다. 이러한 협력을 통해 한·중·일 3국은 (i) 개별적 협력체 발전을 지원하고 동북아 환경장관회의의 장기적 발전기반 확보, (ii) 동북아 지역 국가 간 장거리 이동 대기오염물질의 정량적 산정이 가능한 모델링 기반 구축, (iii) 환경기업체의 중국 진출 지원기반 마련 등의 실질적인 성과를 거두었다. 그럼에도 불구하고 (ⅰ) 공동 관측망 및 정보공유시스템의 불안정성, (ⅱ) 후속 사업 또는 시스템 상설화 추진의 한계, (iii) 연구사업의 성과를 구속력 있는 협력체 발전 또는 환경개선정책에 실질적으로 활용할 수 있는 제도적 장치 미흡, (ⅳ) 중국의 소극적인 협력 자세 및 우리나라와 일본의 과도한 주도권 경쟁 등의 한계와 문제점들을 드러냈다.

이러한 환경협력의 성과를 보완하고 한계를 극복해 나가기 위한 향후 한·중·일 환경협력의 기본방향으로는 첫째, 양자 또는 다자간 협력채널의 효율화 및 제도화를 이루어야 한다. 둘째, 기존 협력사업의 성과와 각국의 역점 분야를 고려하여 한·중·일 3국 간 전략적인 역할을 분담해야 한다. 셋째, 새롭게 부각되는 동북아 지역 환경현안, 특히 원전사고, 전자폐기물의 국가 간 이동 등의 문제에 대한 협력을 강화해야 한다.

 ## 제3절 동아시아 경제통합에 대한 각국의 시각

1. 일본의 시각

동아시아 통합에 대한 일본의 시각을 TPP를 중심으로 분석하면 다음과 같다. 일본은 10여 년 전 싱가포르와 맺은 자유무역협정 외에 별다른 체결 성과가 없으며, 그나마 농업관계자들의 거센 반발로 예외품목의 비율이 상당히 높다. 그러나 최근 일본 노다 행정부의 TPP 협상 참여는 일본으로서는 유례없는 획기적인 시도라고 할 수 있다. 일본은 앞으로 주변국과 보다 적극적으로 협상해 나가야 할 뿐만 아니라 일본 국내의 규제완화와 제도개혁을 이루어야 하기 때문이다.

일본의 TPP 참여는 국내 정치적으로 어려운 문제를 수반한다. 특히, 농업 분야의 무역자유화는 향후 큰 장애물로 작용하고 있다. 이러한 국내의 움직임이 향후 무역자유화 추이를 전망하는 데 중요한 열쇠가 될 수 있다. 그러나 고령화의 진행으로 산업의 활력이 떨어지고 있는 일본에서 무역자유화를 늦출 만한 여유는 점차 줄어들고 있다. 그러므로 일본은 경제동반자협정을 강화시켜 나갈 수밖에 없다. 특히, 한국과 중국의 경제규모 증대는 한·중·일 간 교역 활성화에 크게 기여하리라는 점에서 일본은 향후 3국 간 경제동반자협정 추진을 기대한다.

한편, 미국의 환태평양에 대한 관여가 강화될 것이라는 점에서 일본의 선택은 더욱 축소될 수밖에 없다. 미·중 관계에서는 경제뿐만 아니라 다양한 요인이 존재하므로 경제동반자협정 역시 이러한 외교상황과 안전보장의 움직임에 따라 영향을 받을 수밖에 없기 때문이다.

2. 중국의 시각

중국에 있어 동아시아 지역은 외교적 측면 및 경제적 측면에서 매우 중요하다. 외교적으로 중국은 주변지역을 4개 지역으로 구분한다. 우선 몽골, 중앙아시아 국가들, 아프가니스탄, 네팔, 미얀마, 라오스 등 중국의 외교정책에 있어서 줄곧 간과되고 과소평가된 지역이 있다. 둘째, 동북아시아의 한국과 일본 같은 선진국가 지역이 있다. 셋째, 싱가포르, 태국, 말레이시아, 인도네시아, 필리핀 등 경제적 연계가 가장 긴밀한 동남아 지역이 있다. 마지막으로 파키스탄과 인도 등 남아시아 지역도 있다. 이렇게 볼 때 중국은 한국과 일본을 포함하는 동북아 지역에 대한 우선순위를 부여하지 않고 있음을 주목해야 한다.

경제적 측면에서 중국은 동아시아 지역과의 새로운 지역분업형태를 만들어 중국의 장기 경제성장에 유리하게 만들고자 한다. 이를 위해 중국은 아시아 지역에서는 현재의 ASEAN+3 구도 아래 동아시아 통화협력을 지속적으로 추진하여 강화하려고 한다.[8] 둘째, G20을 이용해 동아시아 각

8) 중국이 제안하는 통화·금융 협력방안(공동 peg)은 중국 위안화의 역할을 강조하기 위한 측면이 배경에 깔려 있다. 이는 몇 년 전 중국 인민은행 총재가 달러화를 대체할 수 있는 새로운 기축통화(예: SDR)의 필요성을 강조한 것과 일맥상통한다. 이러한 아이디어에 따르면 SDR과 같은 역외바스켓 통화를 새로 구성할 때 중국경제의 위상을 고려해 위안화도 포함시켜야 한다는 것을 전제로 하고 있다.

국이 국제통화시스템 개혁에 활발히 참여할 수 있도록 더욱 능동적인 노력을 기울이고자 한다. 셋째, 중국정부는 위안화의 국제화를 가속시킴으로써 동아시아 지역의 통화협력에서 위상을 높이고자 한다. 넷째, 동아시아 지역에 금융기관의 진출을 확대하고 현지 활동을 강화시켜 중국의 금융산업이 해외로 나가기 위한 훈련장으로 삼고자 한다. 이 밖에도 ASEAN+3 구도를 뛰어넘어 지역국제기구와의 협력을 강화하고 중국이 지배권을 갖는 새로운 지역국제기구를 설립하려고 한다. 마지막으로 중국은 자국의 발전모형과 자금지원을 이용하여 개도국에 대한 국제지원을 강화하려고 한다.

3. 아세안의 시각

1967년 아세안 출범 이후 아세안의 통상전략은 아세안 중심주의 원칙하에 추진되어 왔다. 동아시아 경제공동체 형성 논의에 있어 아세안의 주도적 역할론은 중국과 일본의 지역 내 패권경쟁과 한국 통상정책의 잦은 변경으로 야기된 동아시아 역내 리더십 및 조정자 부재라는 힘의 공백상태에서 대두되었다. 이에 정치, 경제, 사회 어느 면에서나 동북아시아 3국에 비해 역량이 부족한 아세안이 동아시아 역내 경제통합 논의에 주요 추진체가 되는 기현상이 초래되고 있다.

그러나 아세안이 동아시아 통합의 구체적인 실천방안을 제시하고 추진할 수 있을지는 회의적이다. 특히, 한·중·일이 주도적인 역할을 하는 ASEAN+3 국가 간 금융협력이 치앙마이 이니셔티브를 결성하는 등 구체적인 협력방안을 실천하고 있는 데 반해 아세안이 주도하고 있는 무역부문에서의 동아시아 경제협력은 가시적인 성과를 찾아보기 어렵다.

물론 아세안 역시 동아시아 자유무역지대 형성을 통한 ASEAN+3 경제통합체가 창출할 상당한 수준의 경제적 이득에 대해 잘 알고 있다. 그러나 아세안은 단기적으로는 아세안 자유무역지대(AFTA)를 강화하여 아세안 경제공동체(AEC)를 실현하거나 아세안 허브전략을 유지하는 것이 자신에게

보다 유리한 전략이라고 생각하고 있다. 한·중·일 중심의
ASEAN+3 경제통합이 이루어지는 경우 아세안은 중국이나
일본에 동아시아의 주도권을 넘겨줌으로써 아세안의 정체성
이 약화되는 것을 크게 우려하고 있다. 그러므로 아세안은 중
국이 선호하는 ASEAN+3 형태의 동아시아 경제통합체와 일
본이 선호하는 ASEAN+6 형태의 동아시아 경제통합체라는
두 가지 정책대안을 협상카드로 사용하면서 중·일 양국으로
부터 중재자로서의 역할을 인정받고자 한다.

아세안은 동북아시아 역내에 그들만의 독립적인 경제통합
체가 형성되지 않기를 바란다. 그러므로 아세안은 현재 한·
중·일과 맺은 양자 간 자유무역지대의 허브 역할에 충실하
면서 RCEP과 동시에 ASEAN+3 출범 논의에 적극 참여할
것으로 보인다. 특히, 아세안은 최근 아세안 중심주의에 기반
하여 보다 유연하게 추진되고 있는 RCEP의 출범에 적극적인
모습을 보이면서 현재의 아세안 허브, 즉 다수의 ASEAN+1
경제통합체를 보다 공고히 하는 데 통상정책을 집중할 것으
로 전망된다. 이러한 아세안의 동아시아 통상허브전략은 그
내부 결속력의 결집을 필요로 하는데, 이를 위해서는 2015년
출범 목표인 아세안 경제공동체(AEC)의 성공적 출범이 관건
이 될 것이다.

제4절 동아시아 경제통합을 위한 제도화

동아시아 통합을 위한 협력의 제도화의 궁극적인 목표는
동아시아 공동체의 형성이다. 그러나 중요한 점은 개념적 완
결체로서 동아시아 공동체가 아니라 현실적 실천전략으로서
의 통합을 위한 제도화 전략이다.

동아시아 협력의 제도화 전략과 관련하여 가장 먼저 고려
해야 할 사항은 국가 간 선호의 분포이다. 동아시아 지역협력
의 가장 성공적인 사례라고 할 수 있는 CMIM 기금의 경우,
역내 주도권을 두고 경쟁해 온 일본과 중국의 금융협력에 대

한 선호가 수렴하였기 때문에 가능하였다. 동아시아 통합을 위한 협력의 제도화는 참여국들의 정책선호가 수렴하는 분야와 이슈를 고려하여 전략적으로 의제화하는 것이 바람직하다.

둘째, 한·중·일 3국 협력의 사례는 상대적으로 협력의 정치적 비용이 낮고 경제적 효과가 큰 분야를 중심으로 협력이 활성화되고 제도화의 상대적 진전이 크다는 점을 보여준다. 이는 동아시아 지역협력의 제도화 전략이 거시적인 제도적 틀을 마련하기보다는 분야별로 특화된 형태의 제도화를 통해 보다 용이하게 추진될 수 있음을 시사한다.

셋째, 한·중·일 3국 협력사무국의 업무와 기능은 3국 협력에 대한 매우 광범위하고 포괄적인 역할을 위임받고 있다. 그러므로 3국 협력사무국은 각국 정부로부터 상대적으로 독립된 입장에서 독자적으로 사업을 추진할 수 있는 자율성을 확보하고 있다. 이로 인해 3국 협력사무국은 이해 당사국인 3국 간 정치·외교적 갈등이 있음에도 불구하고 이러한 갈등으로부터 발생하는 부정적인 정치적 효과를 최소화할 수 있는 제도적 완충기제로서의 역할을 할 수 있는 가능성을 보여주고 있다.

마지막으로 동아시아 통합을 위한 제도화는 정부 간 협력의 수준에서 점진적으로 추진되는 것이 바람직하다. 동아시아의 통합을 위한 여건은 유럽과 같이 로마조약, 리스본조약, 그리고 마스트리흐트조약과 같은 거시 제도적 협상을 통해 초국가적 수준의 제도화를 추진하기는 어렵다. 동아시아는 역내 국가들의 정치적 다양성, 정책선호의 차이, 경제적 발전수준의 차이 등으로 인해 유럽의 초국가주의적 통합경로와는 다른 길을 왔다. 그러므로 중층적이고 중복적인 동아시아는 지역협력의 제도적 자원을 보다 효과적으로 활용하면서 점진적 제도화의 수준을 제고시켜 나가는 전략이 필요하다. 동아시아 협력의 제도화에 관한 전략적 방향은 다음과 같다.

첫째, 동아시아 협력의 제도적 디자인은 정부 간 협력을 강화시키는 방향으로 추진하는 것이 현실적이다. 둘째, 동아시아 협력의 제도화 전략은 동아시아 공동체를 목표로 하여 기존에 존재하는 다양한 지역협력체들의 제도화 수준을 점진적으로 높여 나가는 점진적 제도화를 추구할 필요가 있다. 마지막으로, 이슈 분야별로 제도화의 구체적 전략을 차별화하여 추진할 필요가 있다. 상대적으로 협상비용이 낮고 기대되는 경제적 효과가 큰 분야인 무역, 투자와 같은 협력 분야에서는 제도화의 초점을 합의사항의 법적 구속성을 높이는 데 두는 전략이 바람직하다. 마지막으로 한·중·일 3국 협력의 강화는 ASEAN+3, 그리고 최근 미국과 러시아의 동아시아 정상회의 가입으로 형성된 ASEAN+8 차원의 협력의 제도화를 위해서도 매우 중요하다. 특히, 한·중·일 3국 협력 프로세스를 통해 한편으로는 중국과 일본의 주도권 경쟁을 순화시키는 기제로 작동하도록 하고, 다른 한편으로는 미·중 간 지역협력에 대한 공통분모를 확대하는 기제로 작용하도록 한다면 동아시아 지역협력 과정에서의 전략적 갈등을 완화시키는 역할을 할 수 있다.

제5절 동아시아 경제통합의 주변환경과 대응과제

1. 동아시아 지역주의 확산의 파급효과와 한국의 대응

세계경제는 1990년대 초반 이후 다자주의와 지역주의의 공존현상을 경험하고 있다. 2001년에 출범한 DDA의 부진은 다자주의의 약화된 모습을 보여준다. 반면, 최근 지역무역협정의 증가 추세 및 지역무역협정 내에서 이루어지는 무역의 확대는 지역주의의 확산 움직임을 보여준다. 특히, 1990년대 후반 이후 나타난 동아시아 국가들의 적극적인 지역주의 참여는 지역주의를 더욱 강화시키는 요인으로 작용하였다. 따라서 동아시아 지역주의의 맥락에서 지역주의와 다자주의 사이의 역학관계 변화의 요인과 현황을 분석하고, 세계경제의 시나리오를 제시하는 한편, 한국의 전략적 선택을 검토할 필요가 있다.

한편, 동아시아 지역통합의 진전 속도, 다른 한편으로는 WTO 다자간 무역협상의 성공 여부 등 두 기준에 따라 네 개의 세계경제 시나리오를 설정하여 분석한 결과는 다음과 같다. 첫째, 네 시나리오 중 동아시아 지역통합이 빠른 속도로 진행되고 다자간 무역협상도 성공적으로 진행되는 시나리오 1이 한국의 국익에 가장 적합한 것으로 나타났다. 그러나 동아시아 지역통합의 진행속도가 더딘 경우 한국은 다자간 무역협상에 주력하는 시나리오 2를 차선책으로 택하는 것이 바람직하다.

둘째, 세계경제의 향후 전개방향이 불확실하다는 점을 인식하고 한국은 여러 가지 가능성에 대비하는 전략을 마련해야 한다. 동아시아 지역에서는 아직 통합의 지향점이 불확실하며 각국의 국가전략도 명확하게 설정되지 않은 상황이다. 또한, 1990년대 초반부터 관찰되고 있는 다자주의와 지역주의의 공존현상은 향후에도 일정 기간 지속될 것으로 예상된다. 그러나 동아시아의 지역주의는 세계 전체 지역주의 추세에 커다란 영향을 미치고 있다. 그러므로 현재의 상태에서는 다자주의와 지역주의 중 어떤 힘이 득세할지 가늠하기 힘들기 때문에 가변성을 고려한 전략적 대비가 필요하다.

셋째, 동아시아 지역주의의 최종 지향점과 로드맵이 정해지지 않은 상황에서 한국은 동북아 FTA 전략을 적극적으로 전개해야 한다. 특히, 중국과 일본의 리더십 경쟁으로 인해 생겨난 리더십 공백을 채울 지도력을 발휘하려면 한·중 FTA 또는 한·일 FTA를 우선 성사시키고 곧이어 다른 나라를 끌어들여 동북아 FTA를 성공적으로 이끌어내야 한다. 이를 통해 동아시아 국가들이 아세안에 위임하고 있는 리더십을 한국이 발휘해야 한다.

넷째, 현실적인 관점에서는 최근 개시하기로 결정된 RCEP 협상에의 참여도 도외시할 수 없다. 특히, RCEP은 우리나라보다는 아세안이 주도권을 행사하기는 하나 잠정 회원국인 16개국 대부분이 적극적인 참여 의지를 보이고 있다는 점에서 실현 가능성이 상대적으로 높다. 특히, 경제적 실리 측면에서는 동아시아 FTA를 능가하는 것으로 관측되고 있다. 그러므로 우리나라는 주도권 확보(동아시아 FTA)에 치중할지, 아니면 경제적 실리(RCEP)를 추구할지에 대한 전략적 판단이 필요하다. 현 단계에서는 두 협상에 모두 적극적으로 참여하면서 각각의 협상속도에 따라 유연하게 대비하는 전략을 필요로 한다.

2. 동북아 경제협력과 남북한 경제협력의 연계

동북아시아 경제협력과정에서 북한문제는 지역협력에 장애가 된다는 부정적 인식이 지배적이었다. 그러나 북한은 동북아시아 지역의 생산네트워크 심화·확대, 새로운 인프라 및 자원개발 투자기회 제공, 시베리아 횡단철도와 한반도 종단철도 연결, 남·북·러 가스관연결사업과 같은 대륙 간 협력사업의 연결고리 완성 등 지역경제협력에 긍정적인 역할을 할 수 있다. 북한의 대외경제교류 현황은 이와 같은 북한의 복합적인 인식, 즉 대외경제교류는 필요하지만 좋아하지는 않으며 사실 두려워하고 있다는 인식을 잘 반영하고 있다. 동아시아 경제협력 이슈와 북한 이슈를 연계시켜 서로가 상생할 수 있는 방안으로 세 가지를 살펴볼 수 있다.

첫째, 한·중 FTA 또는 한·중·일 FTA 등과 같은 지역 FTA 협상과정에서 중국 및 일본 등 주변국에 대해 개성 등 북한지역을 역외가공지역으로 지정할 것을 요구할 수 있다. 북한을 역외가공지역으로 지정하면, 북한은 수출증진효과과 등 여러 혜택을 향유할 수 있다. 또한, 북한으로 하여금 남한을 우회해 중국, 일본 및 세계 시장에 편입시켜 개방으로 유도하고 남북관계를 활성화시키는 효과를 발휘할 수 있다.

둘째, 역내 FTA와 더불어 남북한 CEPA(Comprehensive Economic Partnership Arrangement)를 체결하는 방안도 모두에게 득이 될 수 있다. 남북한 CEPA가 체결되면 북한의 대외경제교류 체제는 남한의 체제 및 국제규범에 일치시켜야 한다. 또한, CEPA가 성사되면 정책투명성, 행정체계개선, 법규 적용 표준화 등 여러 가지 투자환경의 개선을 이룰 수 있다. 남북한 CEPA가 성사된다면 북한지역에 남한 및 해외 기업들의 투자가 증진되어 북한으로서도 큰 혜택을 볼 수 있다. 뿐만 아니라 남북한 CEPA를 통해 북한과의 무관세 거래가 민족 내부거래로서 남북한 특수관계에 따른 잠정적 조치라는 것을 남북한이 함께 밝힘으로써 기존의 우리 입장을 강화할 수 있다.

셋째, 현재 동아시아 통화금융협력을 활성화시키기 위해 한·중·일을 중심으로 다양한 협력방안들이 제시되고 있다. 그중 A3Fund 및 동북아개발공사(Northeast Asia Development Corporation) 방안을 이용해 지역경제통합 이슈와 북한 이슈를 연계할 수 있다. A3Fund의 주요 기능은 위기 발생 시 긴급자금의 지원이지만, 또 다른 기능이 동북아 지역의 메가 프로젝트 지원이라는 점에서 북한문제 해결을 위해 활용할 수 있다. 동북아개발공사는 한·중·일 3국이 국책은행 중심으로 소규모 자본을 출연하여 합작투자 혹은 자회사를 세우자는 안이다. 이렇게 설립된 합작투자사는 역내시장에서 채권발행을 통해 동북아 개발을 위한 자본을 조달하며, 역내 인프라 건설 혹은 다수의 프로젝트 투자에 특화하는 것을 주목적으로 하고 있다. 따라서 A3Fund 및 동북아개발공사를 활용하는 경우, 두만강지역개발과 같이 북한지역이 포함된 동북아 낙후지역 개발, 또는 선로 연결, 발전시설 건설, 항만도로와 같은 기반시설 건설 등 북한지역 내 경제 인프라 건설 시에도 자금지원이 가능하므로 북한으로서는 자연스럽게 지역경제통합의 성과를 향유할 수 있다.

제6절 결론

1. 동아시아 지역통합을 위한 단계적 접근

아시아가 유럽, 미주를 능가하는 공동체로 거듭나기 위해서는 동아시아 지역부터 단계별로 공동체 형성 노력을 기울여야 한다. 여기서 단계별이란 세 가지 의미를 지닌다. 첫째, 공간적 개념으로 소규모 지역에서 시작하여 그 범위를 확대시킨다는 의미가 있다. 이는 동아시아 지역은 한·중·일로부터 시작하여 한·중·일+ASEAN, 그리고 그다음에 아시아로 확대되는 단계적 통합과정을 의미한다. 이미 앞서 지적하였듯이, 한국의 입장에서 가장 바람직한 방안은 우선 한·중·일 3국 중심으로 통합을 도모한 후 아세안을 포함시키는 동아시아 통합전략이다. 한·중·일+ASEAN 통합전략은 실현 가능성이나 국익 측면에서 모두 한국에 가장 유리한 전략으로 이는 실증적으로도 입증되었다.

둘째, 동아시아 통합 관련 영역을 확대한다는 점에서 단계별 접근을 지적할 수 있다. 이는 동아시아의 통합은 초기 단계에는 경제 중심의 기능주의 접근에서 시작하되 점진적으로 그 영역을 정치외교, 교육문화, 환경 등의 영역으로 확대시킨다는 의미에서 단계적 접근을 뜻한다. 이런 단계적 접근은 동아시아 통합방향을 경제적 실리라는 실용주의에서 출발하되 통합영역을 정치·외교, 환경, 교육, 문화 등으로 단계별로 확산시키는 전략을 의미한다. 이는 본 보고서가 추구하였던 경제성장, 정치안정, 사회적 연대감을 종합적으로 발전시키는 성장-안정-연대의 3각축 접근과도 일맥상통한다.

셋째, 단계별 접근은 시간적 개념을 포함한다. 동아시아 지역통합을 효과적으로 추진하려면 단기적으로는 경제통합을 통해 성장이라는 공동이익을 창출함으로써 지역통합을 위한 토대를 마련해야 한다. 그리고 중기적으로는 사회·문화 통합을 추진하여 구성원들 사이의 결속을 구축하는 한편, 장기적으로는 정치·외교 분야까지도 통합대상으로 삼아 동아시아의 지정학적 여건을 안정적으로 관리할 수 있는 수단을 확보하는 전략을 마련해야 한다. 바로 이런 점에서 단계별 접근은 단기, 중기, 장기 등 시간개념을 포함한다.

이와 같이 동아시아의 통합전략은 공간, 시간, 영역을 고려하는 단계별 접근을 취하는 것이 바람직하다. 한편, 지역통합은 저절로 이루어지지 않는다. 특히, 동아시아 지역과 같이 정치적 갈등, 역사 인식의 차이, 협력에 대한 경험 부족 등 장애요인들이 누적된 지역에서의 지역통합은 더욱 쉽지 않은 과제라 할 수 있다. 그럼에도 불구하고 이런 불리한 여건을 극복하려는 적극적인 자세를 갖춘다면 동아시아 통합은 결코 요원한 일이 아니다. 이런 점에서 지역통합을 위한 의지와 리더십이 가장 중요한 전제조건이라 할 수 있다. 그리고 이런 의지와 리더십의 중요성에 대한 인식이 동아시아 통합연구 3년의 또 다른 중요 교훈이라 할 수 있다.

2. 동아시아 지역통합을 위한 의지와 리더십

통합의지와 리더십 관련 관건은 '누가 지역통합의 의지와 리더십을 갖고 동아시아 지역 내 통합의 전도사 역할을 수행할 것인가'라는 문제다. 통합의 주도적 역할은 한편으로는 통합의 기대이익이 큰 나라가 수행하는 것이 자연스럽다고 할 수 있다. 통합의 기대이익이 큰 나라가 통합을 주도하는 경우 통합의 이익이 자국뿐 아니라 지역 전체에도 이익을 가져올 때 실질적인 통합 움직임이 나타날 것이다. 다른 한편으로는 통합과정에서 발생할 수 있는 갈등을 중재할 수 있는 리더십을 지닌 국가가 주도하는 것이 바람직하다. 국제사회에서 리더십을 검증받은 국가가 동아시아 통합을 주도할 때 동아시아의 통합은 소기의 성과를 거둘 것으로 전망된다.

이런 관점에서 볼 때 동아시아 지역에서 통합의 리더십을 발휘할 수 있는 최적의 국가는 한국이다. 우선, 한국은 동아시아 통합으로 인한 기대이익이 가장 큰 나라이다. 또한, 한국은 1990년대 중반 OECD에 가입하였고, 미국, EU 등 거대 경제권과의 FTA, G20 정상회의 개최 등을 통해 이미 국제적 리더십을 검증받았다. EEC가 처음 만들어질 당시 독일과 프랑스 사이에서 벨기에가 했던 역할을 동아시아에서는 한국이 담당해야 한다. 이렇게 볼 때 동아시아 지역에서 한국의 국제적 영향력과 중재자 역할은 동아시아 통합을 위한 필요조건이라 할 수 있다.

한편, 한국의 입장에서 지역 중심 구도로 재편되는 세계경제의 재편 소용돌이하에서 동아시아의 지역통합을 이끌어내는 작업은 우리의 생존과도 직결된 중요한 문제이다. 국내 시장의 협소성을 극복해야 하는 한국은 동아시아 전체를 하나의 시장으로 만들어 내수시장화하는 전략이 필요하다. 그러므로 한국은 동아시아 통합과 관련하여 방관자적인 입장에서 벗어나 주도적인 역할을 담당해야 한다.

더욱이 최근 동아시아의 일부 국가뿐만 아니라 역외 국가들 역시 동아시아의 지역통합에 대한 다양한 구상을 제안하고 있다. 이러한 역내·외 국가들의 새로운 전략적 방향에 대응하기 위해서라도 한국은 동아시아 통합의 국가전략을 조속하게 마련해야 한다. 한국은 이미 미국, EU와의 FTA를 성사시켜 구미 선진제국과 동아시아를 연결하는 관문으로서의 역할을 담당할 수 있게 되었다. 또한, G20 정상회의의 주최를 통해 전 세계적으로 선진국과 개도국 간 중재자 역할을 강화하는 계기를 만들었다. 이러한 요인들을 감안할 때, 한국은 국익 증진 및 동아시아의 이익을 위해서라도 지역통합의 의지 및 리더십을 강화해야 한다.

이를 위하여 한국은 동아시아 통합의 필요성, 방안, 그리고 통합의 공공재적 성격의 중요성을 지역 내에 널리 알려야 한다. 한국은 역내 국가들의 통합 여론과 지지를 동원함으로써 지역통합에 기여해야 한다. 또한, 한국은 통합 지연의 대가가 얼마나 클 수 있는지 역내 국가들을 설득시켜야 한다. 대외환경 변화에 유난히 취약한 동아시아의 현실 상황하에서 역내 통합 지연이 동아시아 전체 혹은 동아시아 각국에 어떤 희생을 가져올 수 있는지, 그리고 통합의 기회비용이 얼마나 커질

수 있는지 경고하는 일 역시 통합을 위한 리더십에서는 간과
해서는 안 될 요인이기 때문이다.

　현재와 같이 아시아 지역주의의 최종 지향점과 로드맵이
정해지지 않은 상황에서 한국은 우선적으로 동북아 FTA 전
략을 적극적으로 제시하고, 설득시켜야 한다. 특히, 중국과
일본의 리더십 경쟁에 의해 생성된 리더십 공백을 채울 지도
력을 발휘하려면 한·중 FTA 또는 한·일 FTA를 성사시키
고 곧이어 아세안을 끌어들여 동아시아 통합을 이끌어내야
한다. 이를 통해 동아시아 국가들이 아세안에 위임하고 있는
리더십을 한국이 발휘해야 한다.

참고문헌

전홍택·박명호 편, 『동아시아 통합전략: 성장-안정-연대의
　　　공동체 구축』, 연구보고서 2010-04, 한국개발연구원,
　　　2010.
전홍택·박명호 편, 『동아시아 통합전략(Ⅱ): 한·중·일을 중심
　　　으로』, 연구보고서 2011-07, 한국개발연구원, 2011.

ABSTRACT

Strategy for East Asian Integration (Ⅲ):
Deepening and Enlargement of
Regional Cooperation and New Challenges

edited by
Chun, Hongtack · Park, Myung-Ho

This is the third-year study on East Asian Integration, following the 2010 study (Ⅰ) for envisioning an East Asian integration and the 2011 study (Ⅱ) for developing cooperative measures to set up a Korea-China-Japan trilateral community. The 2012 study (Ⅲ) deals with institutionalization of cooperation to deepen the North-East Asian economic integration and enlargement of North-East Asian Integration to East Asian Integration including ASEAN and also examines inter-Korean economic cooperation and the impacts of East Asian regionalism, which were overlooked in previous discussions on East Asian integration.

Starting off, chapter 1 (part Ⅰ) carries the analysis of conditions for East Asian integration using the index system which consists of five main categories of economy, quality of life, environment, politics/ diplomacy/ administration, and culture.

First, unlike the steep contraction in economic

growth of ASEAN nations after the global financial crisis, Korea, China and Japan sustained their upward momentum, leading to the prediction that an economic expansion towards Korea–China–Japan + ASEAN would help boost the economic weakness of ASEAN nations.

Second, quality of life appears to remain constantly stagnant, analysis showing that this was contributed by negative growth rates in confidence and distribution fields for the past 15 years.

Third, the level of environmental fields rose slightly with an annual 0.71% growth rate for the past 15 years, supported by the upward trend in efficiency fields. By region, ASEAN+6 posted the highest growth of 1.77%, particularly with better performance in the past five years with a 3.34% growth rate.

Fourth, politics and administration posted a negative growth rate, whereas diplomacy marked a positive growth rate. In the field of diplomacy, the three East Asian nations and ASEAN region grew substantially, compared to other regions.

Fifth, helped by the advancement in IT sectors, culture posted an average 3.90% growth rate for the past 15 years, which is the fastest growth among the five categories.

The analysis of anticipated effects of Asian integration finds that Korea–China–Japan + ASEAN is projected to post a higher growth rate than only Korea–China–Japan integration. Given that such a forecast is actually based on the simple arithmetic aggregation of values of the three nations and ASEAN, it is possible to assume that the actual impacts of integration would be much larger.

In chapter 2, with an aim to prove that production network is a key incentive to drive the economic integration of East Asia and also a process that deepens the integration, it analyzes the relationship between the formation of international production networks and regional trade agreements.

This analysis is based on two assumptions: first, a nation that has established production networks with other nations is capable of reducing trade costs through regional trade agreements; and second, regional trade agreements help stimulate trades between member nations, thereby further promoting existing production networks between these nations.

Empirical analysis of these two reveals that: first, as production networks are stronger among nations, the probability of their signing a regional trade agreement turns out higher; second, concluding a regional trade agreement would help strengthen production networks among member nations; and third, the computable general equilibrium (CGE) analysis of FTA–drawn economic effects finds that an East Asian FTA would produce larger economic effects by strengthening production networks, compared to the gains from removing tariffs. This suggests that East Asian nations would be given stronger incentives to develop their production networks by signing a regional trade agreement.

In part Ⅱ, 'Deepening and Enlargement of East Asian Economic Integration,' chapter 3 addresses the stance and role of ASEAN from the perspective of East Asian economic integration. This chapter diagnoses ASEAN's position and possible participation to launching an East Asian economic community of ASEAN+3 among several attempts for regional trade agreements, and then reviews ASEAN's roles in the process of formulating ASEAN+3.

Since the launch of ASEAN, its trade strategy has developed around ASEAN nations, which lack capacity in comparison to the three Northeast Asian countries (Korea, China and Japan), as these three were without any intra-regional leadership and mediator. There is skepticism over whether ASEAN, with a smaller economic scale and weakness as a cooperative body among developing nations compared to the three Northeast Asian economies, would be capable of delivering concrete action plans for East Asian integration and carrying them out successfully. Moreover, when the ASEAN's negotiation principle of unanimous consent is applied to the East Asian economic integration process, it would be hard to expect accomplishing the goal of early integration.

From a short-term perspective, a more desirable policy for ASEAN would be to realize AEC or sustain the ASEAN hub strategy by strengthening AFTA. On the other hand, considering adverse effects by a conclusion of a free trade agreement among the three Northeast Asian economies, ASEAN would need to accept the alternative trade policy of actively promoting ASEAN+3, in the case when the trilateral FTA is attempted preceding the conclusion of ASEAN+3.

Conclusively, it is expected that ASEAN would attempt to block the building of an intra-regional independent economic community (for instance, a trilateral FTA among Korea, China and Japan) in Northeast Asia and participate in ongoing discussions on the launch of RCEP and ASEAN+3 with a focus on ASEAN. By doing so, ASEAN would drive its trade policy towards strengthening the current ASEAN hub, or several ASEAN+1 economic communities.

The ultimate goal of institutionalizing cooperation for East Asian integration is to formulate an East Asian community, and in this regard, Chapter 4 suggests the direction for institutionalizing cooperation as a practical action strategy to deepen the economic integration.

Matters that need to be considered for the institutionalization are preference distribution among nations, sector-specific institutionali- zation, understanding of works and functions of a secretariat of trilateral cooperation, and propulsion of incremental institutionaliza- tion. Based on these considerations, this chapter presents the direction of strategic institutionalization of East Asian cooperation as below.

First, the institutionalization of East Asian cooperation should be designed in a way of strengthening inter-governmental cooperation.

Second, the strategy to propel the institutionalization

should be implemented by upgrading the institutionalization level of various existing regional cooperative communities, which is thus incremental institutionalization.

Third, concrete institutionalization strategies should be developed differently for each sector. In other words, as for fields with relatively low negotiation costs and high expected economic effects, the focus of institutionalization should be placed on enhancing the legal binding power of agreed matters. On the other hand, as for fields with low negotiation costs and high expected political and social effects, it would be effective to better clarify procedures or rules of cooperation and to develop detailed regulations and thereby improve the end effects. In addition, when existing organizations (trilateral cooperation secretariat or AMRO secretariat) are considered to lack functionality or institutional capability, effective strategy for institutionalization would be to improve the capability of secretariat with data collection, research and agenda exploration.

In Chapter 5 (Part Ⅲ), it analyzes factors and current status of the changing dynamic relationship between regionalism and multilateralism in the context of East Asian regionalism, and simultaneously presents a global economy scenario, together with Korea's strategic responses to it.

It is expected that coexistence between multilateralism and regionalism being witnessed since the early 1990s would be sustained for a while, but so long as the force of regionalism in East Asia emerges as a new variable to cause considerable impacts on the trend of regionalism around the world, Korea' s strategy should be developed to prepare against variability amid conditions in which the future direction of the global economy is full of uncertainties.

Second, Korea's basic strategy needs to be set towards contributing to strengthening the force of multilateralism. Among the four scenarios suggested, Scenario 1 would be most appropriate for Korea and Scenario 2 would be an optimal alternative. The former scenario assumes a fast-paced regional integration of East Asia with successful multilateral trade negotiations and the latter assumes a slow-paced regional integration with emphasis on trilateral trade negotiations.

Third, given that the final goal and roadmap of East Asia regionalism have not yet been completed, it is necessary to develop measures in which by aggressively promoting a strategy for a Northeast Asian FTA, Korea would be able to play the key leadership role entrusted to ASEAN by East Asian nations. In other words, the most necessary strategy for Korea would be to exert its leadership in East Asian regionalism and simultaneously to make contributions to strengthening multilateralism.

Fourth, it is necessary for Korea to consider participation in negotiations on RCEP, which was recently determined to be launched. Since participating in RCEP is expected to bring economic benefits, Korea should devise a strategy where it actively takes part in both East Asian FTA and RCEP to secure a leadership role, and respond in a flexible manner according to the pace of each negotiation.

With regard to North Korea's role, which has

been less discussed so far despite its close relation to regional cooperation in Northeast Asia, Chapter 6 analyzes Northeast Asian regional cooperation in relation with inter-Korean cooperation, and by doing so, it attempts to suggest measures to propel inter-Korean economic cooperation through the use of the process of East Asian economic integration.

First, among various measures to link North Korea to East Asian economic cooperation, it is possible to consider a measure of designating North Korea as an outward processing zone. In other words, calling for the designation of this zone in the process of regional FTA negotiations with China and Japan is expected to help North Korea turn towards regime reform, openness and transition and even ultimately reunification on the Korean peninsula. In addition, by the step by step implementation of the inter-Korean CEPA, it is necessary to engage the North Korean economy in the global economy and to increase foreign direct investment in North Korea so as to adapt its system for economic exchanges with other countries to match South Korea's system as well as international norms.

Second, to stimulate East Asian regional economic cooperation in monetary and financial sectors, it is necessary to link North Korean issues to regional economic integration issues by reviving investment in North Korean development through the establishment of the A3Fund, driven by the three nations, and Northeast Asia Development Cooperation measures.

Third, with regards to the measure to include North Korea into Northeast Asia or inter-continental cooperative measures which embrace the far-eastern regions of Russia, it may be possible to consider establishing an inter-Korean railway connection, building a new steel silk road, inducing North Korea to participate in joint environment projects among South Korea, China and Japan through supporting funds and promoting Northeast Asian regional cooperation in energy fields through the project of funneling Russian natural gas across the Korean peninsula.

Finally, the summary and conclusion in Chapter 7 summarizes findings of the three-year research on East Asian integration starting in 2010, and based on the outcomes, intends to suggest the significance of East Asian economic integration and Korea's future direction.

First, a multi-track strategy is needed to increase the probability of realizing the East Asian integration strategy. In particular, the most desired direction for Korea would be to propel a trilateral economic integration, followed by an expansion strategy into ASEAN+3.

Second, the East Asian integration strategy should take a stage by stage approach considering space, time and field, and determination and leadership for regional integration are prerequisites to achieve a more successful integration.

Third, given that Korea is expected to be the largest beneficiary of East Asian integration, Korea should come out more actively to lead the process of East Asian integration instead of being a bystander. To that end, Korea should work for earning public consensus and supports within the region and also help other countries to recognize the huge price that will have to be paid for a delay in integration. By doing so, Korea needs to actively present a Northeast Asian FTA strategy, thereby draw East Asian integration that includes ASEAN.

This study holds significances in that it analyzes several topics including the perspective and role of ASEAN on East Asian integration, the direction of institutionalization for promoting integration and inter-Korean economic cooperation issues, and Korea's response to the global economy scenario, and thereby proposes action plans for the deepening and enlargement of East Asian cooperation. It is hoped that this study will contribute to continuous research in related fields.

요약

본 연구과제는 3개년간에 걸쳐 진행되었으며 2010년에 동아시아 통합전략 구상, 2011년에 한·중·일을 중심으로 동아시아 공동체 형성을 위한 분야별 협력과제, 그리고 2012년에는 동아시아 경제통합의 심화와 동아시아 경제통합의 환경변화에 대한 대응과제를 단계별 연구로 진행해 왔다.

1차연도(2010년) 연구에서는 동아시아 통합과 관련해 기존 연구 및 제안에 대해 재검토하고 EU 사례를 분석하는 한편, 동아시아 통합의 의의 및 여건을 분석하고 통합 로드맵에 대한 시나리오 분석을 통해 경제적 이해, 정치적 의지, 사회적 결속의 세 가지 축에 의한 '성장-안정-연대'의 공동체 발전전략을 살펴보았다. 또한, 경제통합이 우리 경제에 미칠 수 있는 효과도 추정해 보았다. 마지막으로 통합과정에 있어서 한국의 역할을 모색해 보고 통합을 위한 비전과 철학을 제시하는 등 리더십을 발휘할 필요가 있다는 시사점을 제시하였다.

2차연도(2011년) 연구에서는 동아시아 통합의 첫 단추로서 한·중·일 3국을 중심으로 바라본 동아시아 통합전략을 모색해 보았다. 먼저 통합을 촉진시키기 위한 통합의 결정요인으로서 경제적 요인 외에도 정치외교, 사회문화적 요인의 중요성을 분석하였다. 그리고 분석 결과에 기초하여 정치·외교 분야, 통화금융 분야, 교육 분야, 문화 분야, 환경 분야 등 제 분야의 한·중·일 간 협력현황을 살펴보고, 향후 협력확대 방안을 제시하였다. 한편, 본 연구에서 다루고 있는 지역통합은 우리나라만의 관심일 수 없으며, 주변국의 입장과 시각을 고려하지 않을 수 없기 때문에 한·중·일 3국의 연구자가 각각 한·중·일 경제통합을 바라보는 각국의 시각을 분석하였다.

본고는 3차연도 보고서로서 동아시아 경제통합의 아세안으로의 확대 및 동아시아 통합을 위한 협력의 제도화 방안을 모색하고, 동아시아 통합과 관련하여 논의가 부족했던 두 개의 과제, 즉 동아시아 지역주의 확산의 파급효과와 이에 대한 한국의 대응방향 및 동아시아 경제통합을 활용한 남북한 경제협력 추진방안을 제시하였다. 먼저 제1부에서는 지표체계를 활용해 경제, 삶의 질, 환경, 정치외교행정, 문화 등 5개 영역에서 글로벌 트렌드 및 세계경제의 3대 축을 구성하는 동아시아, 유럽, 북미의 지역별 특징을 분석함으로써 지역경제통합의 심화를 살펴보았다. 그리고 동아시아의 경제통합 심화를 촉진시키는 내생적 요인으로 중요하지만 기존의 연구에서 분석되지 않았던 지역 생산망의 경제통합 촉진효과와 동아시아 FTA의 경제적 효과에 미치는 영향을 분석하였다.

지표체계를 활용한 분석 결과를 정리하면 다음과 같다. 첫째, 경제 분야는 1990년대 중반 이후 전체적으로는 상승세를 보였지만 글로벌 금융위기 이후부터는 아세안 지역의 성장세가 현저하게 둔화되었다. 반면, 글로벌 금융위기에도 불구하고 한·중·일 3국은 성장세를 유지하여 한·중·일 +ASEAN으로 경제통합이 확대되는 경우 아세안 지역의 경제적 취약성이 개선될 것으로 전망되었다. 한편, 경제영역의 성장세를 주도한 분야는 기술혁신 분야인 반면, 경제개방성 분야는 가장 부진한 실적을 기록하였다.

둘째, 지난 15년간 삶의 질 수준은 정체 상태에 놓여 있는 것으로 나타났다. 1990년대에는 완만한 상승세를 보였지만

2000년대에는 상승세가 주춤하다가 2000년대 중반 이후에는 마이너스 성장세를 보였다. 특히, EU 국가의 75% 수준에 그치고 있는 NAFTA의 삶의 질 수준은 지난 15년간 평균 마이너스 성장률을 기록해 EU 지역과의 격차를 줄이는 데 실패하였다. 삶의 질 영역의 성장세를 주도한 분야는 사회적 안전인 반면, 신뢰 및 분배 분야는 지난 15년간 모두 마이너스 성장률을 기록해 삶의 질을 떨어뜨리는 데 기여하였다.

셋째, 환경 분야의 수준은 지난 15년 연평균 0.71%의 성장세를 기록하여, 전체적으로는 약한 상승세를 보였다. 환경영역의 성장세를 주도한 분야는 효율성 분야인 반면, 위해성 분야는 지난 15년간 평균 0.41%의 성장률을 기록해 환경을 구성하는 중분류 중에서 가장 부진한 성적을 보였다. 한편, 지난 15년간 환경 분야의 지역별 성장률을 살펴보면, ASEAN 6의 성장률이 1.77%로 가장 높게 나타났다. 특히, 이 지역의 지난 5년간 성장률은 3.34%로 최근에 와서 보다 향상된 실적을 보였다.

넷째, 정치 · 외교 · 행정 분야는 아세안 지역에서는 미미하나마 플러스 성장세를 보였지만 EU, NAFTA 지역은 정체 상태에 있는 것으로 나타났다. 정치 · 외교 · 행정 분야 중 정치와 행정 분야는 평균적으로 마이너스 성장률을 보인 반면, 외교 분야는 양의 성장률을 보였다. 외교 분야에서는 한 · 중 · 일 3국 및 아세안 지역의 성장세가 다른 지역에 비해 두드러지게 나타났다.

다섯째, 문화 분야는 지난 15년 기간 동안 연평균 3.90%의 성장률을 기록해 5개 대분류 영역 중 가장 빠른 상승세를 보였다. 문화 분야는 1990년대 중반 이후 성장률이 다소 둔화되었지만 아직까지는 견조한 성장세를 보였다. 문화 분야가 높은 성장세를 보인 이유는 전적으로 정보화 요인에 기인하였다. 정보화는 27개국 평균 20.79%의 성장세를 기록하여 전체 중분류 영역 중 가장 높은 성장률을 기록하였다. 반면, 근접성, 교류 및 교육 영역은 각각 1.30%, 2.27%, 1.62%의 성장률을 보였다.

한편, EU가 원래 6개국에서 15개국으로 확대되는 과정에서 영역별 수준 및 성장률을 비교 분석함으로써 통합의 효과를 간접적으로 평가할 수 있었다. 그리고 EU의 경험을 토대로 아시아 지역의 통합이 한·중·일에서 한·중·일 +ASEAN으로 확대되는 경우 통합효과가 어떻게 나타날 수 있는지를 살펴보았다. EU 6개국은 EU 15개국으로 확대되면서 경제 분야를 제외한 삶의 질, 환경, 정치·외교·행정 및 문화 분야의 수준이 모두 향상되었다. 그리고 정치·외교·행정 분야를 제외한 나머지 네 분야에서의 EU 15개국의 성장률이 EU 6개국의 성장률을 능가하는 것으로 나타났다. EU는 원래 6개국으로 남았을 때보다 15개국으로 확대되었을 때 정치·경제·사회·문화 수준이 향상되었을 뿐만 아니라 성장률 역시 높아졌다. 이런 점에서 EU 확대는 어느 정도 성공적이었음을 보여준다.

반면, 동아시아의 경우 한·중·일 3국에서 아세안을 포함하는 아시아 지역으로 통합범위를 확대하는 경우 경제, 사회, 정치, 문화 모든 영역의 수준이 한·중·일 3국 수준보다 떨어진다. 즉, 현 단계에서는 한·중·일 3국의 정치, 경제, 사회, 문화 등 모든 영역의 수준이 아세안 국가의 평균 수준을 능가한다. 그렇지만 아세안의 환경 및 정치·외교·행정 분야에서의 성장률은 한·중·일 3국보다 높다. 그러므로 한·중·일+ASEAN이 통합되는 경우 이들 분야의 성장률은 한·중·일 3국만 통합한 경우보다는 높아질 것으로 기대된다.

그러나 EU의 확대효과는 실제로 EU가 확대되면서 이루어진 결과를 보여주는 반면, 아시아 지역의 확대효과는 단순하게 한·중·일 3국에 아세안 지역의 값을 더한 값이라는 점에서 통합의 실질 효과를 반영하지 못하고 있다. 그러므로 향후 동아시아 지역에서 실제로 통합이 이루어진다면 그 파급효과는 한·중·일 3국+ASEAN 수준 및 성장률을 단순 덧셈한 경우보다 클 것으로 보인다.

다음으로 제1부 제2장에서는 세계화와 정보통신기술의 발전과 더불어 급격히 확산되고 있는 국가 간 생산네트워크와 지역무역협정의 관계를 분석하였다. 기본적인 아이디어는 국가 간 생산네트워크가 형성된 국가일수록 지역무역협정을 체결함으로써 국가 간 재화의 이동으로 발생하는 무역비용을 절감할 동인을 갖는다는 것이다. 또한, 지역무역협정의 체결은 회원국 간의 교역을 더욱 촉진함으로써 이미 형성된 회원국 간 생산네트워크를 더욱 심화시키는 역할을 할 것이다. 만약 이러한 가설이 성립한다면 생산네트워크가 동아시아 경제통합을 추진케 하는 중요한 동인(incentives)이면서 동시에 동아시아 경제통합의 심화과정이 된다. 다시 말해서 아시아 지역에서 동아시아 경제통합은 유럽대륙에서의 EU, 북미대륙에서의 NAFTA가 형성된 것에 대한 단순한 대응이 아니라 동아시아 국가 간의 내생적 필요성에 의해 이루어진다는 것을 의미한다.

우선 1995~2008년 기간에 전 세계 국가를 대상으로 위에서 언급한 두 가지 가설을 실증분석하였으며, 그 결과를 요약하면 다음과 같다. 첫째, 국가 간에 형성된 생산네트워크가 강할수록 해당 국가 간의 지역무역협정이 체결될 확률이 높게 나타났다. 둘째, 지역무역협정을 체결하면 회원국 간 생산네트워크는 더욱 강화되는 것으로 분석되었다. 구체적으로 지역무역협정의 체결로 인해 회원국 간 생산네트워크가 5%p 증가한다.

한편, 생산네트워크의 심화란 기업이 각 국가의 비교우위를 최대한 활용하여 생산의 각 단계에서 가장 효율적인 국가를 이용하고 또한 전체 생산과정을 가장 효율적으로 배치할 수 있다는 것을 의미하기 때문에 기업의 생산성이 향상된다. 생산네트워크의 심화가 얼마만큼의 생산성을 제고하는지에 대한 직접적인 실증분석이 존재하지 않기 때문에, 본 연구는 수입침투도가 10%p 증가하면 생산성이 0.47% 증가한다는 기존 연구를 활용하였다.

마지막으로 동아시아 FTA에 기인한 이러한 생산망 심화가 가져오는 생산성 증가의 경제적 효과를 연산가능일반균형(CGE)모형을 활용하여 두 단계로 나누어 분석하였다. 먼저 연산가능일반균형(CGE)모형을 이용한 기존의 연구와 마찬가지로 동아시아 FTA로 인한 관세 철폐의 효과를 분석하고, 그다음으로 동아시아 FTA로 인해 동아시아 국가 간 생산네트워크가 강화되어 생산성이 증가하는 것을 포함할 때의 경제적 파급효과를 분석하였다. 관세 철폐에 따른 경제적 효과에 비해 생산네트워크의 강화를 고려할 때 동아시아 FTA의 경제적 효과는 훨씬 더 크게 나타났고, 동아시아 모든 국가에 이익이 되는 것으로 분석되었다. 이는 동아시아 국가는 지역무역협정(RTA)을 체결함으로써 생산네트워크를 더욱 심화시킬 동인을 갖는다는 것을 의미한다.

제2부 제3장에서는 한·중·일의 동북아시아 3개국이 먼저 FTA를 체결하고 이를 동남아시아의 아세안 10개 회원국을 포함하는 ASEAN+3 동아시아 경제통합으로 심화시키는 데 대한 아세안의 입장 및 참여 가능성을 진단해 보았다. 1967년 아세안 출범 이후 아세안의 통상전략은 아세안 중심주의 원칙하에 추진되어 왔으며, 20세기 말 한국이 제안하여 그 논의가 시작된 ASEAN+3 동아시아 경제통합에 주도적으로 관심을 표명하고 이를 적극적으로 추진하는 모습을 보여왔다. 동아시아 경제공동체 형성 논의에 있어 아세안의 주도적 역할론은 중국과 일본의 지역 내 패권경쟁과 한국의 통상정책의 잦은 변경으로 야기된 동아시아 역내 리더십 및 조정자 부재라는 힘의 공백상태로 기인하였다. 이에 정치, 경제, 사회 어느 면에서나 동북아시아 3국에 비해 역량이 부족한 아세안이 동아시아 역내 경제통합 논의에 주요 추진체가 되는 기현상이 초래되고 있다.

그러나 이러한 아세안 중심주의로 동북아시아 3국에 비해 경제규모가 작고 개도국 간 협력체로서의 취약성을 갖고 있는 아세안이 동아시아 통합의 구체적인 실천방안을 제시하고 추진할 수 있을지는 회의적이다. 특히, 동북아시아의 한·중·일이 주도적인 역할을 하고 있는 ASEAN+3 국가 간 금융협력이 동아시아의 복수 국가 간 치앙마이 이니셔티브(Chiangmai Initiative Multilateral)를 결성하는 등 구체적인 협력방안을 실천하고 있는 데 반해 아세안이 주도하고 있는 무역부문에서의 동아시아 경제협력은 그 가시적인 성과를 찾아보기 힘든 상태이다. 이처럼 다양한 회원국으로 구성되어 있는 느슨한 협력체제인 아세안이 전원합의원칙이라는 아세안식 협의방식을 동아시아 경제통합에 적용할 경우 동아시아 경제통합의 조기 실현은 어려울 것으로 판단된다.

물론 아세안 역시 동아시아 자유무역지대 형성을 통한 ASEAN+3 경제통합체가 창출할 상당한 수준의 경제적 이득에 대해 잘 인지하고 있다. 그러나 단기적으로는 아세안 자유무역지대(AFTA)를 보다 강화하여 아세안 경제공동체(AEC)를 실현하거나 아세안 허브전략을 유지하는 것이 아세안에 보다 바람직한 정책으로 추정되며, 동북아시아의 3국이 자유무역협정을 성사시킬 경우는 아세안에 가장 불리할 것으로 판단된다. 따라서 한·중·일이 ASEAN+3에 우선하여 한·중·일 FTA를 추진할 경우 아세안 입장에서는 ASEAN+3를 적극 추진하는 통상정책을 차선책으로 받아들일 수밖에 없을 것으로 판단된다.

아세안은 ASEAN+3 동아시아 경제통합의 순조로운 진행으로 상대적으로 대국인 동북아시아의 중국이나 일본에 동아시아 통상의 운전석을 넘겨줌으로써 아세안의 정체성이 약화되는 것을 크게 우려하고 있다. 이에 아세안은 중국이 선호하는 ASEAN+3 형태의 동아시아 경제통합체와, 일본이 선호하는 ASEAN+6 형태의 동아시아 경제통합체의 두 가지 정책대안을 협상카드로 사용하면서 중·일 양국 모두로부터 중재자로서의 역할을 인정받고 있다. 한국 역시 그 통상정책기조가 거대 국가와의 양자 간 경제협력에 집중되면서 ASEAN+3 또는 RCEP(Regional Comprehensive Economic Partnership) 논의에 있어 수동적인 자세를 보이고 있어 자연스럽게 아세안의 주도권을 인정하고 있다.

결론적으로 아세안은 동북아시아 역내에 그들만의 독립적인 경제통합체(예: 한·중·일 FTA)가 형성되지 못하도록 현재 동북아시아의 한·중·일과 맺은 양자 간 자유무역지대의 허브 역할에 충실하면서 RCEP와 동시에 ASEAN+3 출범 논의에 적극 참여할 것으로 판단된다. 특히, 아세안은 최근 아세안 중심주의에 기반하여 보다 유연하게 추진되고 있는 RCEP의 출범에 적극적인 모습을 보이면서 현재의 아세안 허브, 즉 다수의 ASEAN+1 경제통합체를 더욱 공고히 하는 데 통상정책을 집중할 것으로 판단된다. 이러한 아세안의 동아시아 통상허브전략은 그 내부 결속력의 결집을 필요로 하는데, 이를 위해서는 2015년 출범 목표인 아세안 경제공동체(AEC)의 성공적 출범이 관건이 될 것이다.

제2부 제4장에서는 동아시아 경제통합의 심화를 위한 협력의 제도화 방향을 제시하였다. 동아시아 통합 제도화의 궁극적인 목표는 동아시아 공동체(East Asian community)라고 할 수 있다. 중요한 것은 개념적 완결체로서 동아시아 공동체가 아니라 현실적 실천전략으로서의 통합을 위한 제도화 전략이다.

동아시아 협력의 제도화 전략을 고민하는 데 있어 가장 먼저 고려해야 할 사항은 국가 간 선호(preference)의 분포라고 할 수 있다. 동아시아 지역협력의 가장 성공적인 사례라고 할 수 있는 CMIM 기금의 경우, 역내 주도권을 두고 경쟁해온 일본과 중국의 금융협력에 대한 선호가 수렴하였기 때문에 가능했다고 할 수 있다. 동아시아 통합을 위한 협력의 제도화는 참여국들의 정책선호가 수렴하는 분야와 이슈를 고려하여 전략적으로 의제화하는 것이 바람직해 보인다.

둘째, 한·중·일 3국 협력의 사례는 상대적으로 협력의 정치적 비용이 낮고 경제적 효과가 큰 분야를 중심으로 협력이 활성화되고 제도화의 상대적 진전이 크다는 점을 보여준다. 이 점은 동아시아 지역협력의 제도화 전략이 거시적인 제도적 프레임워크를 마련하기보다는 분야별로 특화된 형태의 제도화를 통해 보다 용이하게 추진될 수 있음을 시사한다.

또한, 한·중·일 3국 협력사무국의 업무와 기능은 3국 협력에 대한 매우 광범위하고 포괄적인 역할을 위임받고 있어서 3국 정부로부터 상대적으로 독립된 입장에서 독자적으로

사업을 추진할 수 있는 자율성을 확보하고 있다. 이로 인해 3
국 협력사무국은 이해 당사국인 3국 간 정치외교적 갈등이
있음에도 불구하고 이러한 갈등으로부터 발생하는 부정적인
정치적 효과를 최소화할 수 있는 제도적 완충기제로서의 역
할을 할 수 있는 가능성을 보여주고 있다.

마지막으로 동아시아 통합을 위한 제도화는 정부 간 협력
의 수준에서 점진적으로 추진되는 것이 바람직한 것으로 판
단된다. 동아시아의 통합을 위한 여건은 유럽과 같이 로마
조약, 리스본조약, 그리고 마스트리흐트조약과 같은 거시
제도적 협상을 통해 초국가적 수준(supra-national level
cooperation)의 제도화를 추진하기는 어렵다. 동아시아 통합
을 위한 제도적 여건은 역내 국가들의 정치적 다양성, 정책선
호의 차이, 경제적 발전수준의 차이 등으로 인해 유럽과 같은
초국가주의적 통합경로와는 상이한 궤적을 밟아 왔다. 이러
한 점을 고려한다면, 중층적이고 중복적인 동아시아 지역협
력체의 제도적 자원을 보다 효과적으로 활용하면서 점진적 제
도화의 수준을 제고시켜 나가는 것이 바람직하다고 판단된다.

이러한 점을 고려하여 다음과 같은 세 가지 동아시아 협력
의 제도화에 관한 전략적 방향을 제시하고자 한다. 첫째, 동
아시아 협력의 제도적 디자인은 정부 간 협력을 강화시키
는 방향으로 추진하는 것이 현실적이라고 판단된다. 특히,
ASEAN+3 또는 ASEAN+6 차원의 동아시아 지역협력을 강
화하기 위한 주요 기제로서 한·중·일 3국 협력의 제도화
가 중요하다. 한·중·일 3국 협력사무국이 새로운 협력의제
의 발굴, 정보 제공 등 3국 정부부처 간 연락관(liaison) 역할
을 강화한다면 3국 간 협력 분야의 불확실성을 감소시키고,
협력의 거래비용을 낮추는 협력의 촉진자(facilitator)로서의
기능이 강화될 것이다.

둘째, 경제 분야에서는 한·중·일 3국이 역내 경제협력
을 통해 내수시장을 확대하기 위한 공동노력을 강화할 필요
가 있다. 한·중·일 3국 협력의 강화는 ASEAN+3, 그리고
최근 미국과 러시아의 동아시아 정상회의 가입으로 형성된

ASEAN+8 차원의 협력의 제도화를 위해서도 매우 중요하다. 한·중·일 3국 협력 프로세스가 중국과 일본의 주도권 경쟁을 순화시키는 기제로 작동하도록 한다면 동아시아 지역협력 제도화의 주요한 정치적 제약요인을 약화시키는 결과를 낳을 수도 있다. 아울러 한·중·일 3국 협력 프로세스가 미·중 간 지역협력에 대한 공통분모를 확대하는 기제로 작용하도록 한다면 미국과 중국의 동아시아 지역협력 과정에서의 전략적 갈등을 완화시키는 역할을 할 수도 있을 것이다.

셋째, 동아시아 협력의 제도화 전략은 동아시아 공동체를 목표로 하여 기존에 존재하는 다양한 지역협력체들의 제도화 수준을 점진적으로 높여 나가는 점진적 제도화를 추구할 필요가 있다.

이를 위해, 이슈 분야별로 제도화의 구체적 전략을 차별화하여 추진할 필요가 있다고 판단된다. 상대적으로 협상비용이 낮고 기대되는 경제적 효과가 큰 분야인 무역, 투자, 금융과 같은 협력 분야에서는 제도화의 초점을 합의사항의 법적 구속성을 높이는 데 두고 전략을 구사하는 것이 바람직하다. 이러한 점에서 치앙마이 이니셔티브(CMI) 다자화 기금의 역내 금융기구화를 적극 추진할 필요가 있다. 이를 위해 역내 거시경제조사기구(AMRO)의 역할을 확대하여 CMIM의 법적 구속성을 높이는 방안을 추진할 수 있을 것이다.

제3부 제5장에서는 동아시아 지역주의의 맥락에서 지역주의와 다자주의 사이의 역학관계 변화의 요인과 현황을 분석하고, 세계경제의 시나리오를 제시하는 한편 한국의 전략적 선택을 논의하였다. 세계경제는 1990년대 초반 이후 다자주의와 지역주의의 공존현상을 경험하고 있다. 2001년에 출범한 DDA가 아직 지지부진하게 진행되는 점은 다자주의의 힘이 크게 약화된 것을 의미하며, 1980년대 후반까지만 해도 100개 미만이었던 지역무역협정이 2012년 현재 350여 개에 달하며, 지역무역협정 내에서 이루어지는 무역규모가 세계 총교역의 50% 이상을 차지하고 있는 사실은 지역주의의 힘이 크게 확대되었음을 의미한다. 특히, 1990년대 후반 이

후 나타난 동아시아 국가들의 적극적인 지역주의 참여는 최근 진행되고 있는 지역주의의 확대에서 가장 중요한 요인으로 작용하고 있다. 이와 같은 지역주의 확산과 다자주의의 공존현상에 기초하여 예상되는 세계경제의 변화에 대해 (ⅰ) 동아시아 지역통합의 진전 속도, (ⅱ) WTO 다자간 무역협상의 성공 여부 등 두 가지 기준에 따라 네 가지의 시나리오를 설정하였다.

이러한 네 가지 시나리오에 대한 분석 결과는 다음과 같다. 첫째, 네 가지 시나리오 중에서 동아시아 지역통합이 빠른 속도로 진행되고 다자간 무역협상도 성공적으로 진행되는 시나리오 1이 전개되는 것이 한국의 국익에 가장 유리하다고 판단된다. 현실적인 요인에 의해 동아시아 지역통합의 진행 속도가 더딜 경우 한국으로서는 다자간 무역협상의 성공을 위해 주력함으로써 시나리오 2가 전개되도록 하는 것이 차선책일 것이다.

둘째, 세계경제의 향후 전개방향이 아직도 불확실하다는 점을 인식하고 한국은 여러 가지 가능성에 대비하는 전략을 구비할 필요가 있다. 동아시아 지역통합의 지향점이 아직 불확실하며 각국의 국가전략도 명확하게 설정되지 않은 상황이다. 또한, 1990년대 초반부터 관찰되고 있는 다자주의와 지역주의의 공존현상은 향후에도 일정 기간 지속될 것으로 예상되기는 하나, 동아시아에서 전개되고 있는 지역주의의 힘이 새로운 변수로 작용하여 세계 전체의 지역주의 추세에 커다란 영향력을 행사하고 있는 것이다. 이러한 점을 고려할 때, 각국의 전략적 선택에 따라 다자주의와 지역주의 중에서 어떤 힘이 득세할지 아직도 가늠하기 힘든 상황에서 가변성을 고려한 전략적 대비가 필요하다는 점을 강조하였다.

셋째, 동아시아 지역주의의 향방과 관련하여 그 최종 지향점과 로드맵이 정해지지 않은 상황에서 한국이 주도적인 리더십을 발휘할 수 있는 방안으로서 우선 동북아 FTA를 성사시키기 위해서 노력하는 전략을 적극적으로 전개할 필요가 있다. 특히, 중국과 일본의 리더십 경쟁에 의해 생성된 리더십 공백을 메울 수 있을 정도의 지도력을 발휘할 수 있기 위해서는 한·중 FTA 또는 한·일 FTA를 우선 성사시키고 곧이어 다른 나라를 끌어들여 동북아 FTA를 성공적으로 이끌어내는 전략이 우선적으로 필요할 것이다. 이를 통해 동북아시아 국가들이 아세안에 잠정적으로 위임하고 있는 지역주의의 리더십을 한국이 일정 부분 발휘할 수 있도록 노력할 필요가 있다. 이를 위해서는 한국이 일본과 중국 사이에서 적극적인 조정자 역할을 담당하여야 할 것이다. 결론적으로 동아시아 지역주의에서의 리더십 발휘와 다자주의의 강화에 대한 기여를 동시에 추구하는 것이 한국에 바람직한 전략적 선택인 것으로 판단된다.

넷째, 현실적인 관점에서는 최근 개시하기로 결정된 RCEP 협상에의 참여도 도외시할 수 없을 것으로 판단된다. 특히, RCEP은 우리나라보다는 아세안이 주도권을 행사하기는 하나 잠정 회원국인 16개국 대부분이 적극적인 참여 의지를 보이고 있다는 점에서 실현 가능성이 상대적으로 높다고 하겠다. 이와 더불어 경제적 실리 측면에서는 동아시아 FTA를 능가하는 것으로 관측되고 있다. 이러한 측면에서 볼 때, 우리나라는 주도권 확보(동아시아 FTA)에 치중할 것인지, 아니면 경제적 실리(RCEP)를 추구할 것인지에 대한 전략적 판단을 필요로 하고 있다고 하겠다. 즉, 두 협상에 모두 적극적으로 참여하면서 각각의 협상 속도에 따라 유연하게 대비하는 전략이 필요한 것으로 판단된다.

제3부 제6장에서는 동아시아 경제통합 과정을 활용한 남북한 경제협력 추진방안을 제시하였다. 동아시아 지역협력이 진행될수록 중요성이 부각되는 이슈 중의 하나가 북한문제이다. 북한은 정치경제적으로 한반도에서뿐만 아니라 동아시아 지역 전체에서 항상 불안요인으로 작용해 왔다. 따라서 동아시아 통합을 진전시켜 가기 위해서는 어느 형식으로든 북한이 동아시아 지역협력에 참여할 수 있는 방안을 마련해 북한문제를 해결할 필요가 있다. 또한, 남북통일이라는 궁극적인 과제를 안고 있는 우리로서는 동아시아 지역협력이 남북협력

과 남북통일의 긍정적 기제로 연계될 수 있는 방안을 마련할 필요가 있다. 이처럼 한반도문제와 동아시아 지역협력문제는 아주 밀접한 관련을 가지고 있어 양자를 서로 연계시켜 논의할 필요성이 큼에도 불구하고, 지금까지는 양자 간의 상관관계에 대한 논의가 부족했다.

그동안 동아시아 통합과정에서 북한문제는 지역통합에 장애가 된다는 부정적 인식이 지배적이었다. 그러나 여러 가지 상황을 종합적으로 고려해 보면, 북한이 동아시아 지역의 생산네트워크를 심화·확대시키고 새로운 인프라 및 자원개발 투자기회를 제공하며 시베리아횡단철도와 한반도종단철도 연결, 남·북·러 가스관연결사업 등과 같은 대륙 간 협력사업의 연결고리를 완성시키는 등 지역경제통합에 긍정적인 역할을 할 수 있는 가능성도 크다. 마찬가지로 그동안 북한은 동아시아 경제통합 과정을 주로 체제에 대한 위협으로 간주해 왔다. 그러면서도 동시에 이러한 노력에 참여하게 되면 외화수입, 외국인 직접투자 등 직접적인 혜택을 받을 수 있고 또한 개혁·개방에 대해 정치적으로 부담이 작은 접근을 가능케 하는 기회를 마련할 수 있다는 긍정적인 측면도 인식하고 있는 것으로 판단된다.

북한의 대외경제교류 현황은 이와 같은 북한의 복합적인 인식, 즉 대외경제교류는 필요하지만 좋아하지는 않으며 사실 두려워하고 있다는 인식을 잘 반영하고 있다. 북한의 대외경제교류의 특징은 크게 다음과 같이 정리할 수 있다. 첫째, 전체적으로 볼 때 대외경제교류는 매우 지지부진하며 일부 국가들과 아주 제한된 교류만을 해오고 있다. 둘째, 미미한 대외경제교류조차도 매우 불안정한 추이를 보이고 있으며, 특히 투자의 경우 핵실험에 따른 국제 제재 등과 같은 비경제적인 이유 때문에 갑작스럽게 중단되는 등 아주 극심한 등락을 보이고 있다. 셋째, 이런 제한적인 상황에도 불구하고 무역은 꾸준히 증가하고 있으며, 특히 중국과의 무역은 빠른 속도로 확대되고 있다. 이러한 특징들을 세밀히 분석해 보면, 북한이 지역경제협력을 포함한 대외경제교류에 대해 필요하다는 점을 인식하면서도, 아직은 체제에 위협을 줄 수 있다는 불안감 때문에 중국과 같은 극히 일부 국가들과 제한된 거래만을 행하고 있다는 것을 알 수 있다. 따라서 동아시아 경제통합과 북한 개혁개방이 '윈-윈'하는 방향으로 상승작용하기 위해서는 동아시아 경제통합 입장에서 북한의 긍정적인 역할을 강조하는 것도 중요하지만, 그 이상으로 북한 입장에서 대외경제교류의 부정적인 측면보다 긍정적인 혜택이 훨씬 크다고 인식하고 참여하도록 유인을 만드는 방안을 마련하는 것이 필요하다.

이런 점을 고려해 본 연구는 동아시아 경제통합 이슈와 북한 이슈를 연계시켜 서로가 상생할 수 있는 방안으로 크게 세가지를 제시하고 있다. 첫째, 한 · 중 FTA 또는 한 · 중 · 일 FTA 등과 같은 지역 FTA 협상과정에서 중국 및 일본 등 주변국에 대해 개성공단 등 북한지역을 역외가공지역(outward processing zone)으로 지정해 주도록 요구하는 것이다. 북한을 역외가공지역으로 지정하면, 한국 기업이 개성공단에서 생산한 제품은 역외가공지역을 인정해 준 모든 국가들에 한국산과 동일하게 수출될 수 있으므로 북한은 그에 따른 수출증진효과 등 여러 혜택을 그대로 향유할 수 있게 된다. 또한, 북한으로 하여금 남한을 우회해 중국, 일본 및 세계 시장에 접근할 수 있게 하므로, 북핵문제가 완전히 해결되지 않는 상황에서도 북한을 국제 경제질서에 편입시켜 개방으로 유도하고 남북관계를 활성화시키는 효과를 발휘할 것으로 기대된다. 주변국 특히 황금평 공동개발 같은 프로젝트를 추진하고 있는 중국의 입장에서도 북한을 역외가공지역으로 인정해 주는 것이 유리할 수 있으며, 이미 한 · 중 FTA 협상에서 중국은 한국에 대해 북한을 역외가공지역으로 지정하는 안을 긍정적으로 논의하기로 하였다.

둘째, 역내 FTA와 더불어 남북한 CEPA(Comprehensive Economic Partnership Arrangement)를 체결하는 방안도 두 이슈를 연계해 모두에게 득이 되는 방안을 유도할 수 있다. 우선 남북한 CEPA를 체결하게 되면 어떤 형식으로든 북한의 대외경제교류 체제를 남한의 체제 및 국제규범에 일치시켜야 하는데, 이는 북한경제를 세계경제에 편입시키는 효과가 있다. 또한, 일반적으로 FTA 또는 CEPA가 성사되면 정책투명성, 행정체계 개선, 법규 적용 표준화 등 여러 가지 투자환경이 개선되는데, 남북한 CEPA가 성사되는 경우에도 이와 같은 투자환경 개선으로 인해 북한지역에 대한 남한 기업 및 해외 기업 들의 투자가 증진되어 북한으로서도 큰 혜택을 볼 수 있을 것으로 기대된다. 뿐만 아니라 남북한 CEPA는 북한의 개혁·개방, 남북관계 개선 등의 이점 외에도 남한 내부적으로 추가적인 이득을 가져올 수 있다. 현재 남북 간 거래에는 관세가 적용되지 않고 있는데, 일부 국가들이 최혜국 대우에 근거해 북한에 대한 무관세 혜택을 자신들에게도 똑같이 적용해야 한다고 문제를 제기할 가능성이 있다. 최혜국 대우란 한 나라가 기존에 다른 나라에 부여하고 있는 대우 중 가장 유리한 조건의 대우를 협상이나 조약 상대국에 적용해 주는 것을 말한다. 이러한 주장에 대해 우리나라는 북한과의 특수관계를 내세워 이러한 요구를 반박해 왔다. 즉, 헌법 3조에 북한은 우리 영토에 포함된다고 명시하고 있으며, 또 남북관계 발전에 관한 법률도 북한과의 관계를 나라와 나라 사이의 관계가 아닌 '통일을 지향하는 과정에서 잠정적으로 형성된 특수관계'로 규정하고 있으므로 남북 간 거래는 국가와 국가 간 무역거래가 아니라 '민족 내부의 거래'이기 때문에 국제적 승인을 받을 필요가 없다는 것이 우리 정부의 입장이다. 따라서 남북한이 CEPA를 체결하면 북한과의 무관세 거래가 한 나라이지만 특수한 관계에 있는 지역에 대한 잠정적 조치라는 것을 남북한이 함께 보다 명확히 규정함으로써 우리 주장의 논리를 강화할 수 있을 것이다.

셋째, 현재 동아시아 통화금융협력을 활성화시키기 위해 특히 한·중·일을 중심으로 협력을 강화하고자 하는 방안들이 제시되고 있는데, 그중에서 A3Fund 및 동북아개발공사(Northeast Asia Development Corporation) 방안을 이용해 지역경제통합 이슈와 북한 이슈를 연계할 수 있다.

A3Fund는 원래 CMIM의 기능을 보완하거나 대체하기 위해 한·중·일을 중심으로 공동기금을 창설하자는 안으로서, 주 기능은 위기가 발생했을 때 긴급자금을 지원하는 것이지만 또 다른 주요 기능이 동북아 지역의 메가 프로젝트를 지원하는 것이다. 동북아개발공사는 한·중·일 3국이 국책은행(수출입은행 혹은 개발은행)을 중심으로 소규모 자본을 출연하여 합작투자 혹은 자회사를 세우자는 안으로서, 이렇게 설립된 합작투자사는 역내시장에서 채권발행을 통해 동북아 개발을 위한 자본을 조달하며 역내 인프라 건설 혹은 다수의 프로젝트 투자에 특화하는 것을 주목적으로 하고 있다. 따라서 A3Fund 및 동북아개발공사를 활용하는 경우, 두만강지역 개발과 같이 북한지역이 포함된 동북아 낙후지역 개발, 또는 선로 연결, 발전시설 건설, 항만도로와 같은 기반시설 건설 등 북한지역 내 사회기반시설(경제 인프라) 건설 시에도 자금 지원이 가능하므로 북한으로서는 자연스럽게 지역경제통합의 성과를 향유할 수 있게 된다. 아울러 북한지역 개발 및 동북아 지역개발과 같은 기회는 A3Fund 및 동북아개발공사의 활용가치를 더욱 크게 만들어 통화금융 분야에서의 지역경제 협력을 촉진시키는 계기가 될 수도 있다.

〈연구진〉

「동아시아 통합전략 Ⅲ: 협력의 심화·확대와 새로운 도전」

KDI 전홍택 KDI 선임연구위원
박명호 한국외국어대학교 경제학부 교수·KDI 겸임연구위원

외부 박성훈 고려대학교 국제대학원 교수
박순찬 공주대학교 인문사회과학대학 교수
박인원 고려대학교 국제대학원 교수
이영섭 서울대학교 국제대학원 교수
최원기 국립외교원 경제통상연구부 교수

동아시아 Ⅲ
통합전략 협력의 심화·확대와
새로운 도전

초판인쇄 2014년 4월 28일
초판발행 2014년 4월 28일

엮은이   한국개발연구원 전홍택·박명호
펴낸이   채종준
펴낸곳   한국학술정보(주)
주 소   경기도 파주시 회동길 230 (문발동 513-5)
전 화   031) 908-3181(대표)
팩 스   031) 908-3189
홈페이지 http://ebook.kstudy.com
E-mail 출판사업부 publish@kstudy.com
등 록   제일산-115호(2000.6.19)

ISBN   978-89-268-6147-9 93340